KB069810

휠체어 탄 소녀를 위한 동화는 없다

# 휠체어 탄 소녀를 위한 동화는 없다

이야기를 통해 보는 장애에 대한 편견들

어맨다 레덕 지음 · 김소정 옮김

&#10087; 을유문화사

**휠체어 탄 소녀를 위한 동화는 없다**
이야기를 통해 보는 장애에 대한 편견들

발행일
2021년 2월 20일 초판 1쇄
2023년 6월 20일 초판 4쇄

지은이 | 어맨다 레덕
옮긴이 | 김소정
펴낸이 | 정무영, 정상준
펴낸곳 | (주)을유문화사

창립일 | 1945년 12월 1일
주    소 | 서울시 마포구 서교동 469-48
전    화 | 02-733-8153
팩    스 | 02-732-9154
홈페이지 | www.eulyoo.co.kr
ISBN  978-89-324-7439-7  03300

나에게 숲으로 가는 길을 알려 준 도로시에게

나에게 숲으로 들어갈 용기가 있음을 알게 해 준 조엘에게

나 홀로 숲길을 걷지 않도록 나의 손을 잡아 준
모든 장애인 형제와 자매들에게

이 책을 드립니다.

소포클레스의 비극을 신체장애인이자 시각장애인인 남
자가 테베를 두고 싸우는 이야기라고 생각하는 사람은
아무도 없다.

— 장애학자 토빈 시버스<sup>Tobin Siebers</sup>


부드러웠던 목소리는 사라져 버렸고,
내딛는 모든 걸음이 고문이 될 거야.
바다의 풀을, 물개를, 네가 오랫동안 살아왔던 방식을,
너의 옛 몸을 그리워할 때가 올 거야.
지금은 육지에도 바다에도 적합하지 않은
너의 희생은 이제 과거가 되어 버렸어.
왕자를 잃었다고 해도
계속 자랄 머리카락은 단정하게 빗도록 하자.
이제 곧 태양 아래서 보냈던
그 짧은 시간의 대가를 지불해야 할 때가
오리라는 걸 알고 있으니까.

— 지나인 홀 게일리<sup>Jeannine Hall Gailey</sup>

일러두기

1. 도서 제목은 『 』, 도서 내의 단편 제목은 「 」, 영화, 드라마의 제목은 < >로 표기했습니다. 그림 형제나 안데르센 등의 동화집에 나오는 작품들은 현재 별도의 단행본으로 출판되는 경우가 많아 『 』로 표기했습니다.

2. 원서의 이탤릭체는 진한 서체로, 대문자로 된 단어나 문장은 고딕체로 표기했습니다.

3. 저자가 독자의 이해를 돕기 위해 인용문에 단어나 문장을 넣은 경우 [ ]로 표기했습니다.

4. 본문 하단의 각주는 본문의 이해를 돕기 위해 옮긴이 또는 편집자가 작성한 것입니다.

# 여는 말

    매우 적절하게도 이 책을 써야겠다는 생각은 숲속에 있을 때 떠올랐다. 2018년 여름에 나는 정말로 운 좋게도 시애틀에서 멀지 않은 휘드비섬 헤지브룩 농장에서 3주 동안 진행하는 예술가 레지던스 프로그램에 참여할 수 있었다. 그때 나는 소설을 쓰는 중이었는데, 특히 힘들었던 어느 날, 일과를 마친 뒤에 숲으로 들어가 조금 기력을 회복해야겠다는 생각이 들었다. 숙소 문 앞에는 지팡이가 하나 있었는데, 나는 아무 생각 없이 그 지팡이를 집어 들고는 숙소 뒤쪽에 있는 숲을 향해 걷기 시작했다. 농장에서 북쪽으로 한참 가면 블랙베리 덤불이 자라는 곳이 있었는데, 나는 그곳에 가서 한 손 가득 블랙베리를 따보고 싶다는 생각에 사로잡혀 있었다.

걸어가면서 무심코 지팡이가 있으니 걷기가 한결 수월하다고 생각했다. 생명도 없는 친구가 가끔은 움푹 파이기도 한 울퉁불퉁한 숲길을 걷는 나를 도와주고 있었다. 숙소 가까이에 있는 포장도로에서도 지팡이는 상당히 도움이 됐다. 지팡이를 짚고 있으니 자신감이 생기고 안심이 됐다. 안정된 자세로 한 걸음 한 걸음 뗄 수 있다는 사실이 너무나도 놀라웠다.

'평소에도 지팡이를 써야 할까?' 블랙베리 숲으로 걸어가면서 나는 생각했다. '지팡이를 쓰는 게 도움이 될까? 지팡이를 쓰면 내가 살아가는 방식은 어떻게 바뀔까?'

나는 평소에 지팡이를 쓰지 않는다. 가벼운 뇌성마비와 강직성편마비[1]가 있고 그 때문에 다리를 약간 절지만 몸의 균형을 잡는 데는 문제가 없어서 35년 동안 혼자서도 잘 걸어 다녔다.

하지만 걸을 때는 늘 바닥에서 시선을 떼지 못했다. 내가 바닥을 보면서 걷는다는 사실은 스물일곱 살 때 발 치료사가 말해 줘서 알았다. 바닥을 보면서 걷는 이유를 깨달은 건 그 뒤로도 몇 년이 지나서였다. 내가 바닥을 보면서 걷는 이유는 바닥이 온통 위험으로 가득 차 있기 때문이다. 콘크리트 블록 사이에 존재하는 갑작스러운 공간, 울퉁불

---

1  마비된 쪽 근육의 긴장이 증가하는 한쪽 마비

통한 벽돌, 깨진 보도블록은 예측할 수 없고 불안정한 위험 요소들이다. 나에게 바닥은 계속 발밑을 주시하지 않으면 언제라도 엎어질 가능성이 있는 위험한 공간이었다.

사정이 그러니 지팡이를 쓰는 게 도움이 될지도 모르겠다는 생각이 들었다.

신체장애가 있는 많은 사람에게 숲은 위험한 장소일 때가 많다. 완벽하게 평평한 포장도로가 없다면 휠체어를 타고는 숲으로 들어갈 수 없다. 안내견이 옆에서 지켜준다고 해도 숲에서 돌아다니는 일은 어려울 수밖에 없다. 숲은 장애가 확연하게 드러나지 않는 사람에게도 문제가 생길 수 있는 장소임이 분명하다. 온갖 냄새와 자극이 맹렬하게 달려드는 어두운 숲에서는 비장애인도 길을 잃을 수 있다.

'휠체어를 탄 공주는 블랙베리를 따는 게 힘들 거야.' 블랙베리 숲을 향해 조심스럽게 걸어가면서 생각했다. 그리고 잠시 멈춰 서서 살짝 웃었다. '뭐야, 휠체어를 탄 공주라니. 그런 공주는 이 세상에 없어!'

하지만 블랙베리 숲에 도착할 때까지 내 마음을 사로잡은 건 휠체어를 탄 그 이름 모를 공주였다. 휠체어를 탄 공주, 백설 공주를 도운 일곱 난쟁이, 룸펠슈틸츠헨[2], 『미

———
2   그림 형제의 동화 『룸펠슈틸츠헨』에 나오는 작은 남자의 이름

녀와 야수』에 나오는 흉측한 야수, 곱사등이 여인으로 변신한 백설 공주의 사악한 새엄마(왕비), 라푼첼을 탑에서 쫓아낸 마녀 때문에 앞을 보지 못하는 왕자, 마법에 걸려 긴 잠에 빠진 공주, 『헨젤과 그레텔』의 목발 짚은 마녀, 『아셴푸텔』(그림 형제판 『신데렐라』)에서 비둘기에게 눈이 뽑힌 언니들, 교활함으로 왕좌에 오르면 결국 아름답게 변하거나 아름다움을 드러내는 모든 추한 왕자와 공주들을 생각했다.

그러자 나는 더 이상 홀로 숲속에 있지 않았다. 갑자기 나는 장애와 동화의 관계를 생각했고, 둘의 관계가 너무나도 분명하다는 사실을 깨달으면서 어째서 지금까지 이런 생각을 한 번도 하지 못했는지 궁금해졌다.

이런 이야기로 에세이를 써야 한다는 생각이 들었다. 장애와 동화의 관계에 관해서라면 쓸 수 있는 이야기가 너무 **많았다**. 그리고 분명히 나보다 훨씬 똑똑한 사람들이 이미 그 이야기들을 써 놓았을 거라는 생각도 들었다. 그날 나는 내 영혼을 블랙베리로 가득 채우고 다시 숙소로 돌아왔다. 그리고 다시 소설을 써 나갔다.

하지만 숲속에서 떠오른 생각이 계속 사라지지 않고 뇌리에 남았다. 장애와 동화의 관계. 동화가 **묘사하는** 장애가 머릿속에서 계속 떠나지 않았다. 집으로 돌아와 관련 주제를 다룬 글을 찾아본 나는 이런 주제를 다룬 글이 거의 없음에 정말 놀랐다. 당연히 내가 제대로 검색하지 못했다는 생각이 들었다. 조금 더 힘을 내어 검색하자 앤 슈미싱Ann Schmiesing의 멋진 책『그림 동화에 나오는 장애, 기형, 그리고 질병Disability, Deformity, and Disease in the Grimms' Fairy Tales』, 샤론 스나이더Sharon Snyder와 데이비드 T. 미첼David T. Mitchell의 『서술 보조 장치Narrative Prosthesis』, 토빈 시버스Tobin Siebers의 연구 논문들, 잭 자이프스Jack Zipes의 엄청난 지식의 폭을 알게 되었다.

그리고 그 모든 것이 나를 다시 동화의 세계로 이끌었다. 어렸을 때 나는 디즈니 만화 영화의 어두운 버전이라고 할 수 있는 동화를 정말 많이 읽었다. 물론 디즈니 만화 영화에도 어두운 부분은 너무나도 많이 있었다. 어째서 〈라이온 킹〉의 악당 스카는 그저 얼굴에 남은 흉터로만 불리는 걸까? '곱사등이' 콰지모도에 관한 묘사를 읽을 때면 소름이 돋는 이유는 무엇일까? 〈인어 공주〉의 에리얼이 다리가 생겨 땅을 밟는 순간 엉성하고 서툴게 비틀거리는 모습을 보면서도 내가 나를 떠올리지 못한 건 무엇 때문일까?

도대체 왜 누군가가 다른 무언가로 혹은 다른 누군가로 변하기를 소망하는 그 모든 이야기에서 변해야 하는 건 세상이 아니라 늘 한 개인인 걸까?

이 책은 장애인의 권리라는 기본 틀 속에서 잘 알려진

서양 동화에 나오는 전형적인 인물들을 그려 보려는 나의 시도다. 동화에 나오는 전형적인 인물들이 낳는 폐해에서 벗어나려면 먼저 동화 속에서 장애가 어떤 식으로 묘사되는지부터 알아야 한다. 장애가 있는 몸은 역사적으로 늘 전체가 아닌 부분으로만 취급되는 이유는 무엇일까? 적절한 사람에게 권한을 부여하는 서사를 담을 때가 많은 동화가 장애를 비하하는 온상이 되는 이유는 무엇일까? 예부터 지금까지 동화가 갖는 매력과 힘은 사람들이 어떤 식으로 장애를 인식하게 할까? 이런 문제들을 살펴보아야 한다. 이야기 속에서 장애인이 어떤 식으로 묘사되는지를 알려면 애초에 동화 같은 이야기가 사람들의 마음을 끌어당기는 이유를 알아야 하고, 동화가 차이를—그리고 장애를—어떤 식으로 비방하고 있는지를 세상에 알릴 필요가 있다.

이 책을 읽는 동안 독자가 염두에 두어야 할 점이 몇 가지 있다. 나는 서양 동화를 읽고 그에 관한 다양한 해석을 들으며 자란 사람의 입장에서 이 책을 썼다. 그러니까 서양인에게 친숙한 동화 그리고 영웅이 등장하는 대중문화를 주로 다루겠다는 뜻이다. 문화를 초월한 전형적인 인물들이 있음을 보여 주기 위해 다른 문화에 존재하는 이야기들을 가끔 언급할 때도 있겠지만 이 책은 주로 서양

이야기에, 현대 유럽이라는 기준틀에 근거한 해석에 초점을 맞출 것이다. 하지만 이 책이 다른 문화에 존재하는 동화 속 장애에 관해서도 이야기할 기회를 마련해 주기를 바라며 앞으로 내가 다른 문화에서 묘사되는 장애 이야기도 계속해서 알아 갈 수 있기를 희망한다.

이 책이 동화를 다루는 논문이 아니라는 점도 말해 두고 싶다. 나는 동화를 사랑하지만 거의 평생 일반인이 가질 수 있는 지식만을 알고 있는 사람의 관점에서 동화를 다루어 보고 싶어서 이 책을 썼다. 나는 특히 전형적인 인물을 묘사하고 동화의 이야기를 구축해 나가는 수단으로, 그리고 책의 성격을 규정하는 장치로 장애를 이용하는 방식에 특히 관심이 있다. 그렇기 때문에 전통적으로는 서로 아주 다른 이야기라고 분류되는 동화들을 한데 묶어 비슷한 방식으로 풀이하고, 그 동화들이 장애와 맺고 있는 관계를 서술해 나갈 때도 있을 것이다(예를 들어 그림 형제Brothers Grimm의 동화와 한스 크리스티안 안데르센Hans Christian Andersen의 『인어 공주』를 한데 묶는 식으로 말이다).

이 책은 또한 장애를 다루는 학문적인 글도 아니다. 나는 몸이 불편한 데다 심각한 우울 장애가 있고 내 나름대로 동화를 탐구하고 동화가 이 세상의 문화에 미치는 영향을 탐구했지만 그렇다고 장애나 장애인을 연구하지는 않았으며, 정기적으로 정신과 치료를 받아야 하는 사람들에 관한 글을 쓰려는 의도도 전혀 없다. 장애는 한 가지 형태를 하고 있지 않다. 이 세상 모든 장애인은 저마다 다른 경험을 하며 우리가 살아가는 삶의 방식은 너무나도 다채롭고 복잡하다.

더구나 백인 여성 장애인이라는 나의 상황도 장애인 사회에 존재하는 다양한 소외 현상을 제대로 묘사하지 못하는 한계로 작용하리라고 생각한다. 이제는 범위를 넓혀 백인이 아닌 장애인들의 이야기에 주목하고, 그들이 이야기할 수 있는 환경을 만들어야 한다. 살면서 백인이 아닌 장애인을 만날 기회가 없다고 해도 '서양 위주의 동화가 현재 백인이 아닌 장애인 사회의 권리를 꾸준히 박탈하고 있는 식민주의적이고 자본주의적인 구조에 어떤 식으로 영향을 미쳤는가?'라는 질문은 백인 장애인이라면 누구나 반드시 해야 한다. 나로서는 이 책에 담은 질문이 특히 비백인 장애인 사회에 동화가 미친 영향과 폐해를 환기하고 그에 관한 담론을 형성하는 계기가 되기를 바란다. 이 책이 어떤 방식으로든 사람들이 필요한 것을 말할 수 있게 해 주고, 나 자신이 경험한 특별한 이야기를 사람들에게 들려주고 서방 세계에서 잘 알려진 동화 속에서 장애가 어떤 식으로 이용되는지를 알려 주어, 현대 세계의 이야기 속에서 구현되는 장애에 관해 더 많은 대화가 오고 가는 계기가 되면 좋겠다.

이 책에는 내가 네 살 때 나를 수술한 신경외과 의사가 부모님에게 보내 준 진료 기록서 내용이 곳곳에 실려 있다. 진료 기록서를 이 책에 실은 이유는 부모님이 그 의사에게 직접 들은 나의 장애 이야기를 이해하는 것이—그리고 나를 치료했던 의사들이 내 장애에 관해 직접 이야기한 내용을 이해하는 것이 정말로—나의 장애가 현재 내 인생에 미치는 영향을 이해하는 데 아주 중요하기 때문이다. 또 이 책에서 나의 담당 의사의 말을 공유하는 이유는 다시 이야기로 돌아가기 위해서다. 한 가지 분명하게 말하고 싶은 것은, 내가 여기서 나의 진료 기록을 공개했다고 해서 장애인이라면 누구나 자신의 진료 기록을 공개해야 한다고 생각해서는 안 된다는 것이다. 나는 다행히도—정말로 운이 좋게도—너무나도 좋은 의사들을 만나 훌륭한 치료를 받을 수 있었다. 하지만 많은 사람이 그런 행운을 누릴 수 없다는 사실도 분명히 알고 있다.

이 책을 쓰는 동안 많은 장애인과 이야기를 나누었으며, 본문에서는 대부분 정체성을 먼저 나타내는 표현(정체성 우선 언어)을 사용했다. 정체성 우선 언어('장애인'이라는 표현)는 무엇보다도 장애인이라는 정체성이 한 사람을 형성하는 데 가장 중요한 역할을 하고 있음을 보여 주는 표현 방식으로, 한 사람이 이 세상에서 살아가는 방식과 떼려야 뗄 수 없는 관계를 맺고 있다. 그와 달리 사람을 앞세우는 언어(사람 우선 언어)는 장애가 아닌 사람임을 먼저 고민하고 내세운다('장애인'이 아니라 '장애가 있는 사람'이라고 표현한다). 장애 활동가들은 사람 우선 언어는 의도는 좋지만 장애를 정체성과 분리하기 때문에 장애에 관한 인식을 악화하고 부정적인 생각을 고착화한다는 데 대부분 동의한다.

이 책에서 인용한 모든 개인의 장애와 호칭은 그분들의 뜻을 그대로 반영해 사용했다.

기꺼이 시간을 내어 나에게 귀중한 지식을 나누어 준 모든 분에게 감사의 마음을 전하고 싶다. 이 책에서 탐구한 모든 내용이 모든 이에게 공정하기를 진심으로 바란다.

# 차례

# 1. 어둠 속에 머리를 밀어 넣는 아이들

모든 동화가 그렇듯이 이 이야기도 문제와 함께 시작한다. 옛날 옛날 한 나무꾼 부부가 살았는데, 이 부부에게는 아이가 없었다. 그리고 아주 오랜 옛날 아내를 잃은 부유한 남자가 너무나도 외로워서 재혼했는데, 새 아내는 남자의 아이를 너무나도 가혹하게 대했다. 그리고 아주 먼 옛날 바다 위 세상을 구경하던 인어가 육지에서 걷고 싶다는 소망을 품게 된다.

이 이야기는 한 엄마와 아빠에게 17개월이 되어도 걷는 법을 배우지 못한 딸이 있다는 것으로 시작한다. 물론 생후 17개월에 걷지 못한다고 해서 늘 문제가 되는 것은 아니다. 아이들은 그보다 더 빨리 걸을 수도 있고 그보다 더 늦게 걷기도 하니까. 하지만 이 부모는 걱정되었다. 부모는 아이의 성장 발달에 관한 책을 읽었고 의사들을 찾아가 의견을 물었다. 의사들은 걱정할 일이 전혀 아니라고 했다. 두 사람은 마음속으로 걱정할 필요가 없다고 자신을 다독였고 매일 밤 걱정하지 말라고, 모두 잘될 거라고 서로를 위로했다.

두 사람은 이미 한 아이를 잃었다. 검은 머리에 아무 소리도 내지 않던 또 다른 딸. 그 아이는 태어났을 때 이미 죽어 있었다. 둘째 딸이 태어나기 1년 6개월 전의 일이었다. 첫째 딸의 유해는 작은 회색 상자에 담아 두 사람의 침실 벽장 선반 위에 올려놓았다.

두 사람은 너무나도 겁났지만 희망에 차 있기도 했다. '조금 시간이 오래 걸리는 경우도 있대.' 두 사람은 계속 생각했다. '아이들마다 자라는 속도가 다른 거야.' 둘째 딸의 다른 성장 지표는 문제가 없었다. 둘째 딸은 웃었고 울었으며 아무 문제 없이 기어 다녔다. 두 사람이 가져다 놓는 건 무엇이든지 아낌없이 먹어 치웠다. (할아버지는 둘째 손녀를 '잘 먹는 꼬마 대식가'라고 불렀다. 할아버지의 농담은 가족들이 가장 오랫동안 주고받는 농담이 되었다.)

둘째 딸이 두 살이 되기 직전에 처음으로 걸음마를 뗐을 때 부모는 너무나도 기뻤으나 여전히 걱정은 사라지지 않았다. 둘째 딸은 오른발이 안쪽으로 굽어서 오른쪽 다리가 왼쪽으로 꺾였다. 다리를 끌면서 걷지는 않았지만 걷는 방식이 어딘지 모르게 잘못되어 있음이 분명했다. 부모가 읽었던 육아 안내서 어디에도 그런 내용은 없었고 둘째 딸처럼 한쪽 다리가 기울어진 채로 걷는 아기 사진도 없었다. 부모는 둘째 딸을 의사에게 데려갔고, 의사도 무언가 잘못된 것 같다는 부모 의견에 동의했다.

아니, 그저 동의한 것이 아니었다. 그 의사는 부모를 신뢰했고 부모의 말을 믿었으며 부모의 내면 깊은 곳에서 흐르고 있는 불확실성이라는 어두운 강을 충분히 이해했다.

그 여자 의사는 부모에게 말했다. "나는 언제나 어머니의 말에 귀를 기울입니다. 어머니들은 언제나 아기에 관해 가장 잘 알고 있으니까요."

그 의사는 신경과 전문의에게 부모와 둘째 딸을 보냈고, 그 신경과 전문의는 자동차를 타고 한 시간 동안 가야 하는 다른 도시로 세 사람을 보냈다. 다른 도시에서 의사들은 둘째 딸을 기계 안에 넣었고 그 아이의 뇌를 살펴보았다.

현대 서방 세계에서 이해하고 있듯이 동화는 풍성하고 다양한 이야기를 품고 있다. 『옥스퍼드 동화 사전*Oxford Companion to Fairy Tales*』은 동화를 "허구라고 이해할 수 있는 마술과 환상에 관한 이야기"라고 정의한다. 동화<sup>fairy tale</sup>라는 용어는 프랑스 작가 마리 카트린 돌누아 <sup>Marie-Catherine d'Aulnoy</sup>가 1697년에 출간한 『동화 *Les contes des fées*』에서 비롯되었지만, 실제로 동화라는 양식은 그보다 훨씬 전부터 구술과 저작의 형태로 존재했다. 그런 이야기들 가운데 상당수가 문자로 기록되기 전에도 수천 년 동안 그 형태를 유지하면서 구전되어 왔다는 사실은—물론 계속 이야기되면서 내용이 바뀌는 변덕을 부리고 훨씬 섬세해지기는 했지만—동화라는 이야기 형식이 가진 힘은 다른 이야기 형식이 가진 힘보다 훨씬 강하다는 사실을 보여 준다.

동화 중에는 **설화**folk tale로 분류해야 하는 이야기도 있다. 설화는 특정 문화의 이야기나 민담, 신화, 전설을 모두 아우르는 그 범위가 아주 넓은 포괄적인 용어다. (설화를 이루는 이야기, 민담, 신화, 전설 등은 경계가 뚜렷하지 않을 때가 많아서 민속학자 윌리엄 배스컴William Bascom은 민속학자들은 작품을 대하는 사람들의 태도를 기준으로 신화와 전설을 동화와 구별할 때가 많다고 했다. 엘리엇 오링Elliott Oring은 사람들은 신화는 신성한 사실로 보고 전설은 한 이야기 속에 담겨 있는 기적 같은 한 가지 일화로 보지만 동화는 처음부터 끝까지 마법과 허구가 존재하는 이야기로 생각한다고 했다.)

동화는 구전되던 작품도 있지만 잘 알려진 작가가 직접 창작한 작품도 있다. 그리스 고전 소설 『황금 당나귀』[3]

---

3 실제로는 로마의 루키우스 아풀레이우스Lucius Apuleius의 작품이다.

에는 동화적인 요소가 담겨 있다. 서기전 5세기나 6세기까지 출처를 거슬러 올라갈 수 있는 구약성서의 「다니엘서」에 나오는 '벨과 용' 이야기에도 동화적인 요소가 담겨 있다. 안데르센도 루이스 캐럴Lewis Carroll[4]도 에디스 네스빗Edith Nesbit[5]도 직접 동화를 썼다. 제임스 매튜 배리James Matthew Barrie의 『피터 팬』과 라이먼 프랭크 바움Lyman Frank Baum의 『오즈의 마법사』 같은 책은 아이와 어른이 모두 소중하게 여기는 동화적 요소를 담고 있다.

동화라는 용어는 서양 문화 속에서 살아가는 우리가 이해하는 대로라면 일반적으로 유럽의 이야기를 의미하지만, 설화는 세계 전역에서 회자되는 이야기를 의미한다. 오래전부터 유럽에서 전해지는 동화들은 다른 나라에도 비슷한 이야기가 있는 경우가 많은데, 어떤 이야기들은 유럽 동화들보다 아주 오래되지는 않았다고 해도 여러 세기 이상 먼저 등장한 경우도 있다. 전 세계 여러 곳에 다양한 형태로 존재하는 '잭과 콩나무', '미녀와 야수', '룸펠슈틸츠헨' 같은 이야기들은 4천 년이 넘는 시간까지 그 기원을 거슬러 올라갈 수 있다.

본질적으로 사람은 말을 배우는 순간부터 자기 이야기

---

4 『이상한 나라의 앨리스』를 쓴 영국의 동화 작가 겸 수학자
5 한국에서도 방영했던 만화 영화 〈모래요정 바람돌이〉의 원작 동화 『모래요정과 다섯 아이들』을 지은 작가

를 많이 한다. 동화는 비교적 최근에 발달한 문학 장르지만 동화 같은 이야기는 태초부터 다양한 형태로 존재했다.

분명한 점은 우리는 동화 같은 형태의 이야기를 주로 차이를 묘사하려고 활용한다는 것이다. 차이를 부각하는 이유는 등장인물의 모습에 결점이 있음을 부각하기 위해서일 수도 있고 등장인물을 사회에서 배척하기 위해서일 수도 있지만 어쨌거나 동화는 다른 사람들과는 차이가 있는 사람을 주인공으로 내세울 때가 많다.

데이비드 T. 미첼은 "이야기의 목적은 선線에서 벗어난 이유를 설명하는 데 있다. 사람들 사이에 존재하는 차이를 이해하는 것이야말로 이야기를 존재하게 하는 가장 큰 동기 가운데 하나다."라고 했다.

우리는 이야기를 통해 세상을 구체화하고 이해한다. 역사적으로 우리가 처음으로 차이를 구체화한 것도 이야기를 통해서였다. 선에서 벗어난 이유를 이해할 수 있는 과학이라는 능력이 없을 때는 당연히 이야기만이 그 이유를 설명할 수 있다.

부모님이 CT[6]를 찍으려고 나를 데리고 온타리오주 런던에 있는 병원에 갔을 때, 내 나이는 세 살이었다. 그러니

6  컴퓨터 단층 촬영

그때의 기억은 거의 없다. 굉장한 소리를 내면서 회전하던 거대한 CT 기계 안에 들어가 있었다는 기억은 나지만 그 뒤로도 몇 년 동안 여러 차례 CT 촬영을 했으니 CT 기계에 관한 기억은 그날의 기억이라기보다는 그 이후의 기억일 가능성이 크다. 그날을 선명하게 기억하고 있는 건 내가 아니라 부모님이다. 부모님은 거의 두 시간 동안 차를 타고 이동해야 했고, 차 안에 앉아 있는 동안 두려움이 마음속으로 스멀스멀 기어들어 왔기에 어떻게 해서든지 서로 대화를 해 보려고 끊임없이 시도했다. 나는 아마도 이동하는 동안 자고 있었을 것이다. 그게 나다우니까. 언제나 그랬고 지금도 나는 차를 타면 잠이 든다.

신경과 전문의가 엄마에게 검사 결과를 말해 주면서 채워져 있어야 할 나의 뇌에 빈 곳이 있다는 말을 하는 동안 세 살이었던 나는 바닥에서 놀고 있었다. 나의 뇌를 찍은 CT 사진에는 우반구와 좌반구 사이에 자리 잡은 대뇌 중심부에 시꺼먼 덩어리가 있었다.

"이곳에 근육이 있어야 합니다. 그런데 아무것도 없군요."

신경과 전문의는 그렇게 말했고, 엄마는 울기 시작했다. 당황한 나는 엄마에게 다가갔다.

'하지만 우리 애는 내가 누군지 아는걸. 우리 애는 뇌가 없는 애처럼은 보이지 않아. 이런 터무니없는 말이 어디 있어?' 엄마는 생각했다.

신경과 전문의는 수술을 하는 게 좋겠다면서 또 다른 의사를 소개해 주었다. 부모님은 그 의사를 만나러 갔다. 하지만 소개받은 남자 의사는 부모님 마음에 들지 않았다.

"어린 의사였어. 그 사람은 자기가 뭘 하고 있는지도 모르는 게 분명했어. 그저 모든 걸 감으로 해내고 있는 것 같았어." 엄마는 지금도 그 말씀을 하신다. 절망에 빠진 엄마는 심장 병동 간호사였던 사촌에게 도움을 요청했다. 이리저리 알아본 엄마의 사촌은 이름을 하나 가지고 왔다. 토론토 아동 병원에서 근무하는 험프리스 박사 Dr. Humphreys라는 이름이었다. 이번에는 우리가 사는 도시에서 런던과는 반대 방향으로 한 시간 정도 가야 만날 수 있는 의사를 소개받은 것이다.

험프리스 박사가 부모님에게 숲으로 가서 개암나무 가지를 잘라 와 문밖에 심고 비를 기다리라고 했다면 부모님은 그대로 했을 것이다. 살찐 송아지를 잡아 그 피를 문에 뿌려야 한다고 말했다면 그렇게 했을 테고 숲에 사는 마녀에게 나를 데려가 내가 먹을 음식에 섞을 약을 만들어 달라고 부탁하라고 했다면 분명히 그렇게 했을 것이다. 문을 두드린 노인이 변장한 악마임을 본능적으로 알아차리더라도 딸의 건강을 위해서라면 집도 땅도 모두 내놓겠다고 약속했을 것이다. 우리 부모님은 나를 위해서라면 무슨 일이든지 할 수 있었을 테고, 실제로도 자신들의 작은 딸이 안전하고 완전하게 살아갈 수 있다면 모든 일을 하셨을 것이다. 그분들에게는 딸을 위한 삶 외에는 달리 살아가야 할 삶이 있을 수 없었다.

소설가 조앤 디디온Joan Didion은 "**우리는 살아가려고 우리 이야기를 한다.**"라고 했다.

두 분은 나를 데리고 토론토에 있는 병원으로 갔고, 두 손을 굳게 깍지 낀 채 기도하셨다.


전설이나 신화와 달리 동화에 역사적 사실이 담겨 있다고 생각하는 사람은 많지 않다. 교훈을 주는 것이 동화의 가장 큰 목적일 때도 많다. 동화는 우리에게 무언가를 가르쳐 주려고 존재한다. 어느 정도는 오해를 받아 온 세상의 한 부분에 관해 말해 주려고 존재한다. 독일 민담에서 동화는 **메르헨**Märchen 또는 **경이로운 이야기**라고 한다. 독일 메르헨에 요정fairy이 나오는 경우는 드물지만 모든 메르헨에는 공주가 된 거위, 용을 죽인 영웅, 아기를 낳게 해 달라고 마법사에게 비는 왕비처럼 다양한 형태의 경이로운 존재가 등장한다.

유럽에서 동화는 르네상스기에 이르러 문학 장르의 형태를 갖출 수 있었다. 조반 프란체스코 스트라파롤라 Giovan Francesco Straparola(『유쾌한 밤The Pleasant Nights』의 작가.

『경박한 밤The Facetious Nights』이라고 번역하기도 한다)와 잠 바티스타 바실레Giambattista Basile (『펜타메로네Pentamerone』 의 작가. 이 작품집에 들어 있는 『해와 달과 탈리아』는 『잠자는 숲속의 공주』의 첫 번째 인쇄판이다) 같은 작가 가 수집한 동화는 훗날 샤를 페로Charles Perrault(프랑스)나 그림 형제 (독일) 같은 동화 작가가 등장할 수 있는 길을 닦아 주었다.

17세기가 되면 프랑스에서 돌누아 부인이 자신의 동화 를 써 나가기 시작하며, 문자화된 동화를 읽는 일이 귀족 여성들에게 여가를 즐기는 인기 있는 방법이 된다. 사람 들은 여러 살롱에서 함께 모여 동화를 읽고 또 읽으며 시 간을 보낸다. 바로 여기서 우리는 사회와 문화가 이야기 에 미치는 영향력을 확인할 수 있다. 그때부터 동화는 도 덕과 예절을 강조하는 문학 양식으로 바뀌기 시작했고, 장엄한 어조로 낭독되면서 이번에는 역으로 문학의 어조 와 문체가 갖는 구조와 형태에 영향을 미치기 시작했다.

책의 형태로 출간된 유럽 동화집 가운데 가장 유명한 작품임이 분명한 독일 그림 형제의 동화 모음집(『그림 동 화』라고 알려진 그림 형제의 동화 모음집 제목은 『아이들 과 가정 이야기Kinder und Hausmärchen』이다)은 사실 상류층의 고결한 '문어체' 양식에 대응하려는 반발의 결과였다. 독 일의 민담과 전설을 자연 상태 그대로 보존하고 싶었던 그림 형제는 소작농 계급에서 전해지는 이야기야말로 자연 상태에 가장 가까운 이야기의 형태라고 생각했고, 그런 이야기들은 세상이 동화를 책과 같은 출판물의 형태로 보존하는 방향으로 서서히 바뀌는 동안 사라질 위험에 처해 있다고 느꼈다. 그림 형제의 초기 동화 모음집의 서문에는 두 사람이 스토리텔링의 가장 중요한 본질이라고 생각했고, 그림 형제에게 이야기를 해 준 사람들의 특성인 '강건함과 건강함'에 찬사를 보내는 글이 실려 있다. 그림 형제는 산업화와 도시 중심지로의 이주가 독일 소작농의 삶의 방식을 위협하기 시작한 것과 마찬가지 방식으로 문학이라는 문화의 등장은 그들이 평생 알고 있던 스토리텔링의 전통을 위협한다고 생각했다.

문학자 앤 슈미싱은 "사람이 처한 위기와 구전되는 동화가 처한 위기는 아주 유사했다. (…) 동화는 말해 주고 들어 주거나 글로 쓰고 읽어 주어야지만 살아남을 수 있다."라고 했다.

그런데 한 가지 커다란 모순이 있다. 바로 빌헬름 그림 Wilhelm Grimm과 야코프 그림 Jacob Grimm이 상당히 많은 동화를 소작인이 아니라 귀족 여인에게서 들었다는 것이다. 『그림 동화』 초판 부록에서 야코프 그림은 특히 도로테아 피만 Dorothea Viehmann이 들려준 이야기를 칭찬하면서 피만이 "영혼을 꿰뚫어 보는 맑고 밝은 눈을 가졌으며, 이야기를 기억하는 능력이 뛰어난 강건하고 건강한 사람"이라고 했다. 남편이 죽고 혼자 여관을 경영하며 여러 아이를 길러야 했던 도로테아 피만은 소작 계급이 아니라 중간 계급 여인으로,『그림 동화』두 번째 판이 나온 뒤 얼마 안 되어 세상을 떠났다.

그림 형제의 작업은 유럽에 오랫동안 영향을 미쳐 각국 수집가와 민속학자들이 자국의 이야기를 수집하고 보존하는 계기가 되었고, 당시 유럽 대륙을 휩쓸고 있던 민족주의와 문화 이야기를 선호하는 경향에 밑거름이 되었다. 자신들의 동화 모음집에 "아이들과 가정 이야기"라는 제목을 붙이기로 한 그림 형제의 결정은 광범위하게 영향력을 미쳐 수 세기 동안 많은 나라에서 동화라는 장르는 아이들에게 더욱 적합한 형태로 형성되어 갔다.

앞으로 살펴보겠지만 월트 디즈니 만화 영화에 나오는 공주들 이야기처럼 후대에 새롭게 각색한 동화들은 이전 동화들보다 훨씬 더 아동 친화적인 형태를 띠어『라푼첼』이나『신데렐라』같은 이야기에서는 보이는 장면도 말해지는 내용도 훨씬 밝게 변모했다. 탑에 갇힌 라푼첼이 임신하는 이야기, 신데렐라의 의붓언니들이 유리 구두에 발을 넣으려고 자기 발을 직접 잘라 버리는 이야기 같은 원본에 있던 많은 요소가 제거된 것이다. 20세기가 되면 그림 형제가 심어 둔 엄격한 종교 색채는 동화에서 신중하게 제거되었지만 즐겁고 행복한 결말에 지나치게 초점을 맞춘 나머지 그 자체로 또 다른 도덕주의가 탄생했다. 즐겁고 행복한 결말은 엄중하지만 때로는 독단적인 신의 손을, 칭찬받을 만한 행동을 하는 사람에게는 좋은 일이 생기는 자애로운 우주로 대체해 혼돈에 질서를 부여하려는 시도였다. 『그림 동화』를 비롯한 여러 동화 모음집에는 행복한 결말에 이르지 못하는 이야기가 많이 있지만 지금까지 살아남아 계속해서 회자되는 이야기들은—이야기가 계속해서 다시 다루는 주제들은—많은 수가 행복한 결말에 이른 이야기들이다. 윤리적인 우주의 원호는 이제 우리에게 전해진 오랜 이야기들 모두에서 좋은 쪽으로 기울어져 있다.

어떻게 해서든지 행복한 결말을 맞이해야 한다.

최소한 행복해질 자격이 있다면 말이다.


뇌 조직 검사 결과 내 머리에 있는 것은 종양이 아니라고 밝혀졌다. 내 머리에 있는 것은 낭종이었다. 종양만큼 심각한 용어는 아니었지만 역시나 끔찍한 용어였다. 험프리스 박사는 부모님에게 나처럼 뇌 한 가운데에서 낭종이 자라는 경우는 드물다고 했다.

**뇌성마비**는 움직임과 운동 기능, 근육 수축 정도에 영향을 미치는 신경 질환이다. 험프리스 박사는 엄마를 불안하게 만들었던 다른 의사와는 달랐다. 나이가 많았던 험프리스 박사는 따뜻했고 조금 더 확신에 차 있어서 험프리스 박사에게서 들은 내 상황은 엄마가 두려워하고 있던 것만큼은 끔찍하게 느껴지지 않았다. 몇 년 뒤에 나는 험프리스 박사의 이름이 로빈Robin임을 알았다. 왜인지는 모르겠지만 나는 로빈이라는 이름이, 확신에 차 있고 진지했지만 여전히 모든 면에서 어린아이와 같았던 그분에게는 정말로 잘 어울린다고 생각했다. 장난치기를 좋아하고 친절했던 험프리스 박사는 현명하고 온화한 할아버지 같았다. 그분이 동물이 된다면 정말로 가슴이 빨간 새(로빈)가 될 것이 분명했다.

험프리스 박사는 "낭종은 뇌에 생긴 물주머니 같은 겁니다. 우리는 단락술을 실시해서 그 물을 빼내려고 합니다."라고 했다.

정확히 말하면 뇌실 복강 단락술Ventriculoperitoneal shunt7을 실시한다는 말이었다. 단락은 보통 뇌수종을 치료하려고 뇌실에 삽입하는 장치다. 처음 그 용어를 들은 뒤 10년이 지날 때까지도 나는 **뇌실, 뇌실, 뇌실**이라고 되뇔 뿐 뇌실 복강 단락술이라는 단어를 제대로 발음할 수 없었다. **룸펠슈틸츠헨**처럼 뇌실 복강 단락술도 나로서는

7 뇌실(뇌척수액으로 채워져 있는 뇌 안의 빈 곳)과 복막 사이에 실리콘, 고무 튜브를 끼워 뇌척수액이 심방이나 복강으로 흐르도록 하는 수술

쉽게 발음할 수 없는 단어였다.

단락을 삽입하려고 외과 의사들은 내 왼쪽 머리카락을 모두 밀고 내 두개골을 열었다. 왼쪽 뇌실에 단락을 넣고 단락에 연결된 긴 플라스틱 관을 밑으로 쭉 내려 돌돌 감겨 있는 은색 코일을 내 뱃속에 밀어 넣었다. 내가 자라는 속도에 맞춰 천천히 풀어져서 길게 펼쳐질 은색 코일이었다. (험프리스 박사는 수술이 끝난 뒤에 우리 부모님에게 "이 친구 키가 190센티미터가 되면 코일 때문에 문제가 생길 겁니다."라고 농담을 했다.) 낭종에 모인 뇌척수액은 단락을 따라 창자로 내려간 뒤에 소변이 되어 몸 밖으로 나갈 것이다. 그러면 모든 문제는 마법처럼 해결된다.

험프리스 박사의 설명을 들은 부모님은 흐느껴 울면서 감사를 표했고 조심스럽게 기뻐했지만 여전히 완전히 안심하지는 못했다. (그때 엄마는 '**어째서 머리카락을 반만 밀었을까?**'라는 생각을 하셨지만 그 말을 입 밖으로 내지는 않았다.) 수술 후에 예후를 지켜봐야 했기 때문에 나는 집에 가지 못하고 입원했다.

그리고 단락술이 효과가 없다는 사실이 곧 드러났다. (걱정은 끝이 없는 어두운 강과 같다.) 낭종은 대부분 물로 이루어져 있지만 내 낭종은 젤라틴 성분이 좀 더 많았다. 그런 낭종은 잘게 자른 뒤에 빼내야 했기에 나는 다시 수술실로 들어갔다. 의사들은 이번에는 내 오른쪽 머리카락을 모두 밀어내고 낭종을 잘랐다. 낭종은 조각내어 밖으로 빼냈다. 그때 임신 7개월이었던 엄마는 두 손으로 배를 잡고 아빠와 함께 보호자 대기실에 앉아 계셨다.

수술은 성공했다. 할 수 있을 만큼은 성공한 것이다. 의사들은 뇌 조직 가까이에 붙어 있는 부분만 조금 남기고 낭종을 거의 제거했다. 험프리스 박사는 그 낭종이 다시 자랄 것 같지는 않다고 했다.

험프리스 박사는 "하지만 확실하게 확인해야 하니, 해마다 검사는 할 겁니다."라고 했다.

수술이 끝난 뒤에 부모님이 나를 보러 회복실로 왔을 때 나는 눈이 침침하기는 했지만 정신은 깨어 있었다.

잔뜩 긴장해 있던 엄마는 나에게 "내가 누구인지 알아보겠니?"라고 말씀하셨다.

그런 질문을 하는 어른들의 의도를 전혀 이해하지 못했던 나는 네 살 어린아이다운 대답을 했다.

"응, 알아. 엄마는 내가 누군지 모르겠어?"

그 말을 듣고 엄마는 웃거나 우는 것 가운데 하나를 하고 싶었지만 결국 둘 다 하지 못하셨다. 그저 조심스럽게 침대에 걸터앉아 내 머리에 둘러져 있는 붕대에 닿지 않도록 조심하면서 나를 꼭 안아 주셨다. 엄마는 환자복을 입고 병원 침대에 앉아 정신을 못 차리고 있는 딸이 정말로 작아 보였다고 했다.

시간이 흐르면서 나는 회복되어 갔지만 짜증이 많아졌다. 엄마는 밤이면 병원 건너편에 있는 호텔에서 주무셨는데, 혼자 샤워를 할 때면 흐느껴 우시고는 했다. 엄마는 동화를 믿지 않으셨지만 이것은 또 다른 어두운 강이었고 속삭임이었고 경고였다. 엄마는 어쩌면 수술실에 누군가가 들어와 나를 데려가고 다른 아이를 놓고 갔을지도 모른다고 생각하셨다. 엄마는 간호사들을 붙잡고 하소연했다. "무언가 잘못된 게 분명해요. 저 아이는 내가 아는 우리 아이가 아니에요."

하지만 병원에 있는 건 분명히 나였다. 그저 **성격이 나빠진** 나일 뿐이었다. 나는 병원에 있는 게 싫었다. 붕대 때문에 머리가 가려운 게 싫었고 간호사가 목욕을 시켜 준다는 사실이 싫었고 병원 음식이 싫었고 놀이방에서 다른 아이들과 놀아야 한다는 사실이 너무나도 싫었다. 밤이면 몇 번이고 간호사가 병실로 들어와 체온을 재는 것도 싫었고 삐삐거리는 온도계 소리도 싫었고 짙은 빨간색 숫자도 싫었다. 혀 밑에서 느껴지는 차가운 금속도 싫었고 내가 싫다고 할 때마다 좋은 사람인 것처럼 하나도 재미있지 않은 농담으로 나를 달래는 간호사도 싫었다.

간호사들은 "**입으로 체온을 재지 않으면 엉덩이에 체온계를 넣을 거야!**"라고 했다.

내가 제일 좋아했던 마거릿 간호사가 하는 엄마가 오

면 울지 말라고 하는 말도 싫었다. 물론 나는 엄마 앞에서 강해지고 싶었다. 당연히 나는 엄마가 나에게 실망하지 않기를 바랐다.

하지만 엄마를 볼 때마다 나는 곧바로 울음을 터트렸고, 그래서 내가 운다는 사실이 훨씬 싫어졌다.

하지만 병원에서는 곧 퇴원했다. 4월이었고, 결국 나는 유치원 2년 차 되던 그해에 나머지 시간을 집에서 보내야 했다. 내 머리카락은 아주 천천히 자랐다. 한번은 놀이터에서 놀고 있을 때 한 여자아이가 "엄마! 저 남자애는 왜 치마를 입었어?"라고 말하는 소리를 듣고 울면서 엄마에게 달려가기도 했다.

내 오른발은 안쪽으로 굽어 있었기에 1년 안에 다시 수술을 해야 했다. 이번에는 발에 있는 힘줄을 늘려 바깥쪽으로 향하게 하는—그러니까 발을 정상으로 만드는—수술을 했다. 수술을 받은 뒤에 6주 동안 깁스를 해야 했고 유치원까지는 택시를 타고 갔다. 교실에서는 신기함이 사라질 때까지 친구들이 내가 탄 휠체어를 밀면서 뛰어다녔다.

깁스를 풀었을 때 나는 다리를 절었다. 걸을 수는 있었지만 정상적으로 걷지는 못했다. 내 엉덩이는 삐뚤어져 있었고, 길어진 힘줄은 고작 그 정도 일밖에는 할 수 없었다. 내 오른발은 모양이 이상했고 흉터가 있었다. 특수하게 디자인한 신발을 신어야 했고 오른쪽 신발은 왼쪽 신발보다 컸다. 거의 눈치채기 힘든 차이였지만 다섯 살과 여섯 살의 시간을 보내야 했던 나로서는 그 차이만 눈에 들어왔다.

동화는 거의 모두 육체적이건〔예: 그림 형제의 『두 여행자』(공주를 찾아 결혼해야 한다는 마녀의 과제를 부여받은 재단사와 정육사 이야기)〕 정신적이건〔예: 그림 형제의 『손을 잃은 아가씨』(잘린 손을 등에 묶고 숲속을 헤맨 아가씨 이야기)〕 간에 주인공에게 해결해야 할 임무를 부여한다. 동화 속 인물들은 어딘가로 떠나서 **무언가를 배우거나** 여러 과제를 완수하거나 물건을 모으면서 어려움을 극복해야만 다시 당당하게 자신의 삶으로 돌아갈 수 있다. 이것도 하고 저것도 해야 모든 것이 좋아진다.

노르웨이판 『태양의 동쪽, 달의 서쪽』에서는 주인공이 트롤 여왕에게 잡힌 남편을 구하려고 트롤 여왕의 성까지 찾아가야 했고, 안데르센의 『인어 공주』에서는 주인공이 자신의 목소리를 되찾고 당당하게 바다로 돌아가려면 사랑하는 왕자를 죽여야 했다.

문학과 구전되는 이야기에서 주인공이 임무를 부여받는 전통은 『길가메시 서사시』까지 거슬러 올라가며 전 세계 문화에서 거듭 나타난다. 아프리카 이야기에 나오는 천상의 신 니야메는 사랑스러운 영웅인 거미 아난시에게 커다란 뱀 오니니, 표범 오세보, 말벌 음보로를 잡아 와야만 이 세상에 이야기를 주겠다고 한다. 아난시는 세 동물을 잡아 오고 이 세상은 이야기를 갖게 된다.

재단사는 정육사를 앞질러 공주와 결혼했고 '손을 잃은 아가씨'는 자애로운 낯선 사람들의 도움을 받았고 믿음을 잃지 않은 보상으로 다시 자란 손을 얻는다. 모든 동화에서 임무를 부여받은 주인공은 비슷한 결말에 도달한다. 심지어 원본 이야기에서는 스스로 목숨을 끊는 인어공주조차 천국에서 영원히 행복하게 살게 되리라는 약속을 받는다.

나는 부모님이 바라시던 행복한 결말이었지만, 나 자신에게는 그렇게 행복한 결말은 아니었다. 내가 살아남았다는 사실은 가장 멋진 결말이었다. 나는 임무를 마쳤고 과제를 마친 보상을 받았고 완벽하고 정확한 방식으로 모든 일을 끝낸 뒤에 의기양양하게 집으로 돌아왔다. 부모님은 의사와 스승들의 말에 귀를 기울였고 할 수 있는 한 힘껏 현인들의 조언을 따랐다. 나의 뇌를 열어 전적으로 과학적이고도 전적으로 마법과 같은 방법으로 불쾌한 파편들을 제거했다. 모든 것이 무시무시했지만 모든 것이 괜찮았다. 하지만 수술 후에 찾아온 새로운 현실은 전적으로 다른 문제였다.

삶은 언제나 책이나 영화에서 보았던 동화의 행복한 결말과는 다른 식으로 흘러간다. 물론 누구나 그것을 본능적으로 알고 있지만 오래된 동화들이 품고 있는 결론 때문에 생긴 가정과 선입견은 지금도 서양 문화의 많은 측면에 스며들어 있다.

성인이 된 나는 장애 아동으로서의 내 인생도 여느 여자아이들의 인생만큼이나 소중했다는 사실을 알고 있다. 하지만 어렸을 때는 어떻게 해야 그 '귀중한' 공간에 육체를 집어넣을 수 있는지 알지 못했다. 아니, 어쩌면 가끔은 지금도 알지 못하는지도 모르겠다. 나는 아무리 원해도 무용 시간에 우아함을 뽐낼 수 있는 여자아이가 아니었고 자신감에 넘쳐 복도를 걸어 다니는 여학생이 아니었다. 나는 절름발이였다. 괴상하고 두툼한 신발을 신고 다니는 이상한 아이였다. 학교에서, 집에서 내가 읽은 동화 속 공주님은 그 누구도 몸에 보형물을 심지 않았고 물리 치료도 받지 않았다. 괴상하게 생긴 발을 검사하고 절름거리는 정도를 측정하려고 해마다 토론토에 있는 병원으로 가야 하는 공주는 아무도 없었다.

우스꽝스럽게 걷는다는 이유로 학교에서 놀림을 받는 공주도 없었다. 엉덩이에 피클을 끼고 걷는 것 같다는 이유로 피클이라고 불리는 공주도 없었다. (나중에 알게 된 사실이지만 놀랍게도 악의적인 별명으로 불리는 동화 속 여자 주인공도 있기는 했다. 부엌에서 힘든 일을 해야 했던 여주인공은 손과 머리카락에 언제나 재가 붙어 있었기 때문에 새엄마와 의붓언니들은 주인공을 '재투성이'라는 뜻을 지닌 '신데렐라'라고 불렀다.)

내가 아는 모든 공주는 우아했고 아름다웠으며 마치 꿈결처럼 춤을 추었다. 객관적으로 생각했을 때는 그런 공주가 현실에 없음을 알고 있다고 해도 잠자는 숲속의 공주 오로라의 드레스가 파란색에서 분홍색으로 바뀌었다가 다시 파란색으로 바뀌는 장면에서 심장이 부풀어 오르는 것을 막을 방법은 없을 것이다. 디즈니 만화영화에 나오는 벨과 신데렐라의 장애 하나 없는 완벽한 아름다움에, 많은 동화의 결말이 결국에는 이 때문에 사랑을 획득하는 것이라는 사실에 어떻게 반박할 수 있을까? 더 중요하게는 그렇게 아름다운 공주는 한 번도 되어 본 적이 없는 나의 자아가 어떻게 동화 속 공주들에게 저항할 수 있을까? 내가 읽었고 사랑하는 그 모든 동화와 미디어, 수많은 이야기가 행복한 결말을 말하고 있을 때 필연적으로 행복한 결말에서 벗어나는 삶과 투쟁하는 일이 과연 가능할까? 행복한 결말을 향해 가는 인생의 경로에서 이탈하는 것이 문제가 아니라 무엇보다도 이 경로가 장애가 없는 사람들을 위한, 장애가 없는 사람들만이 기대할 수 있는 경로라는 사실은 어떻게 해야 깨달을 수 있을까?

그리고 이런 행복한 결말에서 장애가 전적으로 사라진다면 장애가 없는 사람과 장애인 사이의 차이는 어떻게 해결할 수 있을까?

- Cerebral(뇌): '뇌'를 뜻하는 라틴어 cerebrum이 프랑스어에서 cérébral로 바뀐 뒤에 영어로 차용된 단어. 의학 용어로 cerebral은 뇌 피질의 안과 주변부를 뜻하는 용어로 cerebral과 cerebellum(소뇌)은 연결되어 있다.
- Palsy(마비): 라틴어에서 유래한 앵글로 프랑스어. '마비'를 뜻하는 라틴어 paralysis는 paralasie를 거쳐 palsy가 되었다. '마비를 일으키는 질병'이라는 뜻도 있다.
- 이 두 단어를 합치면 움직임을 제한하거나 움직임을 결정하는 여러 상태, 또는 전혀 움직임을 허용하지 않는 상태를 가리키는 포괄적인 용어로 사용할 수 있다.
- Cerebral의 또 다른 용법: '뇌에 의한, 뇌와 관계가 있는'이라는 뜻으로 쓸 수 있다. 이 용법은 감정이나 본능보다는 지적인 능력과 관계가 있다.
- Palsy(명사로 쓰일 때의 뜻): 감각 상실이나 통제할 수 없는 몸의 움직임 또는 발작을 수반하는 전체적인 혹은 부분적인 근육 마비 상태. 쇠약해지거나 허약해짐. 움직일 수 없을 정도로 격렬한 감정.
- Palsy(동사로 쓰일 때의 뜻): 마비되다. 기력이 사라지다. 두려움과 무기력함을 느끼다.

1986년에 우리 가족의 건강을 책임졌던 험프리스 박사가 작성한 진료 일지는 임상적인 사실을 그대로 나열했지만 따뜻했고 자애로웠다. "이 아이는 산모가 임신 기간을 모두 채운 뒤에 정상 분만으로 태어났으며 체중은 3.79킬로그램이었고 출산 합병증은 없었다. 출생 후 발달 과정에서 특별히 이상한 점은 없었다. 그러나 생후 6개월쯤 되었을 때 어맨다의 오른쪽 발가락이 '이완되지 않고 굽어 있음'을 발견했다. 어맨다는 걷는 시기도 늦었고 완전히 혼자서 걸을 수 있게 된 생후 17개월 전까지는 안정적으로 걸음을 떼지도 못했다. 더구나 혼자서 걷게 된 뒤에도 제대로 균형을 잡을 수 없었고 발이 안쪽으로 계속 굽었다."

험프리스 박사는 타고난 이야기꾼임이 분명하다.

"시간이 흘러 어맨다의 활동력이 좀 더 늘어나자 오른쪽 다리로 크게 원을 그리며 걸을 때가 많아졌다. 어맨다는 빠른 속도로 달려 본 적이 없다. 계속 제대로 걷지 못한다면 오른쪽 팔과 손도 문제가 생길 가능성이 있다. 하지만 어맨다의 경우에는 팔과 손에 문제가 생겼다는 조짐은 없었고 팔의 자세도 흐트러지지 않았다. 하지만 무슨 이유에서인지 어맨다는 왼손잡이가 되었다."

〔옛날, 아주 먼 옛날에는 왼손잡이가 악마에게서 왔다고 생각했다. 「마태복음」 25장 41절은 이렇게 적고 있다. "그리고 왼편에 있는 사람들에게 이렇게 말할 것이다. '이 저주받은 자들아, 나에게서 떠나 악마와 그의 졸도들을 가두려고

준비한 영원한 불속에 들어가라.” 왼쪽은 열등하고 잘못된 것을 상징했다. 아담의 왼쪽 갈비뼈로 이브를 만들었고 섹스를 할 때 남자의 왼쪽 정소에서 나온 정자가 수정되면 여자가 된다고 생각했다. 그래서 고대 그리스 사람들은 원하는 성별의 아기를 낳으려고 섹스를 할 때면 한쪽 정소를 묶어 놓았다. 19세기에 남아프리카공화국의 줄루 부족은 왼손잡이 아이에게 오른손을 쓰게 하려고 왼손을 끓는 물에 담가 화상을 입혔다. 스페인에서 종교 재판이 한창이던 시절에 가톨릭 교회는 왼손잡이를 마녀라고 두려워해 산 채로 불에 태워 죽이기도 했다.

많은 사람이 범죄학의 아버지라고 생각하는 체사레 롬브로소Cesare Lombroso는 1903년에 “문명과 문화가 진보하면서 문명인은 야만인에 비해 오른손잡이 비율이 월등히 높아졌는데, 오른손잡이는 여자보다는 남자가, 아이보다는 어른이 훨씬 많다.”라고 썼다. 롬브로소는 왼손잡이를 기형이라고 생각한 것이다. 가진 사람과 가지지 못한 사람을 나누는 장애라고 생각한 것이다.

물론 험프리스 박사는 왼손잡이인 아이를 열등하다고는 생각하지 않았다. 하지만 놀랍게도 수 세기 동안 지속된 이야기와 믿음처럼 “무슨 이유에서인지 어맨다는 왼손잡이가 되었다”라는 험프리스 박사의 추론(?)에는 왼손잡이에 대한 상당한 불신이 담겨 있다.]

"현재 어맨다의 운동 능력은 가벼운 장애를 보이는데 오른쪽 다리, 정확히 말하면 발목과 발에만 문제가 있는 것 같다. 어맨다의 부모님은 학교에 갔다 오거나 쇼핑센터 안에서 걷는 것처럼 특별한 장소를 움직일 때는 어맨다의 이동 속도가 더 느려진다고 했다. 그리고 걷는 내내 고개를 살짝 왼쪽으로 기울이는데 아마도 사시와 관련이 있을 것 같고, 오른쪽 종아리를 살짝 과도하게 쓰는 것은 약한 미골부 척추측만증caudal scoliosis과 관련이 있을 것으로 예상된다.

임상 검사를 할 때 이 아이는 상당히 기민해서 지시를 잘 따른다. 그러나 '경련성 편측 부전마비 보행spastic hemiparetic gait'이 오른쪽 다리 거의 전체에 나타난다. 자라면서 생기는 '꿈치바깥들린휜발equinovarus foot' 때문에 걸을 때는 다리를 전다."

· Hemiparetic: 몸의 한쪽 부분이 약해서 제 기능을 하지 못한다는 뜻으로 hemiparesis(편측마비)의 형용사형이다. 몸의 한쪽에 병이 생겼음을 뜻하는 그리스어 hemipleges에서 왔다.

· Equinovarus: 발이 밑으로 내려간 상태에서 안으로 꺾이는 들린 발(equine은 '말과 같은'이라는 뜻이다)을 뜻한다. 학명은 Talipes equinovarus이고 흔히 내반족이라고 부른다. 신들이 오이디푸스에게 표식으로 달아 준 형벌이 바로 내반족이다.

하지만 우리가 오이디푸스를 장애인이라고 불러 왔던가? 아니, 그렇지 않다. 오이디푸스의 장애는 흔히 그의 부모가 신들을 앞서려고 했기 때문에 받아야 했던 벌을 **상징**한다고 말해진다. 운명을 피하려고 거듭해 노력하는 남자가 본질적으로 겪을 수밖에 없는 필수 요소인 것이다. 오이디푸스의 장애는 피할 수 없는 인생의 현실이 아니다. 이 세상을 헤쳐 나가려면 그와 함께, 그의 내부에서, 그의 본질로 존재할 수밖에 없는 어떤 것, 그저 일상이 되어 버리는 무언가가 아니다. 그저 특별한 방식으로 이야기가 앞으로 나아가게 하는 상징일 뿐이다. 부모의 범죄 때문에 받아야 했던 벌(다른 사람과는 다른 발을 가진 남자라는)을 받는 그로서는 장애는 반드시 극복해야 하고 이겨내야 하고 자신의 가치를 입증해 주는 상징이자 자연스럽게 그가 지은 죄는 많지 않다는 사실을 보여 주는 상징이었다.

오이디푸스의 내반족은 완성을 향해 나아가는 그의 서사에 없어서는 안 될 핵심 장치가 된다. 그가 장애를 극복하려면 신들이 부여한 운명을 받아들이고 장애가 운명을 거스르려고 했던 그의 **자만심** 때문에 받는 벌이라는 사실을 인정해야 한다. 내반족이 오이디푸스의 인생에 개입하면서 겪게 되는 고난의 현실을 극복하려면 오이디푸스(와 그의 이야기를 읽는 독자인 우리)는 장애를 무언가 다른 것을 상징하는 것으로, 질병이나 그릇된 무언가를 상징하는 것으로, 일단 올바르게 고쳐진 뒤에는 아무런 장애가 없는 영웅들과 동일한 방식으로 승리를 쟁취할 수 있는 장치로 간주해야 한다. 그 때문에 장애인이 살아가는 현실은 추상적이면서도 일시적인 상황이 되어 버리고 장애가 세상에 굳건하게 존재하는 현실이라는 사실을 더욱 깨닫기 힘들게 된다.

오이디푸스가 장애인 남자라는 생각은 이 책을 써 나갈 준비를 할 때 처음으로 떠올랐다. 그것이 바로 우리가 말하는 이야기 속에서 상징으로서 장애가 갖는 역할이다.

아니면 토빈 시버스의 말처럼 표현할 수도 있겠다. "소포클레스의 비극을 신체장애인이자 시각장애인인 남자가 테베를 두고 싸우는 이야기라고 생각하는 사람은 아무도 없다."

앤 슈미싱은 "장애를 그저 무언가의 은유로만 읽는 것은 한 사람과 그 사람이 가진 장애를 추상화한다는 점에서 그 자체로 장애를 말소하는 행위라고 할 수 있다."라고 했다.

하지만 나의 뇌성마비는 단 한 번도 다른 것을 **상징**하지 않았다. 나의 뇌성마비는 늘 나와 함께 있으면서 나로, 나 자신으로, 나의 몸으로 살았다. 그렇다면 이곳에서 시작한 그 길은 어떤 식으로 뻗어 나가고 있는 걸까? 우리가 하는 이야기들과 우리가 사용하는 상징들. 장애가 있는 몸을 내면의 질병을 묘사하는 상징으로 사용할 때가 많은 이 사회에서 우리는 어떻게 해야 앞으로 나가고 이 혼란을 수습하고 이 세상에서 다른 몸으로 살아간다는 것의 복잡함을 해결할 수 있을까?

---

## 2. 장애 그리고 동화

Disabled

1a. 신체 기능이나 정신 기능, 인지 기능, 발달 상태가 손상되거나 제한된 상태: 장애인, 장애를 입다.

1b. 병이나 부상으로 신체장애를 입다.

2. 기계나 장비가 (손상되거나 고의로 변형해) 작동하지 않게 되다.

영어에서 형용사 disabled는 disable의 과거 완료형으로 쓴다. 라틴어의 dis는 '~과 반대로 하다'라는 뜻이고 옛 프랑스어 (h)able은 라틴어 동사 habere(잡다, 받아들이다)에서 온 것으로 '할 수 있는, 적합한, 어울리는, 민첩한,

날렵한'이라는 뜻이다. disabled가 독립된 뜻을 가진 용어가 된 것은 16세기부터였다. 일단 육체적인 본질이 훼손되었다는 의미를 갖게 되자 지금은 온갖 종류의 손상 impairment을 가리키는 용어로 그 쓰임새가 넓어졌다. 세계보건기구WHO는 **장애**를 다음과 같이 정의한다.

> [장애는] 손상, 활동 제한, 참여 제한을 아우르는 포괄적인 용어다. 손상은 몸의 형태와 구조에 문제가 생긴 것이다. 활동 제한은 개인이 과제나 활동을 할 때 겪어야 하는 어려움이며, 참여 제한은 일상생활을 하는 상황에서 개인이 겪을 수 있는 문제를 의미한다. 따라서 장애는 단순히 건강 문제가 아니다. 한 개인의 몸이 지닌 특성과 그 개인이 살아가는 사회가 지닌 특성이 상호 작용하는 모습을 반영하는 복잡한 현상이다.

장애가 복잡한 현상이 되는 이유는 부분적으로는 장애에 관한 **사회 모형**이 계속해서 널리 퍼지고 있기 때문이기도 하다. 장애의 사회 모형은 개인의 장애는 사실 육체적인 제한 상태 그 자체보다도 제도적인 장벽, 장애인 배제, 장애인을 향한 부정적인 태도의 영향을 더 크게 받는다고 간주한다. (만약에 한 건물에 장애인용 엘리베이터와 출입구가 있다면 휠체어를 탄 사람도 건물 안에서 행동의 제약을 받지 않을 것이다. 하지만 장애인용 출입구와 엘리베이터가 없다면 휠체어를 탄 사람은 그 건물 안에서 제대로 돌아다닐 수 없을 텐데, 그것은 다른 몸을 가진 모든 사람의 행동 방식을 전혀 고려하지 않았기 때문에 나온 결과라고 할 수 있다.) 장애에 관한 사회 모형의 반대편에는 의학 모형이 있다. 의학 모형은 몸을 진단의 대상으로 보고 의학이 개입해 특정 장애나 질병을 고치거나 해결하는 데 중점을 둔다. 토빈 시버스는 "의학 모형은 장애를 한 사람에게 심어진 개인의 결점이라고 보며, 한 사람이 사람으로서의 능력을 완전히 발휘하려면 그 결점을 치료하거나 제거해야 한다고 간주한다."라고 했다. 의학 모형이라는 관점에서 보면 고쳐야 할 것은 사회가 아니라 망가진 사람이다. 시버스는 계속해서 "[의학 모형은] 장애가 있는 몸이 문제의 진짜 원인이라고 전제하기 때문에 장애가 있는 몸이라는 문제를 해결할 방법은 사회 정의를 실현하는 것이 아니라 의술을 행하고 자선을 베푸는 것이라고 간주한다."라고 했다.

의학 모형에서 장애는 엄연한 현실이기도 하지만 일종의 이야기이기도 하다. 모든 장애는 서사가 될 수 있다. 그 이야기는 문화가 선善(멀쩡한 몸과 아름다움)이나 악惡(장애와 변형된 몸)이라고 인식하는 모든 것에 관한 이야기가 될 수 있고, 한 사회 구성원으로서 우리가 서로를 어떻게 대해야 하는지를 알려 주며, 그 대가로 사회가 혹은 높은 권력이 우리를 어떻게 대할 것인지를 말해 주는 이야기가 될 수 있다. 장애는 그 자체로서의 육체적 현실(장애인 자신의 육체적 현실)과는 전적으로 별개로 존재한다. 시버스의 표현대로라면 장애는 우물 속에 들어 있는 지적인 부기맨[8]과 같이 작동하는 '또 다른 타인'으로서, 다른 모든 사람을 위한 상징이 되었다. 세상이 지각하는 질서의 가장자리에 앉아 있는 속삭이는 어둠으로 작동하는 것이다.

간단히 말하면, 의학 모형에서는 장애가 거의 언제나 악당의 역할을 맡고 있다. 장애는 **다름**이다. 왜냐하면 이 세상에서 움직이는 방식은 하나라고 가정되기 때문이다. 걷는 방식도 하나, 보는 방식도 하나, 냄새를 맡고 감촉을 느끼는 방식도 하나, 정보를 처리하는 방식도 하나라고 간주하기 때문이다. 이 같은 가정에서 벗어나는 일탈은 반드시 이유가 있어야 하고 그 이유를 설명할 수 있어야 한다. 아이의 뇌가 정상이라면 **있어서는 안 될** 낭종을 가지고 태어났다면 도대체 왜 낭종이 생겼는지, 낭종이 생긴 이유가 유전자 결함 때문인지, 자궁에 있을 때 뇌가 손상되었기 때문인지, 그도 아니면 밝힐 수 있는 질병 때문인지를 설명해 내야 한다. 그 이유를 설명하지 못한다면

---

8  명시적인 대상이 없는 유령과 같은 존재로, 공포를 의인화하거나 환유한 표현이기도 하다.

그 아이를 정확하게 평가할 방법은 없다. 그 아이가 이 세상에서 살기에 적합한 아이인지를 알아낼 방법도 없다. 그 아이의 장애를 둘러싼 이 세상의 이야기들은 그 아이가 밤마다 엄마와 함께 읽는 동화의 구조와 정확하게 일치한다. 그 아이에게는 문제가 있고 해결해야 할 임무가 있다. 그 임무를 해결했을 때만 당당하게 이 세상으로 돌아올 수 있는 자격이 생긴다. 의학 모형에서 당당한 '귀환'은 가능한 한 건강한 몸을 획득(하거나 재획득)한다는 것을 의미하기에 유전자 치료, 달팽이관 이식, 적절한 치료 방법 찾기 등을 수반한다.

하지만 의학 모형이 나오기 전에는, 과학이라는 도구를 갖기 전에는 그 모든 이유를 이해할 수 없는 마법으로 설명하는 이야기가 있었다. 형태가 다른 사지를 지니고 태어난 아이를 이해하기 위한 방법으로 이야기보다 더 좋은 것이 있었을까? 이야기라는 유리로 만든 관에 그 아이의 사지를 넣고 마법이나 신처럼 절대로 이해할 수 없는 존재에게 돌려보내는 것보다 더 좋은 방법이 있었을까? 이야기는 제멋대로인 몸에도 질서를 부여한다. 상상할 수 없는 것을 이야기로 만들면 갑자기 정당성을 획득하며, 갑자기 가능성의 영역 안에서 작동하게 된다.

다르게 태어난 몸도 마찬가지다.

저명한 동화학자 잭 자이프스는 "세상을 바꾸고 세상을 사람의 욕구에 조금 더 적응할 수 있는 장소로 만드는 한편 자신을 바꾸고 자기 자신을 조금 더 세상에 맞게 만들려는 행동에 대한 사람의 성향이 동화를 만들어 내는 것이다. 따라서 말로 전해지건 글로 쓰였건 영화로 상영되었건 간에 동화는 언제나 주인공을 그가 처한 환경에 맞게 변화시켜 좀 더 평화롭고 만족스러운 삶을 살아갈 수 있게 해 줄 마법의 도구, 놀라운 기술, 강력한 사람이나 동물을 찾는 데 집중한다."라고 했다.

동화는 우리와 우리를 둘러싼 세상을 이해하기 위해 우리 입으로 말하는 이야기의 본질을 가장 잘 담고 있는 이야기다. 우리를 둘러싼 세상을 설명하는 방법이자 있을 수 있는 세상을 상상하는 방법이다. 자이프스는 "초기 구전 이야기는 부족과 공동체, 동일한 직업군의 구성원들이 공유하는 의식과 관습, 믿음과 밀접하게 관련되었다. 구전 이야기는 마법 같은 변형을 가져오는 기적이 더 나은 세상을 만들어 주리라는 희망과 소속감을 길러 준다."라고 했다.

존재할지도 모르는 세계를 상상하는 것은 동화가 말해지던 시기를 고려해 동화를 살펴볼 때 특히 중요하다. 전기가 없는 사회에 사는 사람은 CT 촬영을 한다는 생각은 하지 못할 것이다. 그보다는 마법을 믿고 마법을 상상하는 일이 훨씬 쉬울 것이다. 묘약이나 요정의 가루, 마법을 부릴 줄 아는 요정 대모, 소원을 들어주는 지니를 상상하는 일이 훨씬 쉬울 것이다. 동화는 여러 가지 방법으로 변형을 다룬다. 동화를 창조한 사람들은—특히 서방 세계에서 살아가는 동화 창조자들은—과학과 기술이 어떤 식으로 발전하게 될지 알지 못하는 경우가 많았기에 우리가 알고 있는 동화 속 변형은 근본적으로 한계가 있을 수밖에 없다.

그림 형제의 『고슴도치 한스』에서는 아이를 갖지 못해 절망하는 농부 부부가 나온다(농부 부부의 절망은 아이가 없다는 이유로 부부를 놀리는 다른 농부들 때문에 한층 더 깊어진다). 어느 날 농부는 "고슴도치를 낳더라도" 아기를 낳을 수 있다면 정말로 행복할 거라고 선언한다. 농부의 선언이 있은 지 9개월이 되었을 때 농부는 아들을 낳는다. 한스라는 이름의 이 아들은 상체는 고슴도치였고 하체는 사람이었다. 아들을 보고 경악한 농부 부부는 아들을 7년 동안 난로 뒤에 숨겨서 기른다. 하지만 결국 7년 뒤에 고슴도치 한스는 음악가가 되기 위해 (한스는 아버지에게 시장에서 백파이프를 사 달라고 한다) 그리고 거위와 돼지를 기르는 목동이 되기 위해 집을 박차고 나온다.

결단력 있고 두려움이 없었던 한스는 자신을 숨기려고

했던 부모의 태도에도 굴하지 않고 좀 더 나은 삶을 살아가는 데 필요한 것들을 요구하고 원했다. 한스는 점차 뛰어난 목동이라는 명성을 얻었고 멋지게 성공해 수많은 돼지를 데리고 고향 마을로 돌아온다. 고향으로 돌아온 한스는 돼지를 팔아 마련한 돈을 마을을 위해 쓴다.

재산을 모두 처분한 고슴도치 한스는 다시 세상으로 나왔다가 숲에서 길을 잃은 왕을 만난다. 왕은 한스에게 자신의 성으로 가는 길을 알려 주면 자기 딸과 결혼시켜 주겠다고 약속한다. 하지만 일단 길을 찾자 왕은 자신이 무리한 약속을 했다는 사실을 깨닫는다. 반인반수와 자신의 귀한 딸을 결혼시키다니, 한참을 주저하던 왕은 마지못해 한스와 공주를 결혼시킨다. 그러나 공주도 한스가 달갑지 않았다. 자신을 싫어하는 공주에 대한 벌로 한스는 공주의 옷을 벗기고 공주의 몸이 피로 덮일 때까지 가시로 공주를 찌른다. 온갖 불명예를 안고 한스 곁에서 도망친 공주는 다시는 자신의 왕국으로 돌아가지 않았다.

다시 시간이 흐른 뒤에 한스는 숲에서 길을 잃은 또 다른 왕을 만난다. 이번에도 왕은 기꺼이 한스의 도움을 받기로 했고, 한스가 요구하는 상을 주겠다고 약속한다. 한스는 그 왕을 왕의 궁전으로 데리고 갔고 결국 왕의 딸과 결혼할 수 있게 된다. 한스는 공주에게, 오직 공주에게만 자신이 품고 있는 놀라운 비밀을 말해 준다. 그의 고슴도치 몸은 밤이면 벗어 던질 수 있는 그저 거죽일 뿐이라는 비밀을 말이다. 한스는 공주와 왕에게 부탁해 밤에 그가 고슴도치 거죽을 벗을 때 경비병 네 명이 그 거죽을 붙잡아 난로에 집어 던지게 한다. 거죽이 타 버리자 한스는 더는 고슴도치로 돌아갈 이유가 없어졌고, 언제나 매력적인 젊은이라는 진짜 자신으로 살아갈 수 있었다. 놀라운 업적을 달성한 고슴도치 한스는 아름다운 공주와 함께 고향으로 돌아갔고 흉측했던 외모를 극복한 승리의 기쁨을 부모와 함께 나누었다. 아들이 '정상적인' 모습으로 돌아왔다는 사실에 너무나도 기뻤던 한스의 아버지는 여생을 고슴도치 한스를 아끼고 사랑했다.

『고슴도치 한스』는 주인공의 자기 옹호와 겉으로는 드러나지 않지만 사회의 밑바닥에 흐르는 기대에 의존하고 있다는 점에서 아주 흥미로운 이야기라고 할 수 있다. 한스는 자신이 원하고 필요한 일을 목소리 높여 주장하며 자신이 세상에 나가 독립적으로 살 수 있게 해 달라고 아버지를 설득한다. 돼지를 훌륭하게 길러 크게 성공함으로써 자신이 존경받을 가치가 있음을 입증해 보인다. 한스는 음악가의 자질도 갖추고 있다. 숲속을 헤매던 첫 번째 왕이 한스가 연주하는 백파이프 소리를 듣고 한스를 찾아옴으로써 한스는 음악에도 재능이 있음을 세상에 알린다. 거듭해서 자신이 누구인지를 세상에 입증해 보임으로써 고슴도치 한스는 **사회에 맞게 변하는** 과정을 적극적으로 옹호한다. 그는 세상이 자신을 있는 그대로 받아들일 것을 요구하며, 고슴도치로서든 사람으로서든 자신이 세상에 선물을 줄 수 있음을 인정해 주기를 바란다. 『고슴도치 한스』는 한스가 만나는 사람들이 한스를 대하는 태도를 끊임없이 묘사한다. 한스의 부모님은 한스를 멸시했고, 한스를 만난 첫 번째 왕은 한스의 외모를 혐오해 한스와 자신의 딸을 결혼시키기를 주저했으며, 첫 번째 왕의 딸은 한스와 함께 있는 것을 부끄러워하다 벌을 받는다. 오직 두 번째 왕과 그 왕의 딸만이 한스의 진짜 모습을 볼 수 있다. 말하자면 두 사람은 선하게 행동했기에 상을 받은 것이다.

하지만 『고슴도치 한스』는 결말로 향해 갈수록 전형적인 동화 속 변신과 폭로를 보여 준다. 고슴도치의 모습은 그저 외부 거죽일 뿐이며, 고슴도치 한스가 원할 때면 언제라도 벗어 던질 수 있다. 고슴도치 한스가 고향으로 돌아오는 결말에서 독자들은 처음부터 끝까지 일관성을 보이던 화자의 의도를 알게 된다. 한스가 가족과 다시 결합하고, 충분히 친절했지만 동물이었던 이전 남편보다는 사람인 지금의 남편을 훨씬 좋아하고 기뻐하는 공주의 모습에서 이야기의 화자가 말하고자 하는 바를 알게 되는 것이다.

『신데렐라』의 호박 마차이건 인어 공주에게 갑자기 생긴 사람의 다리이건 간에 동화에는 마법이나 요정의 마법 가루, 또는 간절한 소망을 매개로 사람이나 동물이 다른 존재로 변하는 도저히 가능할 것 같지 않은 이야기들이 현실이 되는 순간이 있게 마련이다. 『잠자는 숲속의 공주』에서는 평범한 물레가 죽음을 부르는 도구가 되고, 『빨간 모자』에서는 늑대가 할머니로 변장하고, 『신데렐라』에서는 부엌 청소를 해야 하는 재투성이 하녀가 공주가 된다.

하지만 많은 반인반수의 주인공이, 재투성이 하녀가 세상으로 나가 자신에게도 차지해야 할 정당한 위치가 있음을 아무리 주장해도 사회는 결코 바뀌지 않는다. 어떤 식으로든 바뀌어야 하는 것은 사회가 아니라 이야기 속 주인공이다. 이야기 속 주인공이 사회가 만든 틀에 맞게 멋있어져야 하고 아름다워져야 하고 그전보다 훨씬 더 사회에 어울리는 사람으로 변해야 한다. 이런 동화에서 변화를 일으키는 방법은 수술이 아니라 마법이지만 동화의 작가들은 분명히 의학 모형을 옹호할 것이다. 삶을 사회적 지위와 관심의 동의어로 인지하는 세상에서 의학의 개입은 생명을 구하는 방법으로 간주되기 때문에 그렇다. 수술로 내반족을 고쳐야 하는 아이는 갑자기 찾아와 멀쩡한 몸을 주겠다는 요정 대모나 사악한 마녀의 제안을 도저히 뿌리칠 수 없는 동화 속 아이와 조금도 다르지 않다.

동화 속에서 한 개인은, 사회는 개선될 수 없으며 개선되지도 않으리라는 사실을 알기에 요정이나 마술 혹은 신의 개입으로 변신한다. 동화를 역사적 맥락에서 본다면 어느 정도 이해는 할 수 있다. 당신이 장애인 아이가 있는 소작농이라면, 자신이 살아가는 세상도 사회도 바꿀 힘이 거의 없는 약자라면 무슨 수로 세상을 바꾸겠는가? 그런데 기이하게도 동화 속 마법의 힘은 정반대 효과를 내기도 한다. 동화 속 마법은 독자들에게 이 세상은 권리를 박탈당한 사람들이 조금 더 편하게 살아갈 수 있는 곳으로 변할 수 있다는 세계관을 심어 주는 것이 아니라, 이미 형성된 계급과 사회 구조를 강화하고 이 세상에서 제대로 기능하는 몸을 갖는다는 것이 어떤 의미인지를 보여 주는 전통적인 생각들을 공고히 하는 역할을 하기도 한다. 동화 속 주인공들이 마법으로 변신할 때면 거의 언제나 대가를 지불해야 하는 이유는 아마도 그 때문일 것이다. 그 누구도 한 위치에서 다른 위치로 그저 쉽게 옮겨 갈 수 없다. 사회는 그런 일을 허용하지 않는다. 주인공은 반드시 자신의 가치를 증명해 보여야 한다. 신데렐라처럼 착한 일을 하고 바르게 행동하거나 인어 공주처럼 희생하고 시련을 겪어야 한다.

그게 안 된다면 마법을 부리는 요정을 찾거나 그림 형제의 많은 동화에서 그렇듯이 신에 대한 믿음을 강화해야 한다. 앤 슈미싱은 "[그림 형제의] 이야기에서는 건강하고 튼튼한 몸이 이상적이라고 말하지만 그런 이상은 적어도 신성한 존재의 개입이 없다면 도달할 수 없다는 암시를 자주 한다."라고 했다.

걷고 보고 듣고 만질 수 있게 되는 것은 어떤 대가를 치르더라도 얻으려고 노력할 가치가 있는 선물이다.


의사들이 내 머리를 열고 낭종을 잘게 잘라 내는 수술을 한 뒤 처음으로 병원을 떠났을 때 내 나이는 이제 곧 다섯 살이 되는 네 살이었다. 그때 나는 집으로 간다는 사실에 신나 있었다. 병원에 있는 동안 엄마와 나는 『초원의 집』 시리즈를 모두 읽었다. 두 번이나 읽은 책도 있었다. (나는 『플럼 시냇가』가 제일 재미있었다. 대피호에서 생활하고 지붕에 있는 풀밭에서 뛰어다니는 메리와 로라를 생각하는 것이 좋았다.)

입원하고 3주쯤 되던 어느 날 간호사와 함께 병실로 돌아가자 험프리스 박사 옆에 서 있는 엄마와 할머니가 보였다.

험프리스 박사는 "여기 옷이 세 벌 있어."라고 하시며 웃었다. 나는 험프리스 박사의 웃음이 정말 좋았다. "하지만 너는 한 벌만 입을 수 있어. 그러니 어떤 옷을 입을지 골라야 해."

직접 입고 나갈 옷을 고르게 하는 건 축하의 의미라는 걸 네 살밖에 되지 않았어도 나는 충분히 알 수 있었다. 우리는 이제 곧 내가 병원에 있지 않아도 된다는 사실을 축하하려는 것이었다. 이제 곧 붕대를 감지 않아도 된다는 사실과 마거릿 간호사가 내 머리를 씻기고 목욕을 도와줄 필요가 없게 된다는 사실을 축하하는 자리였다.

내가 고르지 않은 옷들이 어떻게 생겼었는지는 잊어버렸지만 내가 고른 옷이 옅은 초록색이었다는 사실은 분명하게 기억하고 있다. 소매는 짧았고 앞에는 분홍색 리본 끈이 두 줄 길게 늘어져 있었다. 머리에 감은 붕대 때문에 아주 빨리 돌 수는 없었지만 내가 빙글빙글 도는 동안 치마가 넓게 퍼지고 부풀어 올랐다.

나는 그 옷이 좋았다. 왠지 내가 공주가 된 것 같았다.

장애의 사회 모형에 따르면 임무를 마치고 돌아오는 '귀환'은 다른 몸이라는 인식과, 다른 몸을 세상에 어떤 식으로 맞춰야 하는지를 깨닫는 과정과, 그런 깨달음을 근거로 이번에는 사회가 '장애인의 귀환'을 환영할 수 있으려면 어떤 식으로 조정되어야 하는지를 깨닫는 과정을 수반한다. 시버스는 "[장애를 낳는] 환경이 몸의 장애를 만들기 때문에 사회 정의라는 차원에서 개입이 필요하다."라고 했다. 사회 모형은 1960년대에 의학 모형에 내재해 있는 가부장적 특징과 장애인을 어린아이처럼 취급하는 태도에 대응하고자 했던 장애인들의 노력에 힘입어 대두했다. 1975년, '영국 장애 연맹UK Disability Alliance'과 '분리에 저항하는 신체 손상인 연합the Union of the Physically Impaired Against Segregation'의 회의록은 그 점을 강조하고 있다. "우리가 보기에 신체장애인들을 장애인으로 만드는 것은 사회다. 장애란 우리를 불필요하게 사회에 참여할 수 없게 고립하고 배척함으로써 우리의 손상된 육체 위에 부가하는 것이다." '신체 손상physically impaired'이라는 용어는 역사적인 용어로, 이때는 사용했지만 지금은 장애인 단체를 언급할 때 '손상'이라는 단어를 사용하는 것은 일반적으로 받아들여지지 않는다. 1983년, 영국의 장애학자 마이크 올리버Mike Oliver는 장애의 사회 모형을 특정 용어로 사용했다.

장애의 사회 모형은 어떤 대가를 치르더라도 걷게 만드는 일이 중요한 것이 아니라 걷지 못하는 몸을 수용할 수 있는 휠체어가 다닐 공간을 확보하는 일이 더 중요하다고 역설하며, 수어 통역이나 냄새 없는 공공 행사처럼 장애인을 배려하는 정책이 필요하다는 사실을 점점 더 많이 인식하게 한다. 또한 앞에서 언급한 것처럼 공공 행사 장소에서 사람들의 다양한 요구를 고려하지 않아 장애인이 이용할 수 있는 출입구와 화장실을 제공하지 않는다는 사실을 깨닫게 하고 있다. 무엇보다도 장애인이 사회에 참여할 수 있도록 결정하는 모든 과정에 장애인이 직접 참여할 수 있도록 하는 노력이 이루어지고 있으며, 사회가 모든 시민을 책임져야 하고 다양한 신체를 가진 사람들의 다양한 요구를 가장 잘 충족하는 방법을 고민해야 한다는 인식 또한 높아지고 있다. 1990년대부터 장애인 정의 구현 운동이 내세우는 "우리 없이 우리 이야기를 하지 마라"라는 구호는 사회 모형을 뒷받침하는 정신을 상당히 많이 아우르고 있다.

장애의 사회 모형은 처음 등장했을 때부터 꾸준히 호응을 얻고 있다. 21세기 초반에 있었던 모든 정의 구현 운동과 마찬가지로 그 무렵에 출현한 소셜 미디어는 인터넷이나 컴퓨터, 스마트폰, 도서관에 접근하기 힘들게 하는 경제 장벽에도 불구하고 많은 장애인이 접속하고 참여할 수 있는 플랫폼을 제공함으로써 장애인 정의 구현 운동가들에게 특히 도움이 되어 운동에 활력을 불어넣었다. 지난 몇 년만 해도 트위터에 등장한 해시태그들(흑인 장애인 작가이자 활동가인 케아 브라운 Keah Brown의 #장애인과귀여움#DisabledAndCute, 흑인 장애인 작가이자 활동가인 이마니 바버린Imani Barbarin의 #장애인이아는것들#ThingsDisabledPeopleKnow, 흑인 장애인 작가이자 블로거인 빌리사 톰프슨Vilissa Thompson의 #너무하얀장애#DisabilityTooWhite 등)은 장애와 사회 모형에 관한 논의와 주요 대중의 관심을 상당히 많이 이끌어 냈다.

현대라는 포장지 안에 단단하게 싸여 있다고 해도 이같은 장애 정의 구현 운동은 분명히 이야기다. 이야기를 전달하는 매개체는 상당히 새로운 형태로 바뀌었지만 이야기를 하는 행위 자체는 권력을 향해 진실을 말한다는 이야기의 긴 역사를 재현하고 있다. 이런 이야기를 함으로써 화자는 어느 정도는 정의롭지 못한 것이 무엇인지를 알릴 수 있을 뿐 아니라 공동체와 사회 구조가 바뀌어야 한다고 촉구함으로써 단지 선택받은 몇 명이 아니라 **모든 사람**이 미래에는 성공하게 되리라는 암시도 할 수 있다.

이야기를 하는 능력, 즉 명령어를 구사하는 능력은 특정 집안이나 일족, 부족, 소규모 사회에서 지도자, 샤먼, 사제, 왕, 여왕, 주술사, 치료사, 성직자 같은 영향력 있는 사람이 되려면 반드시 갖추어야 한다. 잭 자이프스는 『저항할 수 없는 동화*The Irresistible Fairy Tale*』에서 동화는 본질적으로 모든 사람의 마음속 깊은 곳에서 끓어오르고 있는 정의를 갈망하는 마음에 말을 건다고 했다. 마음을 사로잡는 이야기를 할 수 있는 능력은 과거에는 공동체를 통치하는 권력과 떼려야 뗄 수 없는 관계였고 통치의 필수 부분이기도 했다. 물론 이야기를 하는 능력은 지금도 통치자가 갖추어야 할 아주 중요한 부분이기도 하다. 언어와 이야기로 한 세대의 마음과 심장에 불을 붙이는 능력을 지닌 버락 오바마Barack Obama 같은 사람을 생각하면 그 말이 무슨 뜻인지 알 수 있을 것이다.

그와는 정반대로 언어가 완전히 다른 기능을 할 수도 있음은 선입견으로 무장하고 완벽하게 통제된 서사 속에 공포를 불어넣어 많은 사람의 생각을 오염시키는 능력을 가진 도널드 트럼프Donald Trump 같은 사람을 보면 분명히 알 수 있을 것이다. 이런 예들 속에서 이야기는 모든 사람이 이길 수 있는 세상으로 바꾸는 서사와는 반대로 한 사람의 승리를 옹호하는 서사가 된다. 무엇보다도 중요한 것은 이야기가, 이기지 못한 사람의 **희생으로** 승리한 개인을 옹호하는 서사가 되어 버린다는 점이다. 광범위하게 영향을 미치는 타자화他者化9의 과정이 진행되는 것이다.

수전 손택Susan Sontag은 『은유로서의 질병Illness as Metaphor』에서 "[현대] 전체주의 운동은 독특하고도 표가 나는 방식으로 질병의 이미지를 사용하는 경향이 있다."라고 했다. 2018년 6월 19일에 도널드 트럼프가 트위터에 올린 글이 바로 그런 예가 될 것이다. "[민주당원들은] 불법 이민자들을 원한다. MS-13[10] 같은 아주 나쁜 인간들이

---

9 다른 사람의 인격이 대상화되거나 물화物化되는 것
10 중앙아메리카와 미국에 있는 대규모 폭력 조직

어도 전혀 문제 삼지 않고 이 나라가 몰려온 불법 이민자로 **우글거리기**를 바란다."(강조 표시는 내가 한 것이다) 전직 출입국 관리소 직원 데이비드 워드David Ward는 2018년 10월에 폭스 뉴스와의 인터뷰에서 이민자들이 "홍역과 한센병 [그리고 결핵] 같은 질병을 미국 사람들에게 퍼트릴 것"이라고 했다. 현실 세계에서 이야기하는 화자들은 특히 병을—더 나아가 장애를—우리와는 **다른** 존재가 갖는 특징이라고 선언함으로써 공포를 유발하는 데 초점을 맞춘다. 그런 질병을—장애를—피하려면 우리는 반드시 그런 질병으로—장애로—고통받는 **사람들**을 피해야 한다. 그 누구도 다른 존재가 되고 싶지는 않으며 심지어 다른 존재와 관계를 맺고 싶지도 않기 때문이다. 이야기를 하는 것(명령)은 이런 식으로 이미 권리를 박탈당한 사람들의 권리를 더욱 박탈해 그들이 성공할 기회를 더욱 줄이고 그 가운데 오직 특별한 몇 명만이 성공할 수 있는 체제를 공고히 한다.

다른 식으로 말해 보자. 장애의 의학 모형은 장애를 극복한 개인의 승리를 축하하지만 사회 모형은 모두의 필요를 고려하는 책임감과 사회의 집단적 힘을 축하함으로써 장애를 우리가 살고 있는 사회의 통합 요소로 만든다.

(사회 모형이 비난을 전혀 받지 않는 것은 아니라는 사실을 말해 두어야겠다. 특히 최근에는 장애의 모든 측면

을 설명하고 완화할 수 있도록 사회 환경을 개선하는 일이 언제나 가능한 것은 아니라는 비난을 주로 받는다. 경사로가 있으면 휠체어를 탄 사람도 상점으로 들어갈 수 있겠지만 경사로와 휠체어가 들어갈 수 있는 화장실이 장애인이 느끼는 고통과 피로를 완화해 주지는 않는다. 장애의 모든 측면이 아니라 특정 측면만을 설명하는 사회적 적응[11]을 이루려는 노력은 흔히 자신들이 받는 고통과 여러 어려움을 말하고 싶지만 그것이 사회 모형 자체를 비난하는 것으로 보일까 봐 두려운 사람들의 입을 다물게 하는 결과를 만들 수 있다.)

장애인은 소외된 다른 집단들과 함께 이야기 속에서 권리 박탈이라는 고통을 오랫동안 가장 크게 받아 왔다. 소셜 미디어의 폭발적인 힘이 장애인에게 강력한 기회를 제공하는 이유는 바로 그 때문이다. 우리 자신의 이야기를 할 수 있는 공간을 달라고 요구하고 장애의 사회 모형과 사회 모형을 통해 세상을 보는 다른 관점을 옹호함으로써 장애인은 서사에 대한 통제권을 회복하고, 세상이 개인의 성공이라는 개념을 다시 생각해 볼 것을 요구하며, 수천 년 동안 장애인에 관해 말해져 왔던 서사를 해체하고 분해하는 작업을 해 나가고 있다.

---

11 개인이 사회 환경과 조화로운 관계를 유지하고 있는 상태

하지만 수천 년간 이어져 온 장애인 서사는 우리가 생각하는 것보다 뿌리를 깊숙이 내리고 있다. 디즈니 만화 영화 〈잠자는 숲속의 공주〉의 성을 둘러싸고 있는 가시덤불처럼 장애인 서사는 땅속 깊숙이 그 구불구불한 뿌리를 박고 있다. 장애의 의학 모형과 사회 모형이 이 세상에서 우리의 일상에 작용하는 방식과 이 두 모형과 사고방식이 사회·정치·구조적 수준에서 한 나라를 이끌어 가는 언어를 형성하는 방식을 이해하려면, 반드시 과거에 우리가 들었던 이야기들이 장애인을 최선의 경우 동정해야 할 존재로 만들고 최악의 경우 존재 자체를 거의 눈치채지 못할 만큼 보이지 않는 누군가로 만드는 방식을 이해해야 한다.

작가이자 장애 활동가 레아 락슈미 피에프즈나 사마라신하Leah Lakshmi Piepzna-Samarasinha는 『돌봄Care Work』에서 흑인, 유색 인종, 성 소수자 장애인 정책에 관한 구체적인 고민과 경험에 반해 대두되는 장애 정의를 탐구한다. 장애인 원주민·흑인·유색 인종 문화에서 살아남은 이야기들을 살펴본 피에프즈나 사마라신하는 우리가 아는 동화들 대부분을 쫓아다니는 망령을 소환했다. 바로 이야기를 끝내는 방식이 두 개뿐이라는 것이다. 동화는 이렇게 이야기를 전개한다. "침실에서 [어떤] 끔찍하고 음침한 일이 벌어진다. 지독한 **어둠**에 싸여 있다가 마침내 해가 나온다. 파스텔톤 내담실에서 친절한 치료사와 여섯 번 내담을 하면 당신의 문제는 모두 해결되고, 남자 친구와 결혼을 하거나 여자 친구를 만나게 되거나 바라던 아기가 생긴다. 그러다가 파스텔톤 행복이 영원히 사라져 버린다. 당신은 학대자가 되거나 학대를 받는다. 당신은 아기를 끔찍하게 학대할 수도 있고 당신 자신이 끔찍하게 학대받다가 죽을 수도 있다. 동화의 뒤통수에는 두 개의 선택지가 있다."

영원히 행복하거나 끔찍하게 비극적이고 죽을 때까지 슬픈 두 개의 선택지는 어린아이였을 때 우리가 들은 이야기들 때문에 우리의 뒤통수에 여러 방식으로 머물고 있다. 행복한 결말은 어둠이 전혀 **없기**에 완벽하게 행복하고, 그와 반대로 불행한 결말은 행복과 밝은 빛이 전혀 없기에 완벽하게 불행하다.

오늘날 세상의 많은 비장애인에게 장애라는 개념은 어둠에 싸여 있다. 너무나도 많은 사람이 장애가 있어도 행복할 수 있다는 생각은 하지 못한다. 우리가 읽은 책에서, 우리가 본 영화와 텔레비전 프로그램에서, 우리가 듣는 음악에서, 우리가 나누는 대화에서 사회는 장애는 약점이고, 능력이 부족한 몸은 사회의 다른 몸들이 해내는 수준까지 제대로 기능하지 못한다는 가르침을 주입하기 때문이다. '장애가 있다는 것은 신체적으로나 정신적으로,

영적으로나 감정적으로 고통을 받는다는 의미인데, 고통 속에 행복이 있을 리가 없다. 끊임없이 고군분투해야 하니 행복한 결말은 있을 수 없다.'라고 생각하는 것이다.

(그런데 사회는 '우리는 모두 한 개인이기에 모두 다른 방식으로 이 세상에 존재한다'라는 표면적인 진리를 앵무새처럼 읊기도 한다. 행복과 즐거움을 동경하고 투쟁과 고통은 피하려고 애쓰면서도 사회는 '물론 인생에서 모두 행복한 결말을 맞는 것은 아니다.'라고 말한다. 물론 그보다 더 큰 세상은 장애가 있는 몸을 갖게 되는 것이 의미하는 특별한 복잡함에 직면하기 전까지는—지적이고도 사려 깊은 방식으로—장애인도 행복할 수 있다고 믿는다. 물론 사회는 모든 유형의 몸을 설명하는 방식을 확장하고 발전시키고 바꿀 수 있다. 그러니까 그 몸이 부당한 요구를 하고 '특별 대우'를 바라지 않을 때까지는 그렇다는 말이다. 장애인이 무언가를 요구할 때면 이 세상은 수세기 동안 우리의 이야기를 뒷받침해 온 비장애 중심주의ableism로 후퇴하고는 그런 대우는 **불공평하다며** 엄청난 소리로 울부짖는다.

장애인을 특별 취급 하는 것은 불공평하다. 장애인만 건물 입구에서 가까운 곳에 주차하고 장애인만 할인을 해 주고 장애인만 식당에 동물을 데리고 들어갈 수 있는 건 불공평하다. 다른 사람들은 밖으로 나가 열심히 일할 때 장애인만 집에 머무는 것은 불공평하다!)

　장애의 의학 모형과 사회 모형에는 행복과 불행이라는 이분법적 분할이 담겨 있을 때가 많고 각자가 어떤 위치에 있느냐에 따라 어떤 모형이 행복한 결말인지에 관한 문제를 다르게 해석한다. 의학 모형을 지지하는 사람들은 의학 모형이 장애를 교정할 수 있으니 장애인으로 사는 것은 불행한 결말이라고 생각한다. 사회 모형을 지지하는 사람들은 대체로 치료 가능성을 불행한 결말이라고 생각하는데, 그 이유는 사회가 더 나은 사회 환경을 만들 책임을 지지 않고 개인에게 변신해야 할 책임을 전가함으로써 장애인이 세상에서 경험하며 쌓아 가는 기억들과 각 개인의 신체 차이를 사라지게 만들어 버리기 때문이다.

　예를 들어 뇌에 낭종이 없는 여자아이로 태어났다면 나는 어떤 사람이 되었을까? 병원에 입원하고 수술을 받고 휠체어를 타고 목발을 짚고 다리를 절고 그 모든 일의 결과로 사람들에게 소외되었던 경험들이 나를 만들었고 지금의 나를 형성했다. 내가 머리에 낭종을 가지고 태어나지 않았다면 지금 나는 전혀 다른 삶을 살아가고 있을 것이다. 분명히 지금의 나와는 다른 내가 존재할 것이다.

　시버스는 『장애 이론*Disablility Theory*』에서 '**콤플렉스 구현**complex embodiment'이라는 용어를 사용해 의학 모형과 사회 모형을 이루는 요소들이 몸이 이 세상을 헤쳐 나갈 수 있도록 안내하는 방법을 설명하는 이론을 제기했다. 그는 "콤플렉스 구현 이론은 장애가 있는 환경이 사람들의 살아 있는 몸이 겪는 경험에 미치는 영향을 깨닫게 할 뿐 아니라 몸에서 파생되는 만성적인 고통, 건강에 미치는 부수적인 영향들, 노화 같은 장애에 영향을 미치는 여러 요소도 함께 주목하게 한다."라고 했다.

사실상 사회와 고통 모두 장애를 겪게 할 수 있다. 장애가 없는 몸을 선호하는 압도적인 경향과 저마다 지닌 독특한 몸의 특성과 그 때문에 세상에서 경험하는 각기 다른 어려움이 모두 장애를 겪게 한다. 장애와 비장애는 전체 인류가 만드는 거대한 변이 스펙트럼의 두 점일 뿐으로 이 세상에 존재한다는 것은 어떤 식으로든, 어떤 형태나 모양으로든 이 스펙트럼 위에 머문다는 뜻이다.

장애라는 현실 스펙트럼은 아주 쉽게 행복 스펙트럼으로 넘어갈 수 있다. 행복은 장애와 비장애와 달리 정적인 형태로 존재하지 않기 때문에 그 특성이 쉽게 변할 수 있다. 의학 모형과 사회 모형을 혁신해 장애에서 비장애로 이동하거나 그 반대로 이동하는 일이 가능한 것처럼, 살아가는 동안 우리는 행복에서 불행으로, 불행에서 행복으로 거듭해서 이동하는 일이 가능하다(사실은 행복과 불행의 전환이 장애와 비장애의 전환보다 훨씬 쉽게 일어날 수 있다).

하지만 우리는 이런 말을 공주에게 해서는 안 된다. 결혼식장에서 왕자가 기다리는 곳으로 걸어가지도 못하는 공주는 과연 어떤 존재라고 할 수 있을까?

그림 형제의 『손을 잃은 아가씨』에서는 악마가 방앗간 주인을 찾아온다. 노인으로 변신한 악마는 방앗간 주인에게 지금 방앗간 뒤에 있는 것을 자신에게 주면 방앗간 주인을 부자로 만들어 주겠다고 약속했다. 악마가 달라고 하는 것이 늙은 사과나무라고 생각한 방앗간 주인은 기꺼이 악마와 계약을 맺는다. 하지만 집에 돌아와 벽장에 가득 찬 보석과 돈을 보며 기뻐하는 아내를 보고 난 뒤에야 방앗간 주인은 악마가 자신에게 무엇을 요구했는지 알 수 있었다. 악마가 방앗간 주인을 찾아왔을 때 방앗간 뒤에는 아름답고 독실한 그의 딸이 있었다.

3년 뒤, 악마가 다시 돌아와 방앗간 주인에게 딸을 달라고 요구했다. 방앗간 주인의 딸인 아가씨는 물로 자신을 둘러싼 원을 그리며 자신을 정화했기 때문에 악마는 아가씨에게 접근할 수 없었다. 악마는 화를 내며 방앗간 주인에게 집에서 물을 모두 없애라고 명령했다. 더는 물로 자신을 정화할 수 없게 되자 아가씨는 손으로 자신의 눈물을 받아 정화했다.

화가 난 악마는 방앗간 주인에게 아가씨의 두 손을 잘

라 버리라고 명령했고, 너무나도 두려웠던 아버지는 딸의 손을 잘라 버렸다.

하지만 아가씨가 잘린 팔목으로 다시 눈을 문질러 눈물로 자신을 정화하자 결국 악마는 포기하고 물러났다. 이제는 부자가 된 아버지가 딸을 평생 돌보아 주겠다고 약속했지만 아가씨는 집에 머물지 않겠다고 했다. 그 대신에 아버지에게 잘린 손을 등에 묶어 달라고 부탁하고 용감하게 세상 밖으로 뛰어나갔다.

세상을 떠돌던 아가씨는 한 왕국의 왕실 정원에 도착했다. 너무나도 배가 고팠던 아가씨는 무릎을 꿇고 앉아 신에게 구원을 청하며 울었다. 아가씨의 울음소리를 듣고 나타난 천사가 아가씨를 데리고 왕실 정원으로 들어가 과일을 따 주었다. 하지만 아가씨가 정원을 지키는 병사들에게 붙잡혔을 때 천사는 사라지고 없었다. 아가씨를 도둑이라고 생각한 병사들은 아가씨를 지하 감옥에 가두었다.

아가씨를 본 그 나라 왕은 곧 사랑에 빠져 아가씨를 지하 감옥에서 꺼내 주었다. 두 사람은 결혼했고 왕은 아가씨에게 진짜 손처럼 쓸 수 있는 은으로 만든 손을 선물해 주었다. 그러나 아가씨를 데려오지 못해 여전히 화가 나 있던 악마가 또다시 모략을 꾸몄다. 아가씨가 결혼하고 1년이 지났을 때 왕은 전쟁터로 떠났고 이제는 왕비가 된 손을 잃은 아가씨는 아들을 낳았다. 왕비의 출산 소식을 전하려고 왕에게 가는 전령을 중간에서 따돌린 악마는 자신이 전령으로 변장해 왕을 찾아갔고, 왕에게 왕비가 '바뀐 아기(장애아)'를 낳았다고 말했다. 전령이 가져온 가짜 편지를 읽은 왕은 괴로웠지만 여전히 아내를 사랑했기에 전령에게 왕국으로 돌아가 왕비와 아기를 보호할 것을 국민에게 선포하라고 명령했다.

하지만 이번에도 거짓 전령으로 변신한 악마는 왕국으로 돌아가 왕이 왕비와 왕자를 죽이라고 명령했다는 칙령을 발표한다. 왕의 노모의 도움으로 간신히 아기를 데리고 성 밖으로 빠져나온 손을 잃은 아가씨는 이번에는 아기와 함께 또다시 정처 없이 세상을 떠돈다.

두 사람이 숲속에 있는 오두막에 도착하자 또 천사가 나타나 그 오두막에서 평온하게 머물라고 말했다. 어머니와 아들은 그곳에서 14년을 살았고, 전쟁터에서 7년을 보낸 남편이자 아버지인 왕은 악마의 속임수를 알게 된 뒤로 그다음 7년 동안 두 사람을 찾아 거친 야생을 헤맨 끝에 두 사람을 찾아냈다. 세 사람은 왕국으로 돌아갔고 남은 세월을 행복하게 살았다.

왕국으로 돌아온 왕비의 손은 점점 자라났다. 동화에 나오는 손은 열심히 기도하기만 하면 다시 자라날 수 있다.

바뀐 아기는 그 자체로 아주 흥미로운 용어다. 역사적으로 바뀐 아기라는 개념은 마법과 불가분의 관계를 맺어 왔다. 아일랜드 민담에서 바뀐 아기는 건강한 사람의 아기와 바꿔치기한 요정의 아기로 묘사된다. 요정의 아기는 흔히 병들었기 때문에 오래 살지 못한다고 여겼으며 아기의 가족은 자신들의 아기는 이미 영원히 사라져 버렸다고 확신하고 요정의 아기를 차가운 바깥에서 죽게 내버려 두기도 했다.

요정이 자신의 아기를 사람의 아기와 바꾸는 데는 몇 가지 이유가 있었다. 요정은 우정 때문에, 혹은 복수 때문에, 그도 아니면 사람의 아기를 하인으로 부리려고 아기를 바꾸었다. 보통은 출산 직후에 아기가 바뀌었음을 알 수 있었지만 어떤 경우에는 몇 년이나 흐른 뒤에야 비로소 의심이 들기도 했다. 1826년에는 한 아일랜드 여인이 세 살 난 아들을 물에 빠뜨려 죽였다. 여인은 말도 못하고 걷지도 못하는 아기에게서 바뀐 아기를 빼내려고 물에 빠뜨렸다고 했다. 1895년에는 브리짓 클리어리Bridget Cleary라는 여인이 잠시 병을 앓고서 남편과 친척들 손에 죽임을 당했고, 법정에서 남편은 '요정 변론'이라고 불리게 된 악명 높은 변명을 늘어놓았다.

엄밀하게 말해서 아기를 바뀐 아기라고 단정하는 근거는 출생 시 눈에 띄는 장애를 가지고 태어났는가, 혹은 아이나 청소년으로 자라서 그 시대로서는 이해할 수 없는 독특한 행동을 하는가다. 19세기엔 자폐아는 요정의 아기라고 믿었다. 황금 동전을 세는 것처럼 엄청나게 긴 시간 동안 지루한 일을 반복할 수 있는 요정의 능력이 그 당시에 알려져 있던 자폐 행동과 비슷하다고 믿었기 때문이다(그때는 분명하게 이유를 설명할 수 없는 현상은 마법임이 거의 틀림없다고 믿었다).

잠시 생각해 보자. 양막 주머니에 싸인 채로 태어난 아기, 내반족으로 태어난 남자 아기, 이분척추[12]로 태어난 여자 아기는 바깥으로 쫓겨나 더는 움직이지도 못하고 소리도 내지 못할 때까지 추위에 떨면서 울어야 했다. 3세기 전에 뇌성마비로 태어난 아기는—아무도 뇌성마비가 무엇인지는 몰랐겠지만—먹지도 못하고 말하지도 못하고 몸을 구르지도 못했을 것이다. 비탄에 빠진 부모는 요정을 저주하면서 아기를 밖에서 굶겨 죽이거나 얼려 죽인다. 마법 때문에 바뀐 것이 아니라 그저 남들과는 다른 아이를 말이다.

수 세기 동안 얼마나 많은 아이가, 왕이나 왕비의 자식으로 태어나지 못하고 평범한 사람들의 자식으로 태어난

---

12 척추의 특정 뼈가 불완전하게 닫혀 있어 척수의 부분이 외부에 노출되는 것으로, 척주관의 내용물 중 일부분이 이런 구멍을 통해 밖으로 튀어나온다.

아이가, 밤마다 난로 앞에서 들었던 이야기 외에는 세상에 관한 지식이 없었던 어머니와 아버지의 자식으로 태어난 아이가 추운 밖에서 눈을 맞으며 죽어 갔을까? 얼마나 많은 생명이 우리가 말하는 이야기들 때문에 숨이 막혀 죽고 갑자기 사라지고 성장하지도 못하고 죽어 갔을까?

앤 슈미싱은 『손을 잃은 아가씨』의 주인공은 온순하고 순종적이지만 『고슴도치 한스』의 주인공은 자기 삶에서 목소리를 높인다는 점에서 두 동화는 선명하게 대조를 이룬다고 했다. 손을 잃은 아가씨는 사회가 자기 요구를 모두 충족시켜 줄 것이라 믿으며 기꺼이 세상에 자신을 던질 준비가 되어 있지만 고슴도치 한스는 제도의 테두리 안에서 자신을 증명하는 데 집중한다. 고슴도치 한스의 이야기에서 주인공은 분노하고 자신을 옹호하지만 손을 잃은 아가씨 이야기에서는 아가씨의 신체 절단만큼이나 아가씨의 믿음이 이야기 전반에 중요한 주제로 흐르고 있다.

『손을 잃은 아가씨』는 사회가 장애인의 요구를 들어주기 때문에 장애인이 사회에서 제 기능을 할 수 있음을 보여 주는 장애의 사회 모형을 옹호하는 이야기라고 생각될지도 모르겠다. 하지만 사실 『손을 잃은 아가씨』는 현재 전부는 아니라고 해도 많은 장애인이 어떤 형태로든 인지하고 있는 장애인을 위한 자선이라는 비유의 영역

안에서 정확하게 작동하고 있다.

이 '장애의 자선 모형'은 장애인을 또다시 결점으로 본다는 점에서 장애의 의학 모형과 비슷하다. 장애의 자선 모형도 장애인을 완벽하지 못한 신체를, 변형된 신체를 가지고 있고 그 때문에 사회와 분리되어 있어야 하는 타자로 취급한다. 자선 모형과 의학 모형 모두 장애인은 다른 사람의 자비에 기대어야 한다고 전제한다. 장애인은 의학 모형에 따르면 장애인을 도와 궁극적으로는 다행스럽게도 장애를 제거해 줄 의학 전문가의 도움을 받아야 하고, 자선 모형에 따르면 자신을 동정하고 구해 줄 의학과 사회 시설의 도움을 받아야 한다. 자선 모형에서 의학계는 장애인의 신체를 치료하고 사회는 자선과 너그러운 선행으로 장애인의 삶을 개선한다.

온라인 사이트인 '장애계<sup>Disabled World</sup>'에서 언급한 것처럼 자선 모형은 "장애인을 환경의 피해자로 만들어 마땅히 동정받아야 하는 존재로 [묘사한다.]" 자선 모형은 유서 깊은 **노블레스 오블리주**(재력을 소유한 사람들이—문자 그대로 '상류층이'—부를 다시 사회에 돌려주고 나누어 줌으로써 사회를 개선할 의무)에 의지하지만 전통적인 노블레스 오블리주와 달리 부자가 가난한 사람에게 자선을 베푸는 것이 아니라 비장애인이 장애인에게 우월감을 느낀 채로 마지못해 도움을 주는 역할을 맡는다. 자선을 베풀어야 한다는 생각은 당연히 독려해야 할 좋은 생각처럼 느껴지지만—『크리스마스 캐럴』의 주인공 에비니저 스크루지보다는 자선가가 윤리적으로 훨씬 바람직하게 느껴지는 것은 당연한 일이다—자선은 기존 사회 구조를 고착화하는 역할도 하고 있음을 말할 필요가 있다고 생각한다. 사람들이 자선을 베푸는 경향이 있고, 개인이 조금 더 운이 없었던 사람들에게 자선을 베풀고 자비로운 행동을 한다면 처음부터 불리한 조건을 타고난 사람들이 겪는 불평등을 해소하기 위해 사회 전반에 걸쳐 위계적이고도 광범위한 경제·사회 구조적 불평등을 폐지하려는 노력을 기울일 필요가 없게 된다. 본질적으로 자선은 한 사람의 동료들이 책임감을 덜 느끼게 하고 적극적으로 선택하지 못하게 함으로써 가난과 불평등이 근절되지 못하게 막는 역할을 한다.

〔물론 자선이 잘못되었다고 말하는 것은 아니다. 개인적으로 자선은 굉장히 멋진 일을 해낼 수 있다고 생각한다. 자선은 사람들이 자신이 세상에 기여할 방법을 생각하고 조금 더 운이 없었던 사람들을 어떻게 생각해야 하는지를 고민하는 계기가 되므로 좋은 일이다. 중요한 것은 조금 더 운이 없었던 사람들을 특별한 환경(다시 말해서 장애)에 처한 사람들로 생각하지 않고, 아무리 많은 돈을 기부한다고 해도 '훨씬 많은 운을 가진' 사람들이 유지

하고 있는 구조적 불평등이 만들어 낸 사람들로 생각할
필요가 있다는 것이다.〕

수전 손택은 『은유로서의 질병』에서 질병은 도덕적 결
함과 관련될 때가 많다고 했다.

질병을 설명하는 심리학 이론들은 아픈 사람에게 책임을
전가하는 강력한 도구다. 자신도 모르게 병을 키워 온 거라
는 말을 들은 환자들은 당연히 자신이 병에 걸릴 수밖에 없
었다고 느끼게 된다. (…) 병에 분명한 도덕적 의미를 부여
하는 것보다 가혹한 일은 없다.

문학에서는 장애도 도덕적 결함과 관련이 있다. 질병으
로 고통받는 이들이 그 질병(결핵, 암, 에이즈 같은)의 비
참함을 알리는 포스터를 찍는 것과 동일한 방식으로 장애
인도 계속해서 상실과 투쟁의 상징이 되며, 사회가 자신들
과 같지 않은 사람들에게 우호적이지 않음을 보여 주는 실
제 사례가 되어야 한다. 손택이 언급했듯이 어떤 것은 암
이 되고 어떤 것은 **전염병처럼** 퍼지는 무언가가 되는 질병
의 은유처럼 장애도 진부하지만 여전히 새롭게 다가오는
급박한 공포를 나타내는 은유가 될 때가 많다. 장애는 점
점 더 복잡하게 연결되는 세상에서 외로움을, 사회적 소외

를, 독립성의 상실을 상징하는 은유가 된다.

장애의 의학 모형이 장애라는 잘못을 책임질 대상을 장애인의 몸이라고 규정하고 의료진을 '전문가'로 추켜세우는 것처럼 자선 모형도 사회에 대한 비난을 너그러운 자선가의 어깨에서 덜어 주고 위계적 사회 구조를 규범으로 받아들이게 하는 동시에 장애라는 잘못을 책임질 사람은 환자 자신이라고 규정한다. 한 사람이 특정 행동을 삼가고 특정 행동을 할 수 있게 연습하면, 그리고 조금 더 독실한 믿음을 가지면 장애는 오지 않을 수 있다고 규정하는 것이다. (19세기와 20세기 중반까지는 우울증 환자가 조금만 더 행복하면 암에 걸리지 않는다고 믿는 사람도 있었고, 18세기에는 예민하고 신경질적이고 흥분을 잘하고 감정에 휩쓸리는 사람은 차분하고 조용하게 살아가도록 노력하면 결핵을 예방할 수 있다고 믿었다.)

지금 들으면 어처구니없는 생각들이지만 이런 생각들은 장애에 관한 한 아주 미묘한 (그리고 분명히 훨씬 해로운) 방식으로 여전히 살아남아 있다. 지금도 사람들은 장애인에게 신앙 요법을 받게 한다. 지금도 손상된 육체를 극복하고 살아가려면 **마음의 장벽을 무너뜨려야** 하니 최면 요법을 받아 보라거나 몸의 독소를 제거하라거나 녹차나 물을 더 많이 마시라는 말을 한다. 장애인은 **진짜 장애는 오직 나쁜 태도밖에 없으니** 장애에 굴복하지 말고 계속 '운동'을 하라거나 '포기하지 말고 극복하려고 애써야 한다'라는 격려를 듣는다.

그리고 한 장애인이 온갖 노력을 해 간신히 사회가 적절하다고 생각하는 일을 '해내면' 비장애인 사회는 그 예를 장애인이라면 누구나 따라야 할 모범 사례로 추켜세우며, 그 누구든지 육체라는 한계에 '갇히는' 것을 거부하는 것이 당연한 일인 것처럼 장애인도 휠체어에 '갇혀' 있는 상태를 거부해야 한다고 말한다.

사회는 말한다. '당신이 극복한 것을 봐라. 당신은 정말로 감동을 주는 사람이다.'

감동 포르노. 작고한 오스트레일리아 장애 활동가 스텔라 영Stella Young이 2012년에 만든 이 용어는 장애인은 장애를 가지고 있으므로 감동을 주는 존재임을 묘사하고 있다. 감동 포르노는 장애가 있는 몸은 '부족'하다는 생각과 손을 맞잡고 있다. 장애가 있는 몸은 '부족'하다는 시선은 그 몸이 해내는 일도 '부족'하다고 생각한다. 그런데 역설적인 것은 그 때문에 '더 많은' 상황에 처할 수 있다. '부족'한 몸은 무슨 일을 하든지 더 많이 어렵고 더 많이 고귀하며 더 많이 특별할 수 있는 것이다.

장애인 작가이자 활동가인 이마니 바버린은 『버슬Bustle』 2019년 4월호에서 일곱 살 때 발레 교실에 갔던 일을 소개했다. "나는 발레 기술을 익히고 싶었지만 선생님들은 그저 지켜보라고만 했다. 나는 도전해 보고 싶었지만 자기 몸 자체가 '도전'인 사람들은 그런 일에 도전한 적이 없었다." 그 때문에 장애인의 **부족한** 몸은 비장애인의 세상에서는 **더 많은** 것이 되어 버린다. 장애가 있는 몸은 장애가 없는 몸과 동일한 높이의 막대를 뛰어넘을 수 없기 때문에 사람들은 막대를 낮춰 준다. 장애인이 이 낮아진 새로운 기대를 충족할 때마다 비장애인들은 환호하고 축하해 준다.

춤을 추고 싶어도 뇌성마비가 있다면 절대로 프리마 발레리나는 될 수 없다. 그 대신 자기 몸이 원하는 특별한 반응을 표현하는 춤을 추지 못하고 형식적인 흉내만 내면서도 이 정도까지 할 수 있다는 사실에 행복해야 한다는 말을 듣는다.

'정말 멋지다. 우리가 낮게 내려 준 기준을 충족했구나. 정말 멀쩡한 사람처럼 해내려고 노력했잖아. 그건 정말 충분한 거 이상이야. 넌 너무 감동적이야!'

장애의 자선 모형처럼 장애를 심리학적으로 다루는 방식도 사회가 받을 비난을 떼어 개인의 어깨에 올려놓는다. 장애를 실제로 살아가야 하는 일상이 아니라 한 개인이 내면과 외면의 힘을 기르기만 하면 충분히 극복할 수 있는 일시적인 투쟁으로 바꾸어 버리는 것이다. (그 같은 상황은 당연히 장애를 '극복하지' 못한—또는 장애가 있

는 몸이 넘어야 할 기준을 낮춘 세계에서 자신들이 이루
어야 할 '업적'을 제대로 인지하지 못하는—사람은 자신
의 힘이 부족하거나 노력이 부족해서 실패한 것이라는 결
론으로 이어질 수밖에 없다.)

장애 때문에 통증이 느껴진다고? 그럼 요가를 해. 정신
건강에 문제가 있어 힘들다고? 그럼 명상을 해. 네가 더
많이 집중하고 더 많이 개선될수록 사회는 특수 자막이
나 수어 통역을 제공하거나 외부 자극에서 벗어날 수 있
는 조용한 방을 만들지 않아도 되는 건 물론이고 다른 형
태의 무용 교실이나 장애인 전용 진입로와 화장실, 입구
에서 가까운 장애인 전용 주차장을 만들어야 한다는 걱
정을 많이 덜 수 있어.

결국 왕국은 손을 잃은 아가씨 때문에 바뀔 필요가 없
었다. 안 그런가? 아가씨에게 손이 돌아온 건 그녀의 믿
음 때문이었다(그러니까 **정말로 장애라고 할 수 있는 건
나쁜 태도뿐이다**).

**아가씨는 그 모든 일을 자기 스스로 해낸 것이다.**

수술을 두 번 받고 학교로 돌아갔을 때 나는 여섯 살이
었다. 초등학교 1학년 때 나는 택시를 타고 학교에 가야
했고 휠체어에 앉아 있어야 했다. 휠체어를 타고 일반 책
상에 앉을 수는 없었기에 나는 육각형 탁자의 절반을 혼

자 차지하고 앉아야 했다. 교실에는 내 휠체어를 밀면서 뛰어다니는 걸 좋아하는 친구들도 있었지만 일단 그 놀이가 지루해지면 아이들은 내 휠체어에 손도 대지 않았다. 나로서는 그저 교실에 앉아 책을 읽는 것이 좋을 때도 있었기 때문에 (사실은 대부분 그랬지만) 주로 책상에 앉아서 책을 읽었다.

어느 정도 시간이 지나자 다리에 한 깁스에서 냄새가 나기 시작했다. 깁스에 물이 묻으면 안 되었기에 목욕 시간은 언제나 시련이었다. 욕조 밖으로 계속 오른쪽 다리를 내밀고 있어야 했기 때문에 목욕을 할 때는 늘 엄마가 도와주어야 했다.

깁스를 푼 뒤에는 에릭이라는 물리 치료사에게 치료를 받아야 했다. 검은 머리에 수염을 기르고 안경을 썼던 에릭을 보면 캐나다 어린아이들이 정말로 사랑하는 (『종이 봉지 공주』의 작가) 로버트 먼치Robert Munsch가 떠올랐다. 음, 어쩌면 로버트 먼치를 보면 에릭이 떠올랐는지도 모르겠다. 두 사람 가운데 누구를 보고 누구를 떠올렸는지는 기억나지 않는다.

솔직히 말해서 그 무렵의 일은 잘 기억이 나지 않는다. 2년인가 3년 뒤에는 또 수술을 받아야 했다.

조금 더 뒤의 일들은 기억이 난다. 내가 받아야 할 벌이 찾아오는 3학년 때 말이다.

전통적으로 뇌성마비는 네 가지 유형으로 분류된다. 첫 번째 유형은 경직성 뇌성마비spastic cerebral palsy로 근육 긴장과 근수축, 혹은 근육 손실 같은 증상이 주요 특징이다. 두 번째 유형은 운동 실조형 뇌성마비ataxic cerebral palsy로 소근육을 제대로 쓰지 못하고 청각과 시각 정보를 처리하는 데 어려움을 겪는다. 세 번째 유형은 불수의 운동형 뇌성마비athetoid cerebral palsy/dyskinetic cerebral palsy로 근긴장 저하와 불수의 운동[13]이 특징이다. 네 번째 유형은 혼합형 뇌성마비로 여러 뇌성마비의 특징이 한꺼번에 나타난다.

뇌성마비 증상은 거의 눈치채지도 못할 정도로 경미할 수도 있고 확연하게 보일 정도로 뚜렷할 수도 있다. 뇌성마비의 70퍼센트는 선천성으로, 출생 전에 겪은 충격으로 생기거나 저절로 발생한다. 나에게 뇌성마비를 일으킨 낭종은 엄마의 뱃속에서 내가 뉴런과 두개골, 손가락과 발가락을 만들고 있을 때 함께 만들어졌다. 고등학교를 졸업할 때까지 나는 나에게 재앙이 닥칠 경우에 대비해 구급 요원이 알아야 할 내용(가벼운 경직성 뇌성마비, 뇌실 복강 단락술)을 적은 팔찌를 차고 있었다.

뇌성마비는 출생한 뒤에 올 수도 있다. 엄마의 산도를 통

---

13 의지나 의도와는 관계없이 나타나는 운동

과할 때 외상을 입거나 세상에 나온 직후에 산소가 부족해 뇌성마비가 올 수도 있다. 탯줄이 목을 졸라 뇌성마비가 올 수도 있다. 전체 뇌성마비 가운데 20퍼센트는 탯줄에 목이 졸려 생긴다. 마지막 10퍼센트는 급성 세균성 수막염, 바이러스성 뇌염, 세 살이 되기 전에 일어날 수 있는 사고나 부상 때문에 생긴다. 근육의 기능을 상하게 하는 초기 뇌 손상이 점점 더 나빠지지만 않는다면 뇌성마비는 계속해서 진행되는 질병은 아니다. 뇌성마비를 치료할 방법은 없다. 그저 수술을 하고 물리 치료를 받고 교정기를 차고 특수한 신발을 신어야 할 뿐이다. 내 머릿속에 생긴 낭종은 뇌간이 손상됐기 때문에 생기는 것으로 엄마의 자궁 속에 있을 때 어떤 이유에서든지 뇌가 다친 것이다. 뇌간이 손상된 부위에 생긴 공간을 물이 채우면 낭종이 된다. 낭종은 뇌에 압력을 가해 운동 신경을 손상하고 결국 아기는 운동 능력에 문제가 생긴다. 발을 안쪽으로 굽히며 걷는 아기가 되는 것이다. 안으로 돌아간 아기의 발을 제대로 맞추면 아기는 다리를 절게 된다.

하지만 그 아기는, 그 운이 좋은 아기는 어쨌거나 걸을 수는 있다. 뛸 수도 있다. 능숙하게는 아니더라도 춤도 출 수 있다.

그렇다면 작은 소녀가 공주처럼 보이고 싶다는 소망을 은밀하게 품는 것이 무슨 문제가 될까? 작은 소녀가 병원을 떠

날 때 초록색 드레스를 입었던 순간을 계속 떠올리는 일이
무슨 문제가 될까? 이런 것들이 도대체 어떤 관계가 있을까?

---

# 3. 오랜 옛날, 여전히 소원이 도움을 줬을 때
: 프랑스와 독일의 동화

이탈리아의 조반 프란체스코 스트라파롤라와 잠바티스타 바실레 같은 작가가 동화를 수집하면서 16세기와 17세기 유럽에서는 동화가 폭발적으로 증가했다.

생애에 관해서는 그다지 많은 사실이 알려지지 않은 스트라파롤라는 1550년에 베네치아에 머물면서 『유쾌한 밤』을 출간했다. 민속학자 루스 보틱하이머Ruth Bottigheimer 는 『동화의 대부: 스트라파롤라, 베네치아, 동화의 전통 *Fairy Godfather : Straparola, Venice, and the Fairy Tale Tradition*』에서 '스트라파롤라'라는 이름은 '너무 말이 많다, 터무니없는 말을 하다'라는 뜻의 이탈리아어 동사 'straparlare'에서 왔을 가능성이 크다고 했다. 동화에는 풍자적인 요소가 담겨 있기에 16세기와 17세기에는 익명으로 동화를 출간하는 경우가 적지 않았다. 실제로『유쾌한 밤』의 초판에 실려 있는『재단사의 도제』는 출간하고 몇 년 뒤에 교회의 압력을 받아 삭제해야 했으며, 1580년부터 1624년까지는『유쾌한 밤』에 실린 모든 이야기가 이런저런 이유로 다양한 금서 목록에 올랐다.

『유쾌한 밤』 2권의 헌정사에서 스트라파롤라는 책에 실린 동화들이 자신의 창작품이 아님을 굳이 언급하고, 동화 몇 편은 실제로 1520년에『소설, 우화, 희극*Novellae, fabulae, comoedia*』을 출간한 이탈리아 변호사 지롤라모 모를리니Girolamo Morlini의 초기 작품에서 가져온 것임을 아울러 밝힌다. 어쨌거나 스트라파롤라의『유쾌한 밤』은 바실레의『펜타메로네』와 함께 창작품이 아닌 수집한 작품 모음집으로 평가받고 있다.

잠바티스타 바실레는 시인이자 궁전 가신이었으며 동화 수집가였다. 자료에 따라 바실레의 출생 연도를 1566년으로 소개하는 곳도 있고 1575년으로 소개하는 곳도 있지만 나폴리에서 오랜 시간 머물면서 군인이자 궁전 가신으로 살았음은 분명하다. 바실레를 알리는 데 가장 큰 역할을 한『펜타메로네』는 나폴리와 나폴리 주변에서 전해지던 많은 동화를 담고 있다. 1632년에 바실레가 죽자 그의 누이 아드리아나Adriana는『펜타메로네』를 두 권으로 제작해 1634년과 1636년에 각각 출간했다.

『펜타메로네』에는 『어린 노예』(『백설 공주』의 변형),
『피포』(『장화 신은 고양이』의 변형), 『해와 달과 탈리아』
(『잠자는 숲속의 공주』의 변형)와 같이 유럽에서 널리 알
려진 동화의 초기 형태가 실려 있다. 스트라파롤라의 동
화들처럼 『펜타메로네』에 실린 동화들은 구전 동화를 기
록한 것이지만 바실레는 단순히 들은 내용을 그대로 적
지 않고 나폴리 방언을 이용해 자신이 살던 바로크 시대
에 맞게 풍성한 은유를 사용해 동화를 기록했다. 몇 세기
뒤에 그림 형제는 『펜타메로네』야말로 '민족적' 차원에서
동화를 수집한 첫 번째 사례라고 칭송했다.

 잭 자이프스는 『꿈이 이루어질 때: 고전 동화와 그 전
통When Dreams Came True: Classic Fairy Tales and Their Tradition』에서 이
탈리아는 동방에서 유럽으로 이동하는 각양각색의 상인
과 기업가가 거쳐 가야 하는 항구 국가였기에 구전되는
민담이 한데 모이기에 가장 좋은 장소였고, 인쇄된 형태
의 문학이 널리 퍼져 가는 세상에서 그런 이야기들을 모
아 대중에게 전달해 주기에 가장 이상적인 장소였다고
했다.

 하지만 스트라파롤라와 바실레는 한동안 비주류로 남
아 있어야 했다. 17세기의 상당 기간 동안 —이탈리아 다
음으로 동화에 관한 관심이 끓어오를— 프랑스에서는 많
은 사람이 동화는 하위문화라고 생각했다. 당시만 해도

동화는 대부분 글을 모르는 소작 계층에서 누리던 문화였기 때문이다. 그러나 푸른색 챕북Bibliothèque bleue이 나오면서 사정이 달라졌다. 1600년대 초반에 프랑스에서 출간되기 시작한 이 푸른색 표지의 소책자들은 17세기 내내 널리 유통되었고 희곡, 예절, 요리, 점성술, 중세 시, 동화에 이르기까지 다양한 주제를 다루었다. 푸른색 챕북 덕분에 교육을 받은 사람들도 동화를 사랑하는 새로운 독자층이 되어 갔다. 새로운 독자 가운데 단연 큰 비중을 차지한 사람들은 대학에서 고등 교육을 받을 수 없었던 프랑스 귀족 여성들이었다. 프랑스 귀족 여성들은 문학 살롱을 조성해 동화들을 거듭해서 읽고 또 읽으며 세련되게 다듬으면서 완벽한 '문학'의 형태로 완성해 나갔다.

1690년대가 되면 프랑스에서 동화의 인기가 매우 높아지는데, 모두 고대 문학과 당대 프랑스 문학의 우수성을 두고 벌어진 '신구 (문학) 논쟁' 때문이었다. 1674년, 고전의 전통대로 시를 쓰는 방법을 정리한 『시법L'Art poetique』을 출간하면서 어느 정도는 신구 논쟁에 불씨를 붙였던 왕실 사료 편찬위원 니콜라 부알로Nicolas Boileau는 1694년에 점점 더 많은 당대 프랑스 작가들이 문어체의 결정권자로 결정되는 상황에 반발해 『여성에 반대하며Against Women』라는 반페미니즘 풍자 작품을 발표했다. 부알로는 그리스와 로마의 고전 작품이야말로 프랑스 사회가 따라야 하는 문학과 예술의 모범이라고 주장하는 사람들 가운데 한 명이었다. 그 반대편에서 뚜렷한 존재감을 발휘한 인물이 아카데미 프랑세즈의 회원이자 작가였던 샤를 페로였다. 자이프스의 말대로라면 "페로는 모더니즘의 편에 서서 프랑스와 기독교가 진보할 수 있는 방법은 (…) 이교도의 믿음과 민간전승을 결합해 계몽주의 문화를 발전시키는 것뿐"이라고 했다.

당연히 그 무렵에 프랑스 살롱에서 문학으로서의 동화를 이야기했던 많은 여성도 모더니스트들을 후원했는데, 그 같은 사실은 페로와 돌누아 남작 부인 같은 당대 작가가 전하는 동화에 체제 전복적인 특징이 있었음을 분명하게 보여 준다. 자이프스는 "[많은] 동화가 여성 요정이 마지막 '발언'을 결정하는 이교의 세계를 상상함으로써 남성들이 구축한 이성에 근거한 계율과 가부장적인 세상을 향한 특정한 저항을 나타내고 있다. 17세기 말이 되면 재능 있는 프랑스 여성들은 자신들의 처지를 요정에게 호소하며, 동화 속에서 야기되는 갈등을 풀어 줄 권위자로 남성이 위계질서를 잡고 있는 교회가 아니라 요정을 택하게 된다."라고 썼다. 실제로 요정이 나오는 문학은 전통적으로 힘을 상징했던 남성이 아니라 마법을 부리는 요정에게 권력을 넘겨주었을 뿐 아니라 모든 것을 아는 현명한 여인에게 주인공을 이끌어 줄 힘을 부여함으로써 궁중 여성들이 활용할 수 있는 강력한 도구가 되었다. 사랑에 초점을 맞춘 많은 동화도 귀족 계급에서 만연했던 중매 결혼에 공개적으로 반기를 들면서 체제를 전복하는 강력한 수단이 되었다.

루이 14세의 철권 정치도 프랑스에서 문학 살롱이 증가하는 데 기여했다. 1690년대에 루이 14세는 절대 왕권제라는 새로운 정치 체제를 프랑스에 도입해 많은 귀족의 분노를 샀다. 무해한 것처럼 보이는 동화는 그 모습을 바꾸어 왕의 통치 방식에 반대하는 저항의 방법이 되었다. 자이프스가 지적했듯이 "프랑스 동화 작가들은 (…) 당시 자신들이 프랑스에서 경험하는 사회 상황을 좀 더 나은 상황으로 만들고 싶다는 자신들의 소망을 표출할 유토피아적인 비전을 문학에 담아 제도화함으로써 구전 문학 장르를 계속해서 '현대화'했다."

여기서 우리는 미묘하지만 결정적인 방법으로 힘의 구조에 압력을 가하고 기대를 전복해 더 나은 세상을 만들고자 하는 유토피아적 비전이라는 동화의 요소를 다시 만나게 된다. 진부함과 무해함과는 거리가 먼—**결국에는 그저 이야기일 뿐인**—동화는 겉으로 보기에는 아무 해가 없는 문학으로 위장한 채 권리를 박탈당한 사람들에게 용기와 희망을 심어 주는 동시에 권위자들을 통렬하게 비난하는 암호화된 메시지로 작동할 때가 많았다. 예를 들어 샤를 페로가 이야기한 요정 대모라는 존재는 자본주의가 심화되어 가는 세상에서 한 개인이 예술가로 성공하려면 반드시 후원자가 필요하다는 사실을 교묘하지만 분명한 방식으로 선언하고 있는 것이다.

이런 식으로 체제 전복적이고 풍자적인 동화의 특성은 현대까지도 이어진 전통이 되어 앤절라 카터Angela Carter(8장에서 살펴볼 「피로 물든 방The Bloody Chamber」의 작가)나 켈리 링크Kelly Link(『초보자를 위한 마법Magic for Beginners』, 『곤란한 상황에 처하다 Get in trouble』 등 여러 단편집을 펴낸 작가) 같은 작가들은 자신의 작품에서 동화의 체제 전복적인 특징을 탐구해 왔으며, 누더기 공주(나 왕자)부터 부유한 공주(나 왕자), 동물 조력자, 요정 대모처럼 우리가 알고 있고 사랑하는 많은 동화의 장치들이 지금도 여전히 엄청난 인기를 얻고 있는 이유는 그런 장치들이 굵직한 사회 문제에 관한 우화로 사용될 수 있고 사회를 전복하는 도구로 사용될 수 있기 때문이다. 로버트 먼치의 『종이 봉지 공주』의 주인공 엘리자베스 공주는 용이 자신의 성을 불태우고 약혼자인 로널드 왕자를 납치해 가자 곤경에 처한 아가씨라는 굴레를 벗어던진다. 엘리자베스 공주는 자신과 약혼자를 구해 줄 사람이 나타나기를 기다리지 않고 직접 용을 쫓아간다. 불에 타 버린 성에는 입을 옷이 하나도 없어 종이 봉지로 옷을 만들어 입은 공주는 용에게 도전해 용이 전 세계를 돌면서 숲을 태우게 만든다. 용이 세계를 두 바퀴 돌고 돌아와 피곤에 지쳐 잠들었을 때 공주는 로널드 왕자와 지구를 구한다.

하지만 로널드 왕자는 자신을 구해 준 엘리자베스 공주에게 고마워하지 않았다. 종이 봉지를 입은 공주의 모습을 끔찍하게 여기면서 보통 공주처럼 아름답게 꾸미기 전까지는 자기 앞에 나타나지 말라고 말한다. 그런 로널드 왕자에게 엘리자베스 공주는 "너는 진짜 왕자처럼 보이는 외모를 하고 있지만 사실은 아무 짝에 쓸모없는 놈팡이야"라는 말로 응수해 준다. 당연히 두 사람은 결혼하지 않았고 전 세계 페미니스트들은 환호성을 질렀다.

그러나 흥미롭게도 이런 전복적인 동화에서도 장애는 거의 눈에 띄지 않는다. 이런 동화들의 목적은 더 나은 세상을 만드는 것일 텐데도 동화에 등장하는 장애인은 허약한 존재일 뿐이며 장애가 사라지거나 어떤 형식으로든 극복되는 즐거운 결말에 이를 때에야 장애는 가치를 갖는다. 가장 전복적인 이야기들에서조차 장애가 있는 몸은 정해진 역할에서 벗어나지 못한 채 계속 같은 취급을 받아야 한다는 사실을 어떻게 받아들여야 할까?

1985년 핼러윈 때 세 살이었던 나는 결혼하는 신부가 되었다. 하얀 드레스에 하얀색 베일을 쓰고 분홍색과 자주색 조화로 만든 작은 부케를 들었다. 동생의 사정도 나와 거의 다르지 않았다. 동생은 슈퍼히어로가 되었다. 마블의 세계가 구축되기 전의 원시적인 영웅이었던 동생은 빨간색 망토를 두르고 파란색 타이츠를 신고 왜 그래야 하는지는 몰랐지만 엄마가 마분지 위에 포일을 감싸 만든 아령을 들고 있었다.

아빠가 비디오로 우리 둘을 찍을 때 나는 정말 카메라를 똑바로 바라보면서 웃고 있었다.

"어맨다는 지금 누구지?"

"나는 신부야, 아빠."

나는 내가 아름답다는 사실을 잘 알고 있었다. 빙그르르 돌 때마다 활짝 펴지는 새하얀 드레스를 사랑했다. 사실 신부가 어떤 사람인지는 정확하게 알지 못했지만 신부가 되어 있는 느낌이 너무나도 사랑스러웠다. 평상시에는 입지 않는 드레스를 입고 있을 때의 나는 특별해 보였다. 그때부터 머지않은 미래에 병원에서 나오면서 입게 될 드레스처럼 나는 그 웨딩드레스를 영원히 벗고 싶지 않았다.

웨딩드레스는 나로서는 정확히 무엇인지는 알지 못했지만 나를 어딘가로 데려다주는 관문이었다. 나에게 가능성과 행복을 속삭여 주는 무엇이었다.

그로부터 몇 년이 지나 대학교에 다니는 나는 1989년에 나온 디즈니 만화 영화 〈인어 공주〉를 몇 해 만에 처음으로 다시 보면서 배 위에서 결혼식을 올린 에리얼이 기쁨에 겨워 왕자에게 키스하는 마지막 장면을 내가 어떻게 기억하고 있는지를 생각하게 될 것이다. 하얀 웨딩드레스야말로 완벽을 의미하는 상징으로 묘사하는 〈인어공주〉의 이야기 방식에 관해 생각하게 될 것이다. 에리얼이 왕자에게 키스하는 장면은 그대로 박제되어 영원히 지속될 것이다.

에리얼은 인어일 때 더 많이 움직인다. 에리얼의 몸은 내가 아는 다른 몸과는 다르다. 에리얼의 몸은 영화 홍보 영상에서 화려하게 보여 주는 몸이고 DVD 커버를 장식한 몸이다. 에리얼의 몸은 다리가 없는 몸이고, 이 세상 그 어떤 사람의 몸과도 다르게 생긴 몸이다.

어린 시절의 내가 웨딩드레스를 입은 에리얼 흉내를 내느라 몇 시간을 흘려보내는 일은 없었다. 나는 인어인 에리얼을 흉내 냈다. 수영장에 들어가 물을 튀기며 다리가 전혀 없는 것처럼 행동했다.

어쩌면 프랑스에서 유래한 오래된 동화들은 원래 훼손된 신체와 장애를 많이 묘사했지만 그 가운데 많은 수가 이제는 잊힌 것인지도 모른다. 이런 오래된 동화들에는 신체 훼손과 죽음은 벌이며 그와는 반대로 아름다움을 얻는 것은 궁극의 보상이라는 생각이 깊이 자리 잡고 있었다.

카트린 베르나르Catherine Bernard가 1696년에 발표한 소설 『코르도바의 이네스Inés de Cordoue』에 실려 있는 동화 『도가머리 리케』의 주인공은 마마라는 귀족 여성이다. 마마는 아주 아름다운 여성이었지만 '아름다운 외모도 불쾌하게 느끼게 할 정도로' 심각한 지적 장애가 있었다. 마마는 땅속 난쟁이들의 왕인 작고 못생긴 리케를 만나고, 리케는 마마에게 1년 뒤에 자신과 결혼해 주면 마마를 똑똑하게 만들어 주겠다고 제안한다. 리케는 마마에게 시를 한 편 주면서 시간이 날 때마다 거듭해서 읽으면 '생각하는 법'을 알게 될 거라고 말한다. 계속 시를 읽으면서 집으로 돌아오는 동안 마마는 '논리 정연하게 생각하는 사람'에서 '영리한 사람'을 지나 '재치 있는 사람'으로 거듭났고 마마를 만나는 남자들은 모두 마마에게 마음을 빼앗기게 된다. 하지만 마마는 아라다라는 남자만을 진심으로 사랑했다.

1년이 지나고 도가머리 리케가 마마를 찾아와 결혼 약속을 지켜 달라고 부탁한다. 괴로워하는 마마에게 리케는 땅속 난쟁이들의 왕과 결혼하면 마마는 똑똑한 여자로 남을 테지만 고향에 그대로 남는다면 다시 지적 장애가 있는 여자로 돌아가게 되리라고 엄포를 놓는다.

마마는 결국 똑똑한 여자로 남기로 하고 땅속 난쟁이
들의 왕과 결혼한다. 하지만 이제는 영리해진 마마였기
에 리케와 결혼한 상태로 아라다를 만날 수 있는 방법을
찾아낸다. 그 사실을 알게 된 마마의 남편은 자신의 모습
을 아라다처럼 바꾸고 아라다처럼 행동했고, 마마는 남
은 평생 어떤 사람이 남편이고 어떤 사람이 연인인지 모
른 채로 두 남자와 함께 살아간다.

베르나르의 소설이 나오고 고작 1년이 지났을 때 샤를
페로가 『도가머리 리케』를 새롭게 발표했다. 샤를의 동화
에서는 지적 장애가 있는 여자는 공주가 되어 숲에서 도
가머리 리케를 만난다. 못생겼고 흉했지만 리케 자신도
요정들의 선물을 받은 왕자였다. 요정들은 리케에게 그
와 사랑에 빠진 여자에게 자신과 동일한 지능을 줄 수 있
는 능력을 주었다. 전국에 유포된 공주의 아름다운 초상
화에 매혹된 리케는 공주에게 청혼하려고 자신의 왕국을
떠난다. 리케는 공주에게 자신과 결혼해 주면 특별한 선
물을 주겠다고 약속한다. "나에게는 내가 가장 사랑하는
사람을 가능한 한 현명하게 만들어 줄 수 있는 능력이 있
어요. 그 사람이 바로 당신입니다. 엄청난 지능을 가질 것
이냐 말 것이냐는 당신이 결정할 수 있습니다. 조건은 단
하나, 나와 결혼하는 겁니다."

다른 사람들과 비슷한 수준의 지능을 가지고 싶었던

공주는 리케의 제안을 받아들이고, 거의 그 순간부터 엄청나게 똑똑해졌다. 행복에 겨워 왕국으로 돌아온 공주에게 궁전의 모든 사람이 환호했다. 공주에게는 많은 친구가 생겼고 왕은 딸인 공주에게 정치와 나라를 다스리는 방법에 관한 조언을 구했다.

공주는 키가 크고 잘생긴 남자와 사랑에 빠졌기에 1년 뒤 리케가 찾아와 결혼을 요구했을 때 상당히 주저할 수밖에 없었다. 잘생긴 귀족이 자신을 원하는데 못생긴 난쟁이와 결혼을 해야 한다고?

"못생긴 것 외에 나에게 당신 마음에 들지 않는 부분이 있나요? 가정 교육, 지성, 성격, 태도, 어느 하나 불만인 부분이 있나요?" 리케의 말에 공주가 대답했다. "아니, 전혀 없어요. 당신이 언급한 모든 자질이 나에게는 더할 나위 없이 좋아 보여요."

리케에게는 공주에게 줄 수 있는 또 다른 선물이 있었다. "한 가지 더 말해 줄게요. 내가 태어난 날 나를 찾아온 요정은 내가 선택한 여인을 똑똑하게 만들 수 있는 힘을 주었어요. 그리고 그 여인이 사랑하는 남자를 아름답게 만들 수 있는 힘도 주었지요. 당신이 진심으로 원한다면 사랑하는 남자를 아름답게 만들 수 있는 힘을 말이에요."

공주는 리케와 결혼하겠다고 말했고 리케는 공주가 한 번도 보지 못했던 잘생긴 남자로 변했다. 그리고 동화 속 화자는 말한다. 사실 리케의 모습은 바뀌지 않았다고. 그 저 공주의 사랑이 공주의 눈을 가리던 것을 걷어 내 그전 까지는 혐오스럽기만 했던 리케의 모습 밑에 가려진 진 정한 자질을 볼 수 있게 되었을 뿐이라고 말한다.

요정의 마법이 리케의 모습을 바꾼 것이 아니라고 말하는 사람들도 있다. 리케의 모습을 바꾼 것은 사랑이라고 말이 다. 그 사람들은 공주가 구혼자의 지조와 영리함, 그의 머 리와 심장이 갖춘 사랑스러운 많은 자질을 곰곰이 생각해 보는 동안 비틀어진 그의 몸과 흉한 얼굴을 볼 수 없는 상 태가 되었다고 말한다. 공주에게 구혼자의 굽은 등은 공손 하게 인사하는 남자에게는 자연스러운 몸가짐이 되었고 흉하게만 보였던 끔찍한 절름발은 겸양과 타인을 존중하 는 마음을 보여 주는 태도가 되었다. 그 사람들은 더 나아 가 사시 때문에 반짝이는 두 눈에서 공주는 열정적인 사랑 만을 감지했을 뿐이고 커다란 빨간 코에서는 용맹함과 영 웅적인 기질만을 보았을 뿐이라고 했다.

카트린 베르나르(와 다른 프랑스 동화 작가들)의 동화 와는 다른 이야기 전개 방식을 택한 샤를 페로의 동화가 지금까지 살아남았다는 사실은 놀랍지 않다. 다른 작가의 동화보다 더 부드럽고 친절하고 아름다운 샤를 페로의 동화는 독자들의 구미에 맞았다. 샤를 페로가 보여 준 행복한 결말은 20세기와 21세기를 살아가는 사람들에게 친숙한 디즈니 만화 영화를 떠오르게 한다. 그러나 그보다 중요한 것은 분명한 도덕을 담고 있으며 장애와 기형을 능력으로 향해 가는 도덕적 서사로 표현하는 방식이 페로의 『도가머리 리케』가 세상에서 가장 유명한 동화(그림 형제가 수집한 동화들)가 등장할 수 있는 길을 열어 주었을 수도 있다는 점이다.

야코프 그림과 빌헬름 그림은 각각 1785년과 1786년에 독일 하나우에서 태어났다. 그림 형제는 모두 아홉 명이었지만 그 가운데 세 명이 갓난아이 때 죽었다. 1791년에 그림 가족은 아버지 필리프Philipp가 치안 판사로 근무하는 슈타이나우로 이사했고, 1796년에 필리프가 폐렴으로 죽기 전까지는 상당히 부유하고 행복하게 살았다. 가장이 죽은 뒤에 맏이와 둘째였던 야코프와 빌헬름은 자신들도 어린아이였지만 남은 가족의 재정을 책임져야 했다.
1798년, 두 형제는 집을 떠나 카셀에 있는 프리드리히 김나지움에 입학했다. 1803년과 1804년에 각각 1등으로 학교를 졸업한 그림 형제는 마르부르크대학교에 진학했다. 그곳에서 두 형제는 자신들이 사회적 지위가 낮고 가난하기 때문에 동급생들에게 받아들여질 수 없음을 절실하게 깨달았다. 무리에 속하지 못하고 따돌림을 받는 이야기는 두 사람이 수집하고 출간한 동화에서 거듭 나타난다.

처음에 야코프와 빌헬름은 아버지의 뒤를 이어 법조인이 되고자 했지만 두 사람의 법학 교수 프리드리히 카를 폰 사비니Friedrich Karl von Savigny에게서 요한 고트프리트 헤르더Johann Gottfried Herder의 사상을 접한 뒤로 민간전승이라는 난해하고 구불구불한 길을 따라 걷게 됐다. 헤르더는 독일 철학자이자 문학 비평가로 독일인이 이야기를 전하는 가장 뛰어나고도 독특한 방법은 **자연 시**Naturpoesie를 추구하는 것이라고 주장했다.

헤르더는 **자연 시**는 독일 소작농들의 강인한 삶을 그대로 보존하고 있다는 점에서 **예술 시**Artspoesie의 반대편에 서 있다고 했다. 그는 소작농의 삶은 건강이나 행복과 관련이 있으며 시골은 생생한 자연을 그 특징으로 하지만 도시의 특징은 눅눅하고 축축하며, 대참사라고 할 수 있는 산업화는 도덕과 사회, 경제에 위해를 가했다고 했다. (헤르더가 보기에 자신의 시대에 프랑스 궁전에서 유행하기 시작한 문학으로서의 동화는—그 분위기와 비유 방식으로 볼 때—민족적이고도 자연스러운 스토리텔링 방식을 잠식해 나가는 것만 같았다.)

야코프 그림은 1808년에 베스트팔렌 왕의 궁전 사서가 되었고 빌헬름 그림도 야코프가 준 돈으로 찾아간 할레에서 능력 있는 의사를 만나 건강을 되찾은 뒤에는 야코프가 있는 베스트팔렌으로 돌아가 역시 사서가 되었다.

빌헬름 그림은 어렸을 때는 강하고 건강했지만 열여섯 살 때 성홍열과 천식을 앓아 반년 동안 학교에 가지 못했다. 그 뒤로 병은 나았지만 1808년에 다시 발병했고 이번에는 훨씬 심하게 아팠기 때문에 1809년에는 치료차 할레로 가야 했다. 빌헬름은 73년이라는 적지 않은 시간을 살았지만 살아가는 내내 건강은 언제나 위태로웠다. 할레에서 빌헬름을 치료한 의사(요한 크리스티안 라일Johann Christian Reil)는 빌헬름의 병을 '심장 근육 이완증'이라고 진단했다. 그러나 앤 슈미싱이 언급한 것처럼 빌헬름은 심장 박동이 정상보다 두 배 내지 세 배 정도 빨리 뛰는 원인 불명의 '발작성 빈맥'에 해당하는 증상을 보였다. 발작성 빈맥인 사람은 한번 빈맥이 시작되면 몇 분에서 몇 시간 정도 증상이 지속될 수 있으며 어지럽거나 실신에 가까운 상태가 되기도 한다. 따라서 빌헬름이 일상을 영위하기란 쉽지 않았을 것이다.

할레에서 빌헬름은 전기 충격 요법과 자기 요법 같은 다양한 치료를 받았고 여러 조제약을 복용했다. 야코프에게 보낸 편지를 보면 빌헬름이 피부에 물집이 생기는 전기 충격 요법 같은 치료 과정은 겁을 냈지만 치료 효과에 상관없이 자기가 받는 치료 덕분에 밤에 한 번 이상은 잠든다는 사실에 감사하고 있음을 알 수 있다. 1809년 8월에 보낸 편지에서 빌헬름은 "물론 온전하게 도움을 받지는 못할 테고 이 병 때문에 죽고 말겠지만 내 몸이 개선되어 평화롭고 즐겁게 살아가면서 일할 수 있다는 사실에 진심으로 신께 감사하고 있어."라고 했다.

빌헬름은 할레에서 치료를 받은 뒤에 야코프의 집으로 돌아왔다. 그러니 그 뒤에 출간된 『그림 동화』의 후속작과 개정판에서 장애를 언급하는 횟수가 늘어났다고 해도 놀랄 일은 아니다. 1812년과 1815년에 첫 번째와 두 번째 『그림 동화』가 출간된 이후에 나오는 후속작들(1819년부터 1858년까지 16권이 더 출간됐다)은 빌헬름이 좀 더 많은 책임을 맡아 편집했을 것으로 추정되는데, 빌헬름의 손에서 출간된 동화 모음집에는 장애에 관한 언급이 더 많아졌다. 등장인물에 특징을 더하거나 보충함으로써 서술을 바꾸는 이런 **서술 보정 장치**narrative prosthesis는 『그림 동화』의 모든 개정판에서 볼 수 있다.

비록 18세기와 19세기에는 치료 방법이 없는 소아마비나 천연두, 성홍열, 콜레라 같은 여러 질병이 유행해 일상에서 신체장애를 쉽게 볼 수 있었다고 해도 『그림 동화』

에서 장애가 있는 등장인물이 나오고 장애를 묘사하는 횟수가 증가한 이유는 빌헬름 그림이 세상의 모습을 있는 그대로 자신의 동화에 반영하고 싶었기 때문이라기보다는 그에게는 동화를 복원하고 '완벽하게' 만들고자 했던 소망이 있었기 때문이라고 보는 것이 더 옳을 것이다.

이런 '완전성'은 결국 민속학자 블라디미르 프로프 Vladimir Propp가 '결핍-결핍-결핍 제거 패턴'이라고 규정한 민담의 이야기 전개 방식과 상당히 관계가 깊다. 본질적으로 '결핍-결핍-결핍 제거 패턴'을 따르는 동화는 서술자의 입장에서 필요하거나 원하는 것(**결핍되어** 있기 때문에 얻기를 바라는 것)으로 출발해 임무를 완수함으로써 소망이 이루어지고 결핍이 제거되는 방식으로 전개된다. 프로프는 1928년에 러시아에서 출간한 『민담 형태론 *Morphology of the Folk Tale*』에서 '결핍-결핍-결핍 제거 패턴'에서 불확실성이 어떻게 확실성으로 옮겨 가는지를, 본질적으로 투쟁이 어떻게 승리가 되어 이야기가 완성된 느낌을 줄 수 있는지를 대략 설명했다. 앤 슈미싱의 표현대로라면 "[결핍-결핍-결핍 제거 패턴은] 불안정한 상태에서 안정된 상태로, 권리를 박탈당한 상태에서 권리를 찾는 상태로, 장애 상태에서 비장애 상태로, 불완전한 몸에서 완벽한 몸으로 이동하는 과정을 보여 준다."

그림 형제의 동화는 나중에 장애를 삽입함으로써 처음

에 주인공이 처한 상황을 더욱 불리하게 만들고 임무를 완성했을 때 더 많은 것을 얻게 함으로써 이야기의 기승전결을 좀 더 다채롭게 만들었다.『손을 잃은 아가씨』의 아가씨는 손이 다시 자람으로써 이야기가 끝날 때 보상을 두 배로 받는다. 그와 마찬가지로『고슴도치 한스』에서도 한스는 사람의 모습이 아닌 흉한 외모 때문에 훨씬 가혹하고 심하게 사람들에게 배척당하지만, 이야기가 끝날 때면 그는 말 그대로 동물에서 사람으로 변신한다. 한스가 처음부터 '정상적인' 소년으로 태어났다면 동화는 고슴도치 한스가 겪었던 여정대로 진행되지 않았을 테고 그림 형제가 분명히 유지하고자 결심한 **자연** 시의 정신도 역경을 극복한 승리도 얻을 수 없었을 것이다.

그림 형제의 동화에 나오는 장애는 동화에 나오는 인물들에게 더욱 강렬한 인상을 부여해 독자가 등장인물을 잊지 못하게 하는 장치이기도 했다.『늙은 개 술탄』은 농부와 농부의 충실한 개에 관한 동화로 처음 이야기에서는 개에게 장애가 없었다. 하지만 후속작들에서 농부의 개는 '이빨이 없는' 개로 바뀌고 사람들의 기억에 더욱 강렬하게 남게 된다. 건강한 개는 너무 흔하다. 하지만 '이빨이 없는' 개는 끔찍하게 느껴질지언정 기억에는 남는다.

토빈 시버스는『장애 미학*Disability Aesthetics*』에서 전통적인 고전 예술의 형태에서 벗어난 현대 예술과 그 뒤를 이은 모더니스트의 색채와 장애, 그리고 소위 말해 사람의 몸에 있는 '결함'을 찬양하는 경향이 사실상 시대와 기억을 초월하는 예술을 가능하게 해 주는 장치가 되었다고 강조했다. (르네 마그리트Rene Magritte는 고대 작품을 재해석한 「구리 수갑Les Menottes de cuivre」을 만들면서 「밀로의 비너스」의 팔에 붉은 염료를 뿌려 고통스럽게도 금방 팔이 잘린 효과를 냈다.) 시버스는 "장애의 존재는 예술 작품의 아름다움이 오랜 시간 지속되게 하는 역할을 할 때가 많다."라고 했다.

실제로 무난하고 아름다운 사람의 몸은 쉽게 잊힌다. 시선을 끄는 몸, 평범하지 않은 몸은 잊기가 훨씬 힘들다.

상체가 고슴도치인 남자도 손이 없는 여자도 잊힐 리가 없다. 그런 등장인물을 보면 그 이야기를 해 준 작가도 영원히 기억하게 될 가능성이 크다.

나는 다섯 살 때부터 이야기를 썼다. 나에게 이야기를 쓰는 일은 처음으로 수술한 뒤에 퇴원할 때 입었던 드레스처럼 내가 특별하다는 느낌이 들게 했다. 나는 동물에 관한 이야기를 썼다. 우리 가족이 기르던 개에 관해, 새에 관해, 공룡에 관해 썼다. 1학년 때는 토끼 이야기를 썼고 내가 그린 토끼 그림에 모두 솜뭉치를 붙였다. 우리 가족에 관해서도 썼고 올빼미에 관해서도 썼고 사랑에 관해서도 썼다. 이야기 속에서 나는 한 남자아이에게 홀딱 빠졌고, 결국 우리가 결혼하는 것으로 이야기를 끝냈다. (지금도 나는 결혼이 정말로 어떤 의미인지 알지 못하지만 아름다운 흰색 드레스를 입고 결혼식을 올리는 내 모습을 그린 적이 있다.) 한번은 추수감사절에 칠면조 모양으로 자른 특별한 종이 이야기를 쓰기도 했다.

공주 이야기도 썼다. 처음부터 아름답지 않은 공주라고 해도 (대부분은 그랬는데) 결국 이야기가 끝날 때가 되면 늘 아름다워졌다. 나의 이야기 속 공주들은 칠흑처럼 까만 머리카락이나 황금 같은 금발 머리카락을 가지고 있었고 눈동자는 당연히 늘 파란색이었다. 나의 공주들은 그럴 만한 대접을 받을 가치가 없는 사람들에게도 늘 친절하게 대했다.

나는 휠체어를 탄 공주 이야기는 단 한 번도 쓰지 않았다. 목욕할 때면 욕조 밖으로 다리를 내밀고 있어야 하는 공주 이야기도 쓰지 않았다. 나의 이야기 속에는 목발을 짚고 다니는 공주도 없었고 다른 사람들과는 다른 식으로 걷기 때문에 흉하다는 말을 듣는 공주도 없었다. 내가 쓴 이야기 가운데 슬프게 끝난 이야기는 한 편도 없었다.

여섯 살 때 엄마는 나에게 『스위스 로빈슨 가족의 모험』과 『빨간 머리 앤』, 커다란 빨간 개 클리포드가 주인공인 책을 여러 권 읽어 주셨다. 그런 책에 나오는 등장인물 가운데 장애인은 아무도 없었지만 그때는 그 사실을 알아채지 못했다.

두 번째 수술을 하고 깁스를 한 채 퇴원한 뒤에 나는 또다시 『초원의 집』 시리즈를 처음부터 끝까지 읽었다. 메리 잉걸스는 성홍열에 걸려 양쪽 시력을 모두 잃지만 여전히 아름다웠고 금발이었고 선했다. 마치 동화에 나오는 공주님처럼 말이다. 메리의 엄마와 로라는 시각장애인 학교로 떠나는 메리에게 필요한 물건을 챙겨 주었고, 짙은 갈색 캐시미어로 아름다운 드레스도 만들어 주었다. 메리는 앞을 보지 못했지만 로라의 도움으로 세상을 헤쳐 나갈 수 있었고 학교에서는 독립적으로 살아가는 법도 배웠다.

『초원의 집』 시리즈를 읽으면서 소녀였던 나는 메리를 장애인이라고 생각하지 않았다. 내가 아는 장애인은 모두 지팡이를 짚거나 휠체어를 타고 있었다. 결국 나는 지팡이도 휠체어도 사용하지 않기 때문에 나도 장애인이라고는 생각하지 않았다. 나는 내가 읽은 이야기에 나오는 공주처럼 걸을 수 있었다.

하지만 아무리 노력해도 나는 공주 신발은 신을 수 없었다.

동화 모음집을 출간한 뒤에 아이들이 읽기에 적합하지 않은 이야기가 많다는 비난을 받은 그림 형제는 후속작에서 여러 곳을 수정했다. 독일을 비롯한 여러 나라에서 중산층이 급증했다는 것은 글을 읽고 쓰는 사람이 늘어났으며 느린 속도이기는 해도 도시로 이주하는 사람들이 확연하게 많아졌음을 뜻했다. 많은 사람이 농촌에서 자라면 해야 할 수밖에 없는 끊임없는 노동에서 벗어나자 어린 시절을 점점 더 중요하게 생각하게 되었고 자녀를 양육하는 방법에 적용해야 할 일과 하지 말아야 할 일에 더 많이 신경 쓰게 되었다.

칼뱅파 기독교도로 태어나고 자란 그림 형제가 집착했던 신앙은 두 사람이 출간한 동화의 많은 측면에 스며들어 있는데, 특히 남녀의 성 역할을 묘사할 때 칼뱅파 신앙이 두드러지게 나타난다. 당연히 장애인 주인공도 그 당시에 남녀가 맡고 있던 종교적인 성 역할에 맞게 행동한다. 고슴도치 한스는 손을 잃은 아가씨로서는 할 수 없는 방법으로 자신의 장애를 당당하고도 솔직하게 드러낼 수 있다. 한스는 아버지와 마을 사람들에게 당당하게 요구할 수 있지만 손을 잃은 아가씨는 아버지의 도움을 거절하고 세상 속으로 뛰어든다. 그것은 분명히 아가씨가 순종적이며 결국은 힘을 가진 존재(신)가 자신의 손을 다시 자라게 해 주리라는 믿음이 있었기 때문이다. 그에 반해 고슴도치 한스는 전적으로 자신의 재간만으로 아름다운 사람이 될 수 있었다. 이런 이야기들이 어린아이들에게 전하는 교훈은 분명하다.

『그림 동화』는 나폴레옹 전쟁이 한창일 때 처음 출간됐다는 사실을 반드시 기억해야 한다. 그 당시에 프랑스는 독일을 상당 부분 점령하고 있었다. 그 때문에『그림 동화』의 여러 개정판에서는 프랑스를 언급한 부분과 전통적으로 프랑스 문화와 관련 있다고 여겨지는 부분들을 삭제했고, 독일 민족주의를 고취할 수 있도록 이야기를 추가하고 윤색했다. (그 때문에 많은 동화에서 요정 대모가 사라지고 신이나 그 무렵에 독일 사람들이 선호했던 가부장적 인물들이 그 자리를 대신했다.) 아이들에게 예의를 가르치는 독일 이야기들은 대중이 이 세상에서 좋은 독일인으로, 좋은 소년과 소녀로 살아가는 방법을 교묘하게 유도하고 가르치는 가장 완벽한 방법이었다.『개구리 왕자』에 나오는 공주는 자신이 아끼는 황금으로 만든 공을 우물에서 꺼내 준 개구리에게 무례하게 행동했다가 아버지에게 꾸지람을 듣는다. 공주의 아버지는 "일단 네가 한 약속이라면 그것이 무엇이든지 반드시 지켜야 한다."라고 말한다. 공주는 끈적끈적하고 자신과는 다른 존재인 개구리가 아주 끔찍하지만 자신은 착한 딸이기 때문에 약속을 지킨다. 그 결과, 공주는 무엇을 받게 될까? 잘생긴 왕자와 오랫동안 사랑하면서 살아가는 삶을 받는다.

당신은 아마도 이렇게 말할지도 모르겠다. '누가 잠자리에서 읽는 이야기를 믿는다고 그래? 그런 걸 믿는 건 아이들밖에 없어. 우리 모두 그런 이야기가 가짜라는 걸 알고 있잖아.'

지금은 잘 알려진 것처럼 나치도 독일 자연 시에 관심이 많았다. 나치도 그림 형제처럼 이야기에는 독일 국민을 한데 뭉치게 하는 힘이 있다고 믿었고 독일 시골이 가진 생명력과 힘, 순수성을 믿었다. 나치에게 도시는 온갖 해충과 온갖 비도덕적인 인간(과 인종)들이 한데 뒤섞인 타락한 장소였다. 그림 형제가 민족주의를 고취하는 도구로 동화와 이야기를 다룬 방식이, 다른 몸을 가진 장애인을 소멸시켜야 할 필요가 있는 존재로 묘사하는 서술 방식과 나치 독일로 이어진다고 말한다고 해서 사실을 왜곡하고 있다고는 할 수 없을 것이다.

나치 독일에는 요정 대모도 없었고 착한 마음을 가지고 기다리면 훼손된 몸에서 손이 자라도록 자비를 베풀어 줄 선한 이방인도 없었다. 나치 독일에는 이상적인 몸을 보여 줄 사람들만이 있었다. 나치의 어용 예술이 앞세운 근육질 남자와 풍성한 가슴과 풍만한 엉덩이를 지닌 여자가 있었을 뿐이다. 나치 독일에서 이야기 속에 등장하는 장애인은 잠자리에서, 그리고 난로 앞에서 거듭해서 이야기되는 동화를 들으며 사람들이 믿어 왔고 앞으로도 계속 믿게 될 것처럼 타자로서의 역할밖에는 하지 못했다. 룸펠슈틸츠헨은 사악한 난쟁이였고 아셴푸텔의 의붓언니들은 왕자와 결혼하려면 유리 구두를 신어야 했기에 자신들의 의지로 자기 발을 잘라 버린다. 뒤틀린 마음을 보여 주는 뒤틀린 몸은 처음에는 어른들을 위한 이야기에 등장했다가 아이들을 위한 이야기에 나타난 뒤, 새로운 목적에 맞게 다시 변형되고 포장되어 나라 곳곳에 걸리는 포스터, 영화, 연극 같은 어른들의 이야기에 다시 등장했다.

동화는 당연히 진짜 이야기가 아니다. 하지만 결코 이야기로만 그치지 않는다.

초등학교에 다니던 9년 동안 나는 이제부터는 존이라고 부를 한 남자아이를 사랑했다. 존은 운동을 잘했지만 나는 운동을 못했다. 존은 인기가 있었지만 나는 인기가 없었다. 우리가 학교에 다니는 9년 동안 그 아이가 나에게 건넨 말은 열다섯 단어 정도에 불과했다. 나는 매일 운동장에서 그 아이를 쳐다보았다. 교실에 앉아서 늘 살며시 그 아이를 바라보았다. 나에게 심술궂은 행동은 전혀 하지 않았지만 존이 내가 살아 있다는 사실을 조금도 신경 쓰지 않았다는 건 분명한 사실이었다.

우리가 아홉 살이었던 4학년 때 존은 새로 전학 온 여자아이와 사귀기 시작했다. 그 아이 이름은 그레이스였다(물론 진짜 이름은 아니다. 하지만 진짜 공주님에게 그레이스보다 더 어울리는 이름은 생각나지 않는다). 그레이스는 아담했고 금발이었고 앙증맞았다. 그레이스도 나에게 전혀 심술을 부린 적이 없었지만 인기 있는 아이들 모임에는 낄 수 없었던 나와 달리 그 아이들의 일원이었다. 우스꽝스럽게 걷는 나는 다른 아이들보다 가슴도 빨리 발달했고 생리도 먼저 했다. 반은 곱슬머리이고 반은 아무렇게나 자라는 직모인 내 머리카락은 지금도 도무지 어떻게 관리해야 할지 모르겠다. 내 눈썹은 커다란 송충이 같다. 내 사진을 볼 때마다 나는 내가 누구나 사랑할 수 있는 여자아이는 아니라는 사실을 알게 된다.

몇 년이 지나고 학교에서 찍은 사진들을 보면서 나는 내가 틀렸음을 깨달았다. 사진 속에 있는 나는 망설이듯 살며시 웃으며 상대의 이야기를 들려 달라고 말하는 것처럼 눈을 반짝이는 수줍은 소녀였다. 거의 모든 사진에서 나는 왼쪽으로 고개를 약간 기울이고 있었다. 지금은 나에게 그런 버릇이 있음을 알고 있지만 미용실에서 미용사가 끊임없이 내 머리를 똑바로 세우려고 노력하는 모습을 거울에서 보고서 깨닫기 전까지는 내 버릇을 알지 못했다. 그리고 학교에서도 가끔은 아이들이 내 옆에 있을 때면 머리를 왼쪽으로 갸우뚱하는 모습을 보면서 내가 머리를 왼쪽으로 기울인다는 사실을 깨달았는데, 그때 아이들이 나를 따라 한 건지 아닌지는 분명하지 않다.

자라면서 나는 발레 슈즈와 레오타드[14]에, 연극 무대에 환상을 품게 되었다. 피겨 스케이팅을 배웠던 열두 살에는 〈라이온 킹〉의 음악에 맞춰 안무를 짜 보기도 했다. 그때 나는 내 방문을 잠그고 카펫 가운데 서서 몇 시간이나 돌고 또 돌았다.

하지만 현실의 무용 교실과 피겨 스케이팅 교실은 내 상상과는 아주 달랐다. 내 발은 뻣뻣했고 내 엉덩이뼈는 한쪽

---

14  무용수나 체조선수가 입는 몸에 꼭 끼고 아래위가 붙은 옷

으로 기울어져 있었고 내 오른쪽 다리는 왼쪽 다리보다 5센티미터는 짧았다. 내 척추는 나이가 들수록 끊임없이 통증을 느끼게 만들 조기 성인형 관절염과 힘줄염, 과도한 피로와 함께 뇌성마비 후유증으로 온 척추측만증 때문에 휘어져 있었다. 나의 손과 다리는 내가 무엇을 원하는지를 알고 있지만 언제나 내가 원하는 대로 움직이지는 않았다. 허벅지는 바들바들 떨렸고 무릎에서는 쥐가 났다. 상상 속에서는 모든 곳을 날아다녔지만 몸이 언제나 그 상상을 쫓아갈 수 있었던 건 아니었다.

나는 나치의 선전 포스터가 나붙거나 장애가 있는 몸은 나쁘다는 생각이 공공연한 시대와 장소에서 자라지는 않았다. (실제로 장애가 있는 몸에 관해서는 학교에서도, 세상 밖에서도 이야기하지 않는다.) 그 대신에 나에게는 소프트 에지[15] 작업을 한 밝은색 VHS 테이프가 있었다. 빨간 머리카락에 조개껍데기로 만든 브래지어를 찬 인어, 도서관의 이동식 사다리에서 타잔처럼 움직이며 책을 읽는 걸 사랑하는 갈색 눈에 흑갈색 머리를 한 프랑스 여자, 거리의 부랑아와 사랑에 빠져 마법 양탄자를 타고 여행을 다니는 검은 머리 아랍 공주, 엎어질 수도 있다는 걱정은 단 한 순간도 하지

---

15 화면에 나타나는 글씨를 보기 쉽도록 문자 가까이에 테두리를 치는 방식으로, 문자 가까이에는 진한 색을 칠하고 바깥으로 갈수록 엷게 칠해 화면과 조화를 맞추는 작업이다.

않은 채 맨발로 숲속을 뛰어다니는 키가 크고 조각상 같은 원주민 공주, 속임수로 인해 물레 바늘에 찔려 깊은 잠에 빠지지만 결국 사랑하는 사람 덕분에 깨어나 너무나도 행복하게 춤을 추는 동안 드레스가 분홍색과 파란색으로 끊임없이 바뀌던 금발 머리에 파란색 눈을 한 공주, 개구리에게 키스를 하고 영원히 인생이 바뀐 흑인 공주가 있었다. 나의 세상에서는 끊임없이 공주는 왕자를 만나고, 두 사람은 거듭해서 사랑에 빠졌다.

그리고 나에게는 콰지모도가 있었다. 기형이지만 친절하고 이야기가 끝날 때면 친구들이 생겨 너무나도 행복해하는 콰지모도가 있었다. 콰지모도가 그렇게 행복해하는 이유는 그것만이 그에게 허락된 유일한 행복이기 때문이다.

# 4. 언젠가는 나의 왕자님이 올 거야
: 디즈니와 그늘 없는 세상

19세기부터 20세기 초반까지 유럽 전역에서 동화의 인기는 계속 높아졌다. 덴마크에서는 안데르센이 『인어 공주』, 『미운 오리 새끼』, 『벌거벗은 임금님』 같은 동화를 썼고, 영국에서는 『잭과 콩나무』, 『골디락스와 곰 세 마리』, 『아기 돼지 삼 형제』 같은 동화가 나왔다. 20세기가 도래하면서 미국에서도 스토리텔링의 힘이 서서히 자라나 마침내 라이먼 프랭크 바움의 『오즈의 마법사』(심장이 없고 뇌가 없고 용기가 없는, 장애인임이 분명한 세 등장인물이 생뚱맞은 조합으로 한데 모여 각자가 완전한 몸이 되려고 이상하고 새로운 나라로 여행을 떠나는 이야기)가 나왔다.

캘리포니아에서는 1923년에 월트 디즈니Walt Disney라는 사람이 디즈니 브라더스 카툰 스튜디오라는 만화 영화 제작사를 차렸다. 동업자이자 형제인 로이 디즈니<sup>Roy Disney</sup>와 함께 월트 디즈니는 결국 세상을 바꿀 만화 영화 제국을 건설했다.

디즈니는 캘리포니아에 회사를 세우기 전에는 캔자스시티의 한 광고 회사에서 일하면서 '래프 오 그램스<sup>Laugh-O-grams</sup>'라는 단편 영화 시리즈를 만들었다. 그 가운데 한 편이 현대판 『신데렐라』로, 영화에서 우리의 주인공은 유일한 친구인 고양이와 함께 부엌에서 접시를 닦는다. (이 흑백 만화 영화에서는 호박도 생쥐도 나오지 않는다. 그 대신에 요정 대모는 신데렐라에게 포드 모델 T를 만들어 주고 신데렐라를 신여성들이 입는 옷과 장신구로 치장해 준다. 그리고 의붓언니들도 신체가 훼손되지 않는다. 그저 비참해지고 외로워질 뿐이다.) 캔자스시티에서 디즈니는 만화 영화와 실사 영화 촬영 기술을 접목해 자신의 첫 번째 영화(『이상한 나라의 앨리스』를 기반으로 만든 영화. 이 작품으로 네 살이었던 버지니아 데이비스<sup>Virginia Davis</sup>가 단숨에 스타덤에 올랐다)도 만든다.

(디즈니는 폴 테리<sup>Paul Terry</sup>의 영향을 받았음을 말해 두어야겠다. 폴 테리는 페이블스 스튜디오스를 세워 단편 만화 '이솝 우화' 시리즈를 창작하고 제작한 만화가다. '이솝 우화' 시리즈는 〈황금 알을 낳는 거위〉를 시작으로 1921년

부터 페리가 페이블스 스튜디오스를 떠나는 1929년까지 페리의 감독 아래 제작됐으며, 페리가 떠난 뒤로는 반 보이렌 스튜디오스에서 1936년까지 제작, 발표했다.)

캘리포니아로 옮긴 디즈니는 '행운의 토끼 오스왈드'라는 새로운 캐릭터를 창조해 낸다. 모험심 가득한 이 토끼는 앞으로 디즈니 영화에서 종횡무진으로 활약할 여러 캐릭터처럼 디즈니 영화가 이상적인 육체를 추구하고 있음을 보여 준다. (디즈니는 행운의 토끼 오스왈드가 '원기 왕성하고 기민하며 호탕하고 대담하고 언제나 단정하고 깔끔하기'를 원했다.) 오스왈드를 둘러싼 지적 재산권 분쟁으로 오스왈드를 포기해야 했던 디즈니는 1928년에 전 세계 사람들이 알게 될 미키 마우스를 창조했고 미키 마우스의 빠른 성공에 힘입어 1932년에는 영광스러운 오스카상을 수상한다.

디즈니에게는 엄청난 꿈이 많았다. 무엇보다도 그는 만화 영화의 가능성을 넓힐 장편 영화를 만들고 싶었기에 동화를 바탕으로 한 단편 만화 제작자로서 받은 훈련과 지식을 바탕으로 완전히 새로운 세상을 만드는 일에 착수했다.

어찌 보면 이 책은 이제 시작이라고 할 수 있다. 내가 바로 여기서 시작했으니까. 나는 극장에서 디즈니 만화 영화와 함께 시작했다. 커다랗고 안락한 극장 의자에 일곱 살 몸을 밀어 넣으면서 시작했다. 내 몸은 극장 의자를 모두 내릴 정도로는 크지 않아서 내가 앉는 극장 의자는 언제나 브이 자 형태를 하고 있었다.

나는 비디오에서 재생되는 디즈니 만화 영화 VHS 테이프와 함께 시작했다. 두툼한 테이프의 부드러움, 좋아하는 장면으로 돌아가려고 계속해서 감는 동안 텔레비전 화면에서 흔들리던 영상과 함께 나는 시작했다.

나는 열 살 때 부활절 아침에 본 〈백한 마리 달마시안〉과 함께 시작했다. 〈백한 마리 달마시안〉을 볼 때마다 초콜릿이 생각난다.

나는 〈미녀와 야수〉와 함께 시작했고 〈생쥐 구조대〉와 함께 시작했다. 생쥐 비앙카와 버나드와 함께 처음부터 모험에 나섰고 고아 페니가 갱도를 내려갈 때 도와주었다.

자스민과 알라딘과 함께 시작했고 사자 심바와 함께 시작했으며 아름다운 오로라와 색이 바뀌는 신비로운 오로라의 드레스와 함께 시작했다. 바다 밑에서 노래하는 인어 공주 에리얼과 함께 여러 번 시작하고 또 시작했다.

나는 디즈니 만화 영화와 함께 시작했다.


행복한 결말로 끝나는 이야기는 더욱 행복하게 만들고 전통적인 동화에 존재하는 어두운 요소는 훨씬 논쟁의 여지가 덜한 무난한 요소로 바꾸는 방식으로 유명한 동화들을 '디즈니화'하는 과정은 1937년에 디즈니가 첫 장편 만화 영화 〈백설 공주와 일곱 난쟁이〉를 발표한 뒤로 20세기 만화 영화를 규정하는 가장 뚜렷한 특징이 되었다. 그림 형제의 『백설 공주』를 알고 있던 월트 디즈니는 백설 공주 이야기에 장편 만화 영화가 될 수 있는 잠재력이 있음을 알았다. 특히 디즈니는 그림 형제의 동화에서는 이름이 없었던 난쟁이들에게 개성을 부여하면 굉장한 코믹 릴리프[16] 효과를 낼 수 있을 뿐 아니라 자신의 스튜디오를 확장할 엄청난 기회를 얻고 현대 관객들이 백설 공주 이야기를 훨씬 사랑하게 만들 수 있다는 사실을 알았다.

그래서 난쟁이들은 이름을 얻었다. 행복Happy, 재채기Sneezy, 투덜이Grumpy, 부끄럼쟁이Bashful, 잠꾸러기Sleepy, 멍청이Dopey, 박사Doc. 재미를 주는 일곱 난쟁이. 공주와 왕자, 사악하게 책략을 꾸미는 왕비와 균형을 맞춰 주는 일곱 난쟁이. 어둠을 물리치는 일곱 개의 밝은 얼굴. 건강한 몸에 도사리고 있는 것들에게서 시선을 빼앗아 가는 일곱 개의 다른 몸.

난쟁이들에게 개성을 부여하는 전략은 효과가 있었다.

---

16 관객의 정서적 긴장을 일시적으로 풀기 위한 희극 장치

〈백설 공주와 일곱 난쟁이〉의 처음 제작 예산은 25만 달러였지만 실제로는 150만 달러 정도의 제작비가 들어갔다. 첫 상영에서 〈백설 공주와 일곱 난쟁이〉는 전 세계에서 거의 800만 달러에 달하는 수익을 올렸고, 그 덕분에 월트 디즈니는 캘리포니아 버뱅크에 새로운 스튜디오를 마련할 수 있었다. 영화가 개봉되고 1년도 되지 않아 두 장편 만화 영화 〈판타지아〉와 〈피노키오〉가 나올 준비를 하고 있었고 곧이어 유명한 동화를 기반으로 한 〈피터 팬〉, 〈덤보〉, 〈이상한 나라의 앨리스〉 같은 만화 영화도 태어났다. 1950년에는 〈신데렐라〉가 완성됐으며 1959년에는 〈잠자는 숲속의 공주〉가 나왔다. 시간이 흐르면서 서서히 〈로빈 후드〉(1973), 〈인어 공주〉(1989)와 같이 유럽 동화와 설화들이 만화 영화로 거듭났고 디즈니의 관심은 다른 대륙으로도 뻗어 1992년에는 〈알라딘〉이, 1994년에는 〈라이온 킹〉이, 1998년에는 〈뮬란〉이 나왔다.

디즈니 만화 영화는 언제나 전 세계 문화에서 뽑아낸 이야기를 효과가 입증된 공식(대담한 주인공, 주인공이 이겨야 할 역경과 임무, 관객들의 웃음을 유도해 내는 충성스러운 동료)으로 풀어낸다. 주인공에게는 보통 힘든 가족사가 있다. 백설 공주, 밤비, 알라딘, 인어 공주, 생쥐 구조대, 신데렐라, 미녀와 야수처럼 주인공은 부모가 세상을 떠났거나 자신들의 잘못이 아닌데도 주변 사람들에게 배척받는다(〈미녀와 야수〉의 벨은 책을 즐겨 읽는다는 이유로 괴상한 아가씨로 취급받으며, 〈인어 공주〉의 에리얼은 물 밖 세상에 지대한 관심이 있다는 이유로 다른 인어들과 어울리지 못한다. 〈알라딘〉의 자스민은 왕실의 중매 결혼을 거부한다는 이유로 고집쟁이라는 평가를 받아야 하며, 알라딘은 거리에서 생활하는 고아이자 부랑자다. 심지어 지니조차 램프에 갇혀 세상과 떨어져 있어야 한다는 점에서 사회에서 추방당한 존재라고 할 수 있다.)

디즈니 만화 영화에서 장애는 보통 희극적이거나 비극적인 연출 효과를 내는 데 이용된다. 백설 공주에게는 일곱 난쟁이가 있고 피노키오에게는 늘어나는 코가 있다. 심지어 잠자는 숲속의 공주에게는 마법 때문이라고는 해도 세상과 분리된 채 지내야 하는 상황이 있다. 영화 전반부 내내 인어 공주 에리얼은 다른 방식으로 움직일 수는 있다고 해도 걷지는 못한다. 〈노트르담의 꼽추〉의 사랑스러운 곱사등이 콰지모도는 종탑에 갇힌 상태로 배척받는다. 〈라이온 킹〉의 악당 스카는 그의 장애와 훼손된 신체와 너무나도 밀접하게 연결되어 있는, 흉터를 뜻하는 스카라는 호칭 외에는 온당한 이름조차 부여받지 못한다.

하지만 나는 어렸을 때는 이런 사실들을 눈치채지 못했다. 아니, 조금은 눈치챘다고 해도 완벽하게 이해하지는 못했다. 그 당시에는 깨닫지 못했지만 나는 어린아이들이 늘 그렇듯이 텔레비전에서 본 세계가 내가 외부에서 보는 세계를 만들어 가는 데 만족하면서 충실하게 아무 의심 없이 그 사실들을 받아들였다.

디즈니가 몇 가지 결정적인 방식으로 디즈니 상품에 대한 독점 판매권을 확보하기 전에 나는 나이를 먹었다. 내가 열세 살일 때 집 근처 쇼핑몰에 디즈니 상점이 생겼다. 나는 디즈니월드나 디즈니랜드에 가 본 적이 단 한 번도 없다. 나의 세상은 단 한 번도 디즈니 상품으로 가득 찬 적이 없었고 내가 디즈니 세계로 들어가 본 적도 없다. 내가 텔레비전과 영화관에서 본 동화들은 대부분 그저 이야기로 남았다. 나와 형제들은 뒷마당에서 즐겁게 역할 놀이를 하기는 했지만 그래도 디즈니 동화들은 여전히 이야기일 뿐이었다. 디즈니 상품들이 만드는 세계는, 그리고 우리가 알고 있고 보고 있는 디즈니의 세계는 분명히 우리에게는 그렇게 대단한 곳이 아니었다.

하지만 그 이야기들에도 교훈은 있었다. 〈인어 공주〉를 수백 번 본다면 당연히 〈인어 공주〉가 전하는 중요한 교훈(걷는다는 것은 정말로 중요하다는 것, 사랑하는 사람을 얻기 위해서라면 어떤 일이든 할 수 있어야 한다는 것, 예의 바른 사회에서 **받아들여지는** 행동과 받아들여지지 않는 행동이 있다는 것 등)을 배울 수밖에 없다. 영화의 마지막에서 에리얼은 자신의 행복을 향해 걸어간다. 이야기의 끝에서 콰지모도는 친구를 얻지만 낭만적인 사랑은 하지 못한다. 콰지모도는 결국 사랑을 하게 될까? 콰지모도의 사랑이 이루어졌다면 콰지모도도 디즈니에서 판매하는 왕자 인형이 될 수 있었을까? 평범하고 특징 없는 왕자들 사이에 콰지모도가 있다면 너무나도 눈에 띄어서 전체적인 조화가 깨지는 건 아닐까?

몸과 마음을 모두 다친 태초의 악당 스카는 어떻게 되었더라? 그는 진정한 악이라면 응당 그래야 하는 것처럼 죽어서 소멸하고 말았다.


문제는 스카가 진정한 악은 아니라는 데 있다. 왕위 서열 2위인 스카는 강력한 힘을 가진 형의 그늘에 묻혀 살아야 하는 운명이다. (스카의 이름은 스와힐리어로 '쓰레기, 오물'을 뜻하는 타카였다. 전설에 따르면 타카가 자신을 '스카'라고 부른 이유는 질투와 증오 때문에 한쪽 눈을 거의 잃을 뻔했음을 잊지 않기 위해서라고 한다. 하지만 '질투'가 스카라는 이름에 그다지 커다란 영향을 미친 것 같지는 않다. 안 그런가?)

〈미녀와 야수〉에 나오는 야수가 세상 사람들이 보이는 반응에 합당할 만큼 흉측하다고 누가 말할 수 있을까? 야수가 겪어야 하는 문제의 상당 부분은 세상이 야수를 외면했기에 생겨났다. 고슴도치 한스가 결연하게 물리치려고 애썼던 사회의 병폐, 마마 공주가 자신이 열등함을 알고 어떻게 해서든지 지혜를 얻어야 한다고 결심하게 만든 사회의 압력. 그런 세상이 문제였다.

정말로 그런 세상이 문제인 것이다.

'그게 무슨 큰 문제라고 그래?' 누군가는 또 이렇게 말할 것이다. '디즈니 만화 영화가 사실이 아닌 건 누구나 알잖아.'

'그건 그저 이야기일 뿐이야.'

'제발 좀 커라.'

'철들 때도 됐잖아!'

토빈 시버스는 "몸에서 불완전함을 제거하면 사람이 속한 우주 대부분에서는 존재하지 않는 것을 위한 완벽한 방안을 발견하게 된다."라고 했다.

이것은 동시에 사람의 본성에도 동화에도 고유한 역설이다. 우리가 사는 사회가 완벽하지 않다는 사실을 깨닫지 못한다면 우리는 좀 더 나은 사회를 만들려고 노력할 수 없다. 불완전한 사회임을 깨달아야만 그 사회를 바꿀 수 있다. 그렇기에 아기를 원하는 아버지나 지혜를 원하는 공주, 세상에 나가 자신의 권리를 주장하고 찾기를 희망하는 아들에 관한 이상적인 이야기를 하고자 한다면,

주인공들이 희망을 완성하는 일이야말로 완벽함을 상징하는 것임을 보여 주고 싶다면, 이야기 속 인물들은 나중에야 어떤 모습이 되건 간에 주어진 임무를 수행하기 전에는 **현재** 어느 정도 결점이 있어야 한다.

장애라는 개념은 이미 우리 사회에서 불완전함을 의미하는 상징으로 깊이 뿌리내리고 있다. 그러니 장애를 은유로 활용하는 것보다 그런 불완전함을 빠르고 쉽고 분명하게 보여 줄 수 있는 장치가 또 있을까?

나는 한때는 장애를 지닌 작은 소녀였고 소년이었던 장애인 여성과 남성에게서 정말로 많은 이야기를 듣는다. 그런 이야기들은 모두 동일한 방식으로 상처를 품고 있다. "동화 속에 내가 있는 경우는 한 번도 없어요. 동화에서 나를 본 적이 한 번도 없어요.

동화에서 나를 본 적이 있어요. 그런데 나는 항상 나쁜 녀석이었어요. 다른 사람과 다르게 생겼다면 공주가 될 수 있을 리가 없어요."

아이르네 콜트허스트<sup>Irené Colthurst</sup>의 말이다. 나처럼 뇌성마비가 있는 아이르네는 어렸을 때 유리 구두를 신은 신데렐라를 보았다. 아이르네는 형태는 같지만 크기가 다른 신발을 섞어서 살 수 있는 유일한 신발 가게인 노드스트롬에서 신발을 산다. "[가장] 불쾌한 기억들 몇 개는 신발이랑 관련이 있어요. 신발에 (…) 내 발이 쓸려요. 발이 심하게 까질 때가 많아요. 피가 날 때도 있어요."

신데렐라는 그런 어려움을 겪지 않는다고 아이르네는 말한다. "그렇게 섬세한 신발을 신을 수 있는 사람은 아무도 없어요. 하지만 신데렐라는 정말 쉽게 신잖아요. 세상에, 그 뒤로는 영원히 행복하게 살고요."

트랜스젠더 장애인 도미닉 에번스Dominick Evans도 그런 동화 속에서 자신을 찾은 적이 한 번도 없다고 했다. "나는 예쁜 소녀는 아니었어요. 그런 이야기들은 모두 예쁘고 앙증맞은 소녀들 이야기잖아요. 트랜스젠더나 장애인이 나오는 건 둘째 치고 말이에요."

소말리아계 캐나다인으로 장애인 운동 조직가이자 '온타리오 장애인 정의 구현 연대' 공동 창립자인 세라 자마Sarah Jama는 자신이 동화 속 공주나 위기에 빠진 아가씨로 간주되는 것을 두려워하며 스스로를 영웅이라고 규정한다. "장애가 있는 이민자는 약하면 안 돼요. 약하다는 건 이 체제에 짐을 더한다는 뜻이니까요."

화면으로 보는 그 쉬운 세상과 실제로 겪어야 하는 힘든 세상을 동시에 경험하는 장애아의 내면에는 어떤 메시지가 쌓일까?

"아주 작은 일곱 사람과 함께 자동차나 승강기를 탔다

고 생각해 보세요. 그 경험을 가지고 농담을 하게 될 거예요. 그 농담은 분명히 전혀 작지 않은 사람을 대상으로 한 농담과는 사뭇 다를 테고요." 리베카 코클리[Rebecca Cokley]의 말이다.

리베카 코클리는 미국진보센터 장애정책위원회 이사였다. 내가 리베카를 만난 것은 도널드 트럼프가 대통령 연두 교서를 하고 몇 주쯤 지난 2019년 2월 중순이었다.

"트럼프가 연두 교서에서 장애를 언급했어요. 내가 10년 가까이 오바마를 위해 일했을 때도 연두 교서에서 장애를 언급한 적은 없었는데 말이에요. 어쨌거나 거기까지는 간 거 같아요." 리베카는 조금 황당하다는 듯이 살짝 웃었다.

리베카는 일반적으로 왜소증을 일으키는 연골 무형성증[achondroplasia]이 있다. 그녀의 부모님도 모두 왜소인으로 두 사람은 1970년대에 미국 왜소인 협의회에서 처음 만났다. 왜소인 집안에서 왜소인으로 자란 리베카는 룸펠슈틸츠헨, 일곱 난쟁이, 엄지 공주, 팅커벨에 이르기까지 동화에서 왜소인을 어떻게 그리고 있는지를 잘 알며, 자신이 그런 동화 속 등장인물들과는 어떻게 다른지도 잘 안다. "평균 신장인 부모들은 자녀가 왜소하게 태어났을 때 아이가 처한 상황에서 아이를 벗어나게 해 주려고 정말로 많은 시간을 들여 노력합니다. [하지만] 부모도 아이도 모두 왜소할 때는 우리가 마법으로 만들어진 존재가 아니라는 사실을 이해하는 데 어려움이 없어요." 리베카는 거의 모든 동화에서 장애가 어떤 서사로 작동하는지 쉽게 알아챌 수 있었다. 동화에서 시작해 오늘날 정치, 환상, 그 밖의 다른 이야기들에서 장애가 어떤 식으로 활용되는지를 알아채는 것도 어렵지 않았다. 결국 장애는 한 사람이 다른 사람들과는 다르다는 사실을 가장 쉽게 보여 주는 방법이니까 말이다.

『헨젤과 그레텔』에 나오는 마녀를 기억하는가? 목발을 짚고 나와 아이들을 요리해 먹는 마녀 말이다. 리베카는 분명히 기억했다. "이런 이야기들을 보면, 그 이야기가 어떤 식으로 쓰였고 그 시절에 장애에 관해 어떻게 생각했는지를 알 수 있어요. 이야기는 장애에 관한 생각에 가장 강하게 영향을 미쳐요. 아주 어렸을 때부터 접하니까요."

아무리 시간이 흘러도 디즈니 만화 영화에는 변함없이 그대로인 부분들이 있다. 언제나 사악한 마법사들과 의붓엄마들, 〈알라딘〉의 악당 자파의 교활함, 스카의 얼굴에 난 깊은 상처 같은 것들 말이다.

그리고 공주들이 있다. 공주들은 모두 아름답고 진실하다. 빨간 머리 공주, 검은 머리 공주, 금발 머리 공주, 갈색 머리 공주. 모두 재미있고 독립적이며 금방 사랑에 빠진다. 열여섯 살밖에 되지 않았는데도 사랑에 빠지고 사랑을 이룬다.

디즈니가 흑인 공주를 주인공으로 하는 만화 영화를 만드는 데는 72년이 걸렸다. 동남아시아 공주가 나오는 데는 52년, 오스트레일리아 원주민 공주가 나오는 데는 58년, 중국 공주가 나오는 데는 61년이 걸렸다.

하지만 아직 장애인 공주는 나오지 않았다. 내가 아는 한은 말이다.

여기서 잠시 멈추고 한 가지 중요한 사실을 살펴보고 가자. 세상 곳곳에는 다른 형태의 동화가 존재한다. 그런데 형태가 달라도 여러 문화의 동화들에는 비슷한 점이 있다. 동화들은 너무나도 비슷해서 전 세계 동화를 목록으로 분류하는 '아르네-톰프슨-우터 목록Aarne-Thompson-Uther index'까지 만들어질 정도였다. 아르네-톰프슨-우터 목록은 20세기 초반에 독일의 안티 아르네Antti Aarne가 작성했고, 그 뒤를 이어 1928년에 미국 민담학자 스티스 톰프슨Stith Thompson이, 2004년에 독일 민담학자 한스 외르크 우터Hans Jörg Uther가 각각 수정했다. 아르네-톰프슨-우터 목록은 우리가 잘 알고 사랑하는 (의붓엄마, 세상으로 나가야 하는 소년이나 소녀, 친절한 이방인, 동물 조력자, 골디락스와 세 마리 곰이나 세 마리 아기 돼지에서 보이는 '3의 법칙' 같은) 동화의 모티프를 모두 분류한 방대한 자료다. 아르네-톰프슨-우터 목록을 살펴보면 지구 반대편에 있는 동화들이 동일한 주제를 다루고 있음을 몇 번이고 확인하게 된다.

'음, 그렇다고 해도 놀랄 일은 아닌 것 같은데. 안 그래? 원래 이야기라는 건 보편적이잖아.'라고 말할지도 모르겠다.

맞는 말이기는 한데, 전적으로 맞는 말은 아니다. 잘 알고 있겠지만 이야기는 그 이야기가 만들어진 문화의 사회와 사회적 기대와 떼려야 뗄 수 없는 관계를 맺고 있다. 이야기는 그런 문화에도 불구하고 생겨나는 것이 아니라 그런 문화이기 **때문에** 생겨나는 결과물이다. 결단력 있는 소녀와 소년이 부모에게 반항하고 자신의 삶을 직접 개척하려고 밖으로 나가는 이야기가 어디에나 있는 이유는 세상으로 나가고자 하는 소망이 보편적인 것이 아니라 청년들이 살아가는 (가부장적인 보호자, 소득 격차, 장애인을 막는 장벽, 그 밖의 여러 가지 비열한 상황들을 만드는) **사회**가 그 자체로 우리 모두를 하나로 묶어 줄 수 있는 엄청난 보편성을 지니고 있기 때문이다.

유럽 동화에 사악한 의붓엄마가 계속 등장하는 이유는 초기 유럽 사회에 의붓엄마가 너무나도 많았기 때문이다. 초기 유럽 사회에서는 어머니가 아기를 낳다 죽는 일이 아주 빈번했기 때문에 아버지가 갑자기 혼자 남아 많은 아이를 길러야 하는 상황이 적지 않았다. 그런 아버지들은 다시 결혼해 아이들을 길러 줄 새로운 여자를 집으로 데려왔고 결국 더 많은 아기를 낳았다. 그 때문에 한 가정의 상속을 둘러싼 힘의 역학 관계는 전형적이고 본질적인 악과는 관계가 없어지고 사회의 기대와 압력이 결정하게 된다. 대부분의 사람에게 경제적 번영이 마법으로나 이룰 수 있었던 꿈이었던 시대에 한 집안에 새엄마로 들어와 남편의 아이들뿐만 아니라 자신의 아이들까지 길러야 했던 여자는 어떤 선택을 할 수 있었을까? 남편의 아이를 죽이고 자신의 아이들이 부모의 재산을 물려받아 잘 살아가게 해 주고 싶지 않았을까? 『헨젤과 그레텔』의 새엄마처럼 부부라도 살아남으려면 아이들은 버리고 와야 한다고 주장하지 않았을까? 어쩌면 그럴 수도 있고 아닐 수도 있다. 하지만 의붓엄마(또는 의붓아빠)가 배우자의 아이들을 해칠 수 있다는 두려움은 실제로 존재했고 점점 증가하는 도시인들에게 가해지는 사회-경제적 압력은 이런 두려움을 더욱 키웠다. 그리고 그 두려움은 이야기를 만들어 냈다.

비슷한 이야기는 프랑스에서도 많이 볼 수 있다. 스스로는 해결할 수 없는 문제에 처한 여자에게 요정들이 나타나 문제를 해결해 주는 동화가 등장했고, 먼 곳에 사는 늙은 군주와 정략결혼을 해야 하는 젊은 아가씨들을 위로하려고 야수와 결혼하는 젊은 여자들에 관한 낭만적인 동화를 만들어 냈다. 독일 동화에서는 프랑스 동화에 나오는 요정의 자리를 종교적 존재가 대체했다.

다시 말해 동화는 진공 속에서 저절로 만들어지지 않는다. 모든 이야기는 문화와 함께, 문화와 반응하며 바뀌고 변한다. 디즈니는 그 사실을 잘 알고 있었다.

"디즈니는 진짜 유대감과 정통성을 다루는 방법을 알고 있었어요." 작가이자 학자인 세라 헨스트라Sarah Henstra 의 말이다. 우리는 겨울의 끝자락이 차가운 바람을 일으키던 3월의 밝은 날에 토론토에서 만났다. 세라는 라이어슨대학교에서 '동화와 환상'이라는 제목으로 강의하고 있다. 그 강의에서 세라는 우리가 아는 서방 세계 대부분의 동화에 스며들어 있을 뿐 아니라 이 동화들의 셀 수도 없이 많은 미디어 파생 상품, 개정판, 해석판이 서방 주류 미디어에 새겨 넣고 있는 전형적인 인물상을 학생들에게 소개한다.

"디즈니에게 일부러 모든 이야기를 자기 구미에 맞는 감상적인 이야기로 만들려는 사악한 의도가 있었다고는 생각하지 않아요. 그저 그는 자신의 영화관을 채우려고 노력한 것뿐이에요. 동화는 언제나 그 시대를 점유하고 있는 문화의 산물이에요. 심지어 백설 공주만 해도 영화 내내 순응해야 한다고 말하잖아요. 1930년대 관람객들에게는 '기개를 가지고 긍정적으로 생각하면 모든 일을 헤쳐 나갈 수 있다'라는 말 이상의 조언이 필요했어요. 그때는 그 무엇도 제대로 작동하는 게 없었으니 좀 더 다른 말들이 필요했던 거죠."

다시 말해서 디즈니가 새로운 기술로 구현되는 화면에 나타나 관람객들을 그 즉시 사로잡아 버릴 신비로운 공주로 백설 공주를 택한 것은 우연이 아니었다. "일할 때는 휘파람을 불어야 한다."라고 말하고, 이제 막 알게 된 궁핍하고 곤궁한 친구들에게 아무리 힘들고 어렵다고 해도 살아가면서 즐거움을 찾아야 한다고 말하는 공주로 말이다. 그와 같은 말을 정부나 권력층이 했다면 대중은 귀를 기울이지 않을 것이다. 하지만 다른 매체도 아닌 영화관에서 낭만적인 영화를 보면서 접한다면 이야기는 달라진다. 1937년은 대공황으로 미국 사회가 불경기의 늪에 빠져 있었기에 사람들에게는 도피할 수단과 함께 그래도 살아갈 수 있다는 격려가 똑같이 필요했다. 그 누구도 그때까지는 보지 못했던 방법으로 이 세상에 다시 마법을 불러올 수단으로 이야기만큼 좋은 게 또 있을까? 그렇게나 힘든 삶을 살아가면서도 계속 웃으며 춤을 추는 아름다운 공주를 보여 주는 것보다 사람들의 마음을 즐겁게 하고 긍정적인 마음을 불러일으키는 방법이 또 있을까?

〔일곱 난쟁이를 '어디에서나 볼 수 있는' 가난한 일반

인 이미지로 그린 것도 우연은 아닐 것이다. 자신들도 가난하지만 기꺼이 낯선 사람을 환대하고 가진 것을 나누어 주는 난쟁이들의 모습에서 사람들은 '친절해야 하고 선한 일을 하면서 다른 사람에게 베풀어라'라는 자선 구호를 떠올리고 겸손해야 한다고 생각하면서도 (저 명랑한 난쟁이들을 봐. 저렇게 가진 게 없는데도 정말로 많은 일을 하잖아!) 지구 한편에서 부상하고 있던 파시즘 정권에 반대해 태동하던 공산주의 체제를 떠올리게 된다. 겸손과 공동의 이익이라는 가치를 우리와는 다른 타자와 연결한 것은 디즈니가 의도한 것일까? 공공 이익을 나누는 것은 난쟁이들만의 방식이라고 악마화해 소박함과 타자화라는 또 다른 부정적인 가치와 연결하고 있는 것은 아닐까? 실제로 디즈니에게 그런 의도가 있었는지는 알 수 없다. 하지만 백설 공주와 난쟁이들을 구별하는 선이 존재한다는 것은 여전히 중요하다. 백설 공주는 난쟁이와는 다른 존재다. 백설 공주는 난쟁이들에게서 배우고 난쟁이들은 백설 공주에게서 배우지만 이야기가 끝날 때까지 백설 공주와 난쟁이들은 서로 다른 존재로 남는다. 난쟁이들은 초라한 오두막에 남지만 백설 공주는 화려한 성으로 떠난다.〕

"동화와 신화에는 일정한 패턴이 있어요. 앞에는 장애물로 가득한 풍경이 펼쳐져 있고 선택받았거나 선택받지 않은 영웅은 자신이 받은 소명을 일단은 거부하지만 결국에는 그 소명을 따라가요. 영웅에게는 열린 세상으로, 모험의 공간으로 나갈 수 있게 해 주는 마법을 쓰는 조력자가 있어요. 여성이 주인공일 경우에는 응당 복종해야 할 일에 복종하지 않거나 나쁜 계약을 맺어 결국 그때부터 장애를 극복하고 결국에는 승리해야 할 필요가 생기게 돼요." 세라의 말이다.

손을 잃은 아가씨는 아버지가 자신이 주는 것이 사과나무라고 생각해 악마와 잘못된 계약을 맺는 바람에 두 손을 잃는다. 디즈니 만화 영화 〈인어 공주〉에서는 에리얼이 바다 마녀 우슬라와 잘못된 계약을 맺고, 〈잠자는 숲속의 공주〉에서는 오로라 공주의 부모가 공주를 보호해 줄 마법을 선물하는 요정들과 잘못된 계약을 맺는다. 디즈니 만화 영화 〈신데렐라〉에서는 신데렐라와 요정 대모가 맺는 계약을 잘못된 계약이라고 할 수는 없다고 해도 신데렐라는 여전히 12시를 알리는 시계 종이 치기 전에 돌아와야 한다는 어려운 조건을 받아들여야 한다. 타히티의 어린 공주 모아나는 동화가 요구하는 과제를 완수하려고 안락한 집을 떠나는 것이 어떤 의미인지를 어려운 과정을 거치면서 배우게 된다. 하지만 그 모든 어려움을 헤치고 공주들은 자신들의 서사를 완성해 나가고, 결국 모든 여자 주인공은 가까스로 승리를 쟁취해 낸다.

수년 동안 디즈니는 〈백설 공주〉에서처럼 불멸의 명랑함을 이용해 정치적 메시지를 분명하게 드러내 놓고 전달한 것은 아니지만 그 못지않게 강력한 방법으로 미묘하고도 서서히 (친절함과 아름다움뿐 아니라) 독립심과 강인함이 얼마나 중요하고 가치 있는 미덕인지를 알려 왔다.

그런데 특별하고 특정한 방식으로 보이고 말하고 걷는 독립을 옹호한다는 것은 어떤 의미일까? 문화가 주는 압력과 변화에는 창의적으로 반응하면서도 장애가 있는 몸을 묘사할 때는 여전히 제자리에서 꼼짝도 하지 않는 것은 어떻게 생각해야 할까? 성장하는 동안 휠체어를 타야했고 그 뒤로는 목발을 짚다가 결국에는 다리를 절게 되는 소녀에게 아무 문제 없이 유리 구두를 신는 공주를 보여 준다는 것은 무엇을 의미할까? 유리 구두만 신을 수 있다면 모든 꿈이 이루어진다는 사실을 이해해야 한다는 건 무슨 의미일까?

자기 발은 절대로 신데렐라의 유리 구두를 신을 수 없음을, 자기 발은 결코 춤추기에 적합하지 않음을 그 소녀가 깨닫게 된다면 어떤 일이 벌어질까?

오늘날 거의 모든 가족과 어린아이들이 알고 있는 디즈니 공주들은 2000년, 디즈니사의 이사 앤디 무니Andy Mooney가 〈디즈니 온 아이스〉 쇼에 관람 온 어린 소녀들이 직접 맞춘 공주 옷을 입은 모습을 본 뒤에 하나의 상품이 되었다. 디즈니 영화에 나오는 공주들을 이용하면 매출을 올릴 수 있겠다고 생각한 무니는 기획팀에 디즈니 영화에서 가장 잘 알려진 공주들을 이용해 만들 수 있는 상품을 궁리해 보라고 지시를 내렸다.

그렇게 탄생한 상품들은 첫해에만 3억 달러의 매출을 올렸고, 2012년이 되면 30억이 넘는 엄청난 수익을 올리게 된다. 디즈니 공주 시리즈는 백설 공주, 신데렐라, 오로라, 에리얼, 벨, 자스민, 포카혼타스, 뮬란, 팅커벨로 시작했지만 팅커벨은 뒤이어 출시한 요정 라인을 이끌어야 했기에 공주 라인에서는 물러났다. 2010년에 아프리카계 미국인인 〈공주와 개구리〉의 주인공 티아나가 팅커벨의 자리를 채웠고, 2011년에는 라푼젤이 공주 라인에 합류했다. 2013년, 열한 번째 디즈니 공주 라인에 합류한 공주는 〈메리다와 마법의 숲〉의 주인공인 스코틀랜드 공주 메리다였다.

디즈니의 공주 라인은 모두 다르면서도 동시에 모두 완벽하게 동일하다. 공주들은 모두 젊고 아름답다. 대부분은 백인이고 유색 인종은 네 명 있다. 모두 활짝 웃고 밝으며 사람을 잘 믿는다. 메리다를 빼면 모두 사랑을 찾았다. 하지만 메리다는 사실 사랑을 찾고자 하지 않았으니 사랑은 중요한 문제는 아니다.

공주들은 모두 같은 노래를 부르고 또 부른다. 친절해야 해. 대담해야 해. 진실해야 해. 일할 때는 휘파람을 불고 꿈이 이루어지리라는 사실을 믿어야 해. 신데렐라의 노래처럼 "언젠가는 너의 무지개가 미소 지으며 지나갈 거야." 그러니 모험을 하고 사랑을 찾아 나서자. 너를 믿고 너의 이야기를 믿어야 해. 그러면 너의 이야기는 영원히 행복하게 될 거야.

　공주들의 노래는 긍정적이고 순수한 메시지를 전하고 있는 것 같지만 사실 정치적이기도 하다. 공주들의 노래는 아름다운 외모의 그들이 이성애를 바탕으로 사랑을 하며 자원과 용기라는 특권을 누리고 있다는 직접 말하지 않는 모든 것을 이야기한다. (곤궁하게 태어난 사람이 모두 근사한 미래를 갖게 되는 것은 아니며 누구나 요정 대모의 사랑을 받는 행운을 얻는 것도 아니다.) 페미니스트의 관점에서 보면 디즈니의 공주들은 여성의 권리 향상을 옹호하지만 남성이 가진 특권과 힘에 **가까워지는 것이 여성의 권리 향상임을 보여 준다.** 그 누구보다도 활을 잘 쏘고 곰과도 싸울 정도로 용감한 메리다만 해도 그 자체로 특별한 재능을 지니고 있는데도 **남자아이들만큼이나 잘한다는 사실을 보여 주는 것이** 자신의 가치를 입증하는 방법이라고 생각한다.

　무엇보다도 중요한 것은 디즈니 공주들은 완벽하고도

비현실적인 비장애인의 몸이 가능하다는 메시지를 전달한다는 것이다. 이 공주들은 안경도 쓰지 않고 목발도 짚지 않고 휠체어도 타지 않고 눈 색과 머리카락 색 이외에는 보이는 모든 것이 동일한 여자아이들이다. 디즈니의 공주들은 완벽하게 균형 잡힌 얼굴을 하고 있다. 뮬란이나 메리다 같은 공주는 비장애인이라고 해도 갖기 힘든 힘과 믿기지 않는 운동 신경을 발휘한다. 디즈니의 공주들이 전하는 메시지는 분명하다. 영웅이 되려면 반드시 육체가 완벽해야 한다. 특히 여자아이일 경우에는 말이다.

(완벽한 육체적 기량에 대한 이 같은 열망은 아주 은밀하게 서서히 전파되어 장애에 관해 우리가 생각하는 방식에 영향을 미친다. 육체를 쓰는 스포츠에서 어느 정도라도 성취를 해낸 장애인은 육체적으로 아무 일도 해내지 못한 장애인보다 분명한 우위를 점한다. '놀라운 일을 해낸 장애인' 서사는 운동선수인 장애인이 운동을 하지 못하는 장애인보다 훨씬 강하다는 이분법으로 이어진다. 현실에서 그 같은 이분법은 장애인 가운데에는 다른 장애인보다 육체 능력이 뛰어나 충분히 운동을 할 수 있는 사람이 있다는 인상을 심어 주는 데 그치지 않고, 해당 분야의 운동은 장애인들이 적응할 수 없으며, 어떤 장애인도 높은 수준의 성취는 할 수 없다는 인상을 심어 준다.

특히 〈뮬란〉의 경우 영화 제목으로 내세우기도 한 인

물이 '열등한' 여성의 몸을 하고 있기 때문에 하찮은 존재라는 기분을 느낀다는 사실이 흥미로운 질문을 불러일으킨다. 시버스의 말처럼 장애는 "여러 다른 소수자 정체성과 결부된 열등감을 증폭시킴으로써 억압을 정당화하는 역할을 [해 왔다.]" 학자인 타릴라 A. 루이스Talila A. Lewis는 이런 생각을 확장해 자신의 웹사이트에 공동 작업과 대화의 기초가 될 '비장애 중심주의ableism'에 관한 작업 정의working definition[17]를 올렸다.

비장애 중심주의란 사회적으로 구축된 정상성, 지능, 우수성에 관한 생각을 바탕으로 사람들의 몸과 마음에 가치를 매기는 체제를 말한다. 정상성, 지능, 우수성에 관해 구축된 이런 생각들은 흑인 혐오증, 우생학, 자본주의에 깊이 뿌리박고 있다.

이런 형태의 체제적 억압은 사람들과 사회가 사람의 외모와 더불어 (또는 외모와 별개로) 충분히 생산할 수 있고 다른 사람보다 탁월하며 '행동할 수 있는' 능력을 기반으로 사람들의 가치를 평가하게 한다.

비장애 중심주의를 이런 식으로 정의하면 여성인 자기

---

17 완벽하게 권위를 갖춘 정의가 아니라 아직은 다듬을 필요가 있는 미완성의 정의

몸을 열등하다고 인지하는 뮬란이 비장애 중심주의를 어떤 식으로 경험하고 있는지도 알 수 있다. 영화에서 뮬란은 자신이 적어도 함께 입대한 남자들만큼은 잘할 수 있다는 사실을, 심지어 더 뛰어나다는 사실을 실제로 입증해 보임으로써 그녀의 가치를 무시했던 사람들의 인식을 뛰어넘는다. 다시 말해서 뮬란은 자신의 다른 육체가 남자들의 육체와 마찬가지로 가치 있음을 인식하는 것이 아니라 사회에서 생산적이고 가치 있다고 평가하는 이미 구축된 생각들에 자신의 몸을 맞춤으로써 승리를 얻은 것이다. 다른 사람들과 같아지기 전까지는 뮬란은 가치 있는 존재가 아니었다.)

동일함이라는 마법을 깨는 존재는 오직 악당들뿐인 것 같다. 디즈니 만화 영화에서 다름을 찾으려면 공주가 아니라 사악한 마법사, 악랄한 마녀, 의붓엄마 같은 공주의 대척점에 있는 인물들을 보아야 한다. 매부리코, 녹색 피부, 뿔을 보는 순간 우리는 누구를 응원해야 하는지 누가 반드시 패배해야 하는지를 알 수 있다.


어린 리베카 코클리가 동화를 좋아한 데는 악당도 한몫했다. 특히 디즈니 원작 만화 영화 〈잠자는 숲속의 공주〉에 나오는 말레피센트가 큰 역할을 했다. 말레피센트는 주변의 그 누구와도 같지 않은 눈에 띄는 악당이었다.

녹색 피부, 날카로운 뿔, 뾰족한 턱, 날개. "말레피센트의 행동에는 늘 자신감과 힘이 있었어요." 리베카의 말이다.

영국 뉴캐슬에서 활동하는 에럴 커Errol Kerr도 상당히 비슷한 이야기를 했다. 그는 여섯 살 때 자폐 진단을 받았고 열다섯 살에는 운동 기능 과잉 증후군hypermobility syndrom[18] 진단을 받았다. 리베카처럼 에럴도 이야기와 함께 자랐다. 그에게는 『반지의 제왕』과 『듄Dune』에서부터 그림 형제의 동화에 이르기까지 온갖 환상적인 책들을 아들에게 읽어 준 아버지가 있었다. 1990년대에 아동기를 보낸 사람답게 에럴도 디즈니의 모든 만화 영화를 보았고 친숙한 디즈니 서사에서 위로를 받았다.

"2014년에 나온 영화는, (…) 안젤리나 졸리의 〈말레피센트〉 말입니다. 그 영화는 『잠자는 숲속의 공주』라는 동화를 모티브로 만들었지만 그 동화를 제대로 구현할 배짱은 없었다고 생각합니다. 특히 원작 동화와 달리 강간이라는 요소를 빼고 특수한 이동 능력을 강제로 제거해 버리는 것으로 대체하는 데서 그것을 알 수 있습니다. 그 부분에 대해서는 분명히 논의할 수 있고 논의해야 할 부분이 더 있다고 생각합니다."

---

18 유전성 결합 조직 장애 때문에 관절과 인대에 이상이 생기는 증상으로, 심할 경우 제대로 걷지 못하거나 오래 걷지 못하고 통증을 느낄 수도 있다.

（영화 〈말레피센트〉에서 스테판이 말레피센트에게 약을 먹이고 요정의 날개를 잘라 갈 때 영화는 말레피센트가 강간을 당했음을 은유적으로 묘사한다. 그러나 7장에서 살펴볼 것처럼 『잠자는 숲속의 공주』에서 강간이라는 망령은 실제로 아주 오래전부터 이 이야기의 중요한 구성 요소였다.）

에럴은 뉴캐슬대학교에서 공부했고 영국 자폐 집행위원회 위원으로 활동하고 있다. 나처럼, 그리고 리베카처럼 에럴도 그 복잡한 다양성 때문에 디즈니 만화 영화를 정말 사랑한다. 그는 〈노트르담의 꼽추〉 같은 만화 영화를 실사 영화로 만드는 일에 어떤 이득이 있는지 모르겠다는 입장이다.

"〈말레피센트〉를 제외하면 요즘 디즈니에서 만드는 모든 실사 영화는 만화 영화의 내용을 그대로 베끼고 있습니다. 그리고 디즈니의 〈노트르담의 꼽추〉는 정말 가족 친화적이고 측은한 감동 포르노입니다." 에럴은 만화 영화를 다시 이야기하는 실사 영화에서 장애를 다루는 방식이 성장할 것 같지도 않고 포용성을 갖게 될 것 같지도 않다고 생각한다. 그 점은 나도 동의한다. 21세기를 살아가는 우리에게 여전히 힘을 가지려면 동화는 반드시 성장하고 변화해야 한다.

동화의 성장과 변화가 중요한 이유는 계속해서 디즈니

만화 영화의 밝음으로 우리를 끌고 가는 지난 시절에 대한 향수鄕愁와 그와 동일한 향수들의 토대가 어둡기 때문이다. 그림 형제의 동화가 (그 시절의 소작농 계층이 얼마나 힘든 삶을 살았는지를 알 수 있게 해 주는 역사가를 소환하지 않기 때문에 실제로는 존재하지 않은) 낙원이었던 지난 시절의 독일 시골 생활에 대해 불러일으키는 향수처럼 이 향수는 **결코 실제로는 존재하지 않았던** 시대를 갈망하게 한다. 마법이 이 세상을 지배하던 시절은 결코 없었다. 대담한 잭이 콩나무를 타고 올라가 거인을 물리치고 기존 질서를 뒤엎을 수 있었던 시대는 절대로 없었다. 심지어 『잭과 콩나무』 이야기에서도 승리는 극히 제한적이다. 결국 잘 먹고 잘살게 된 사람은 잭과 그의 엄마뿐이다. 동화 속에서 사회는 바뀌지 않는다. 변하는 것은 개인이지 절대로 제도가 아니다.

　디즈니 만화 영화에서도 마찬가지다. 디즈니 만화 영화에는 선하고 좋은 변화만 나오지만 변하는 존재가 오직 개인뿐이라면 사회 전체로 보았을 때 그 변화가 의미하는 바는 무엇일까? 공주가 되고 싶지만 만화 영화 속 세상보다 더 넓은 세상은 휠체어를 탄 공주를 믿지 않음을 알고 있는 — 오히려 목발을 사용하는 마녀나 못생긴 노파로 변장한 사악한 왕비를 더 많이 믿는다고 생각하는— 신체장애가 있는 어린 소녀에게 그런 변화는 어떤 의미로 다가올까?

"동화는 어린아이가 인격을 형성하는 데 영향을 미칩니다." 에럴이 말했다. "나의 경우에는 특히 얼굴이 다르게 생긴 존재들을 바라보는 시각이 형성되었는데, 내가 좋아하는 방식으로는 아닙니다. 이제는 그런 시각을 바로잡았지만 어린아이가 [〈백설 공주〉에 나오는] 사악한 왕비가 흉한 모습으로 변장하는 모습을 보면, 순진하고 사람을 잘 믿는 사람에게서 **동정을 받으려고** 흉함을 이용하는 모습을 보면 아무리 관람객이 그런 연출이 기만임을 안다고 해도 어린아이는—그 당시에는 깨닫지 못한다고 해도—많은 것을 배우게 됩니다."

어린아이가 배우게 되는 여러 가지 가운데 하나는 이 세상에 존재하는 선과 악의 본질에 관한 지나치게 포괄적인 (그리고 틀린) 생각이다. 디즈니의 동화는 수많은 전통 동화들처럼 선과 악이 분명하게 정의된 세상에서 작동한다. 영웅들은 착하며 멋지게 생겼고 친절하고 다정하며 최소한 **호감이 가는** 사람이지만 악당은 남들과는 다름으로 자신이 악당임을 분명하게 드러낸다. 디즈니 만화 영화에 나오는 악당들은 모두 뾰족하고 각이 졌다. 말레피센트는 녹색 피부에 날개가 있고, 알라딘의 자파는 키가 크고 말랐다(통통하고 사람 좋은 술탄과 대조되는 특징이다). 날씬한 에리얼이나 여러 인어와 달리 바다 마녀 우슬라는 뚱뚱하고 회색 피부에 위로 곧추선 흰색 머리카락이 있다. 스카는 경쟁자인 사자 왕보다 몸집이 작고 털 색도 흐릿하다. 〈공주와 개구리〉의 파실리에 박사도 자파처럼 키가 크고 말랐으며 성격도 생김새도 날카롭다. 디즈니의 악당들은 모습만 보아도 해로운 존재임을 알 수 있다. 그들이 세상을 헤쳐 나가는 방식을 보면 그들의 마음이 얼마나 어두운지를 이해하게 된다.

하지만 세상을 헤쳐 나가는 일은 그런 식으로 작동하지 않는다. 물론 그 같은 사실을 표면적으로는 이해하지만(당연히 그건 현실이 아니지. 그저 영화에 나오는 이야기일 뿐이잖아!), 자신도 거의 모르는 사이에 동화의 이야기가 내면화될 때가 많다. 행복한 결말과 명백한 악당만이 어린아이가 얻는 정보의 전부일 때는 세상에서 겪게 되는 경험과 동화의 이야기를 조화롭게 일치시키기가 어려울 때가 있다. 어렸을 때 계속 다른 사람들과는 다른 몸을 본다고 해도 자기 자신의 다른 몸이 바로 그 몸이라고 생각하기는 쉽지 않다.

그 같은 사실은 모든 몸과 모든 어린아이에게 해당된다. 장애아였던 나에게 그 같은 사실은 사라지지 않고 존재하는 힘으로 작용했다. 나에게는 디즈니 만화 영화에 나오는 화려한 색의 화면과 밝은 노래들이 숲속 깊은 곳에 숨어 있는 사탕으로 만든 마녀의 집처럼 사람을 현혹하는 맛난 사탕처럼 느껴질 때가 있다.

그런 사탕은 먹을 수는 있지만 절대로 허기를 채워 주지는 못한다.


리베카에게는 세 아이가 있다. 리베카의 아이들은 그녀가 자랐을 때 경험했던 것과는 사뭇 다른 방식으로 디즈니 영화와 동화를 경험했다. 하지만 리베카는 다름 속에도 상당히 비슷한 점이 많았다고 기억한다. 그녀의 두 자녀는 왜소증이 있고 세 아이 모두 혼혈이다. 그 때문에 리베카와 아이들은 디즈니 만화 영화에 관해 흥미로운 대화를 자주 나눈다. "한번은 아들이 디즈니 만화 영화에는 흑인이나 장애인이 나오기는 하지만 흑인이면서 장애인은 나오지 않는다고 했어요."

백인인 리베카는 다양한 소외를 경험하면서 세상을 살아간다는 것이 어떤 의미인지를 아이들과 자주 토론한다. 리베카의 아이들은 아직 어리지만 이미 전통적으로 디즈니 만화 영화에서는 언급하지 않는 공간을 차지하고 있기에 디즈니 만화 영화가 얼버무리고 넘어가는 세상의 복잡함을 벌써 알아채고 있었다. "엘사에게 장애가 있었다면 어떤 생각이 들었을 것 같냐는 질문에 아들은 그래도 엘사에게는 엄청난 힘이 있었을 거라고 생각한다고 했어요."

〈겨울왕국〉을 보지 못한 사람을 위해 잠시 설명하자

면 엘사는 동생인 안나와 함께 디즈니의 2013년 히트작 〈겨울왕국〉의 주인공으로, 처음에는 자신의 힘을 통제하지 못하지만 결국 얼음과 눈을 자유자재로 사용할 수 있게 되는 소녀이자 공주이자 여왕이고, 안나는 그런 언니를 구하는 공주다. 〈겨울왕국〉은 안데르센의 『눈의 여왕』에서 아이디어를 조금 빌려 왔다.)

엘사가 보여 주는 슈퍼히어로의 형태는 우리에게 희망을 품게 하는 부분이 있다. 리베카는 이제 주요 매체에 나오는 악당들이 그렇듯이 디즈니 만화 영화의 악당들의 모습에서도 문화가 변하고 있음을 느낀다. 지난 10여 년 동안 슈퍼히어로를 다룬 만화책과 액션 영화에서 나타나는 변화를 말이다. "악당을 본질적으로 나쁜 존재로 그리던 이전과는 달리 현대의 악당은 낡은 관념의 소유자이거나 주변 상황을 제대로 이해하지 못하는 존재로 그려져요." 소셜 미디어에서 진행되고 있는 운동과 다양한 사람들이 소통하려고 노력하고 있는 덕분에 사회는 느리기는 해도 점차 신체의 차이를 인지하고 인식하는 방향으로 변하기 시작했고 그 변화가 우리가 하는 이야기에 반영되고 있다. 그런 변화를 만화책에서 더 많이 볼 수 있는 이유는 만화가와 만화를 제작하는 사람들이 다양성 추구에 더 큰 욕구를 가지고 있기 때문인지도 모르겠다. 새로 나온 영화 〈말레피센트〉는 동화의 세계에서 일어나는 변화의 조짐을 반영할 수도 있지만 그 변화는 물방울이 떨어지듯 아주 천천히 일어나고 있다.

"장애가 더는 낯선 기분을 느끼지 않게 할 때까지 사람들의 인식이 변한다면 정말 좋을 것 같아요." 리베카의 말이다. 리베카의 바람은 우리 두 사람 모두에게 공주가 되는 것만큼이나 실현될 수 없을 것 같은 생각이자 꿈이다. 디즈니 만화 영화에서 지팡이를 짚거나 휠체어를 탄 주인공이 모험에 나서는 장면을 상상해 보자. 안경을 쓴 공주나 보행 보조기를 사용하는 왕자가 충실한 안내견을 부르는 장면을 떠올려 보자. 그런 장면은 요정 대모가 마법으로 한 사람의 인생을 바꾸는 모습을 보면서 느꼈던 것만큼이나 혁명적으로 느껴질 것이다.

이제 요정 대모는 우리가 말하는 동화 어디에서나 볼 수 있는 존재가 되었다. 요정 대모는 아주 오래전부터 동화를 구성하는 상투적인 등장인물이 되어 버렸다. 마법의 존재는 너무나도 쉽게 평범한 존재가 되어 버렸다.

그렇다면 장애도 요정 대모가 그랬던 것처럼 언젠가는 아주 평범한 개념이, 평범한 존재가 되는 날이 오게 될까?

내가 20대였던 2000년대 중반에서 후반까지, 세상 사람들의 시선이 진짜 공주<sup>princess</sup>[19]에게 쏠렸다. 그 공주는 케이트 미들턴<sup>Kate Middleton</sup>으로서 자신의 인생을 시작했다.

이제부터 하는 이야기는 사실일 수도 있고 아닐 수도 있다.

한번은 케이트가 영국 버클베리에서 쇼핑을 하고 있는데 한 남자가 쫓아오더니 자신이 그녀를 어떻게 불러야 하는지 물어봤다. 케이트는 "음, 내 이름은 케이트예요."라고 말하면서 웃었고, 그 뒤로는 모든 것이 잘되었다.

윌리엄<sup>William</sup> 왕자와 함께 웨일스의 앵글시에서 살 때 케이트는 늘 음식 재료를 직접 샀다. 한번은 내가 식료품점에서 계산하려고 줄을 서 있는데 테스코에서 쇼핑카트를 밀고 있는 케이트의 사진이 신문에 실린 걸 보았다. 그때 나는 내가 '닭고기를 사는 저 여자처럼 아름다운 드레스를 입을 일은 절대로 없을 거야.'라고 생각했다.

아직 케이트와 윌리엄 왕자가 데이트하기 전인 어느 밤에 한 여자가 윌리엄 왕자에게 다가와 다짜고짜 왕자의 목을 끌어안으면서 왕자는 자신의 남자 친구가 되어야 한다고 선언했을 때, 케이트는 재빨리 두 사람에게 다가가 왕자를 구해 주었다.

---

19 왕세손비라고 번역할 수도 있다.

결혼해 왕가의 일원이 되기 전까지 케이트는 웨지힐을 자주 신었지만 이제는 그다지 많이 신지 않는다. 분명히 여왕이 웨지힐을 탐탁지 않게 여겼으리라 생각한다.

케이트의 이마에는 어렸을 때 받은 수술 자국이 남아 있다. 배경을 자르고 확대한 사진이나 망원 렌즈로 크게 확대해서 찍은 사진을 보면 수술 자국이 보인다. 지금까지 케이트의 가족은 그녀의 흉터에 관해 어떠한 말도 하지 않고 있으며 그녀가 받은 수술에 관해서도 아무 말도 하지 않고 있다.

물론 중요한 일은 아니다. 그저 내가 호기심을 느끼고 있을 뿐이다. 나는 다섯 살 때 수술을 받았는데, 그때부터 1년쯤 지났을 때 같은 반 여자아이도 수술을 받았다. 어떤 감염증 때문에 받은 수술이었는데 그 아이도 머리카락을 모두 잘라야 했다. 정확히 어떤 병으로 어떤 수술을 받은 건지는 알 수 없었지만, 그때도 나는 알고 싶었다. 어릴 때 수술을 받는 사람들은 얼마나 많은 걸까? 얼마나 많은 아이가 나와 같은 경험을 하는 걸까?

내가 케이트에 관해 아는 건 많지 않다. 그녀는 장차 영국의 왕이 될 남자와 결혼했고 세 아이를 낳았으며 개를 적어도 한 마리는 기른다. 켄싱턴 궁전에서 살고 있고 전원주택도 있다. 케이트는 아마추어 사진작가이고 야외 활동을 즐긴다. 분명히 아이들 방에 놓은 가구는 모두 이케아에서 사 왔을 것이다.

브라이언 필립스Brian Phillips는 에세이 『과거와 미래의 왕비 *The Once and Future Queen*』에서 "그녀는 (…) 왕족이 된다는 것은 동경의 대상이 된다는 뜻이며 동경의 대상이 된다는 것은 자기 자신을 관리해야 한다는 뜻임을 알고 있다. [사람들은] 현실에 자신들이 가장 보고 싶어 하는 환상을 투여하며, 그 환상을 만족시켜 줄 때 사랑을 준다."라고 했다.

아마도 케이트에게는 신발이 어마어마하게 많을 것이다. 웨지힐을 신지 않을 때면 케이트는 늘 굽이 10센티미터는 되는 하이힐을 신었다. 그녀는 그렇게 높은 굽 위에서 몇 시간이고 서서 활동할 수 있었다.

내 발은 결코 그렇게 굽이 높고 아름다운 신발을 신을 수도 없고 앞으로도 신지 못할 것이다.

필립스는 "사람들에게는 그녀의 삶이 마법처럼 보이며, 마법처럼 보이는 일은 마법에 더 가까울수록 설명하기가 쉽기 때문에 사람들은 젊은 날의 그녀에게 있었던 사건들에서 의미를 찾으려고 한다."라고 했다.

**물론** 밖에서 보면 누구나 마법 같은 인생을 살아간다. 마법은 진짜가 아니며 동화처럼 보이는 이야기들은 그저 평범하고 일반적인 행복한 이야기를 증폭한 것에 지나지 않을 때가 많다. 부유한 중산층 가정에서 자란 소녀가 소년을 만나 사랑에 빠졌는데, 알고 보니 그 소년은 왕위 서열 2위인 왕족이었다. 두 사람은 내가 대학교를 졸업하기 몇 년 전에 함께 학교에 다녔고 함께 세인트앤드루스 거리를 걸었다.

하지만 마법처럼 보이는 삶에 속지 않기는 쉽지 않다. 멋진 드레스를 입고 성에서 살며 전 세계를 누비며 여행을 다니는 공주. 지금은 왕세손비이지만 언젠가는 영국의 왕비가 될 운명을 지닌 여인. 아름답고 친절하며 카메라 앞에서 따뜻한 모습을 보이는 케이트는 현재를 살아가는 진짜 공주처럼 보인다.

"안녕!" 한 자선 행사에서 케이트가 어린 남자아이에게 말했다. 그 아이는 친구들과 함께 바로 전에 합창 공연을 했다. 하이힐을 신고 있던 케이트는 아이의 눈높이에 맞춰 몸을 웅크리고 앉아서 아이와 악수를 했다. "방금 노래 불렀지? 네 목소리는 우리 조지랑 아주 비슷하구나." 케이트는 아이들과 이야기하는 법을 안다. 가는 곳마다 아주 요령 있고 새롭게 또 고풍스럽게 우아함, 따뜻함, 기쁨을 전한다.

솔직히 말해서 나는 케이트에게 홀딱 반했다. 아니, 그저 반한 것이 아니다. 아주 오랫동안 나는 그녀와 같은 삶을 살기를 너무나도 바랐다. 그녀의 아름다운 드레스, 아름다운 머리, 그녀의 환하게 웃는 아이들이 부러웠다. 그녀가 살아가는 모든 모습은 축복받은 것 같았고 마법 같았고 특별했다.

우리는 **특별하게** 보이고, 걷고, 말하는 법을 배우기도 한다. 2018년에 메건 마클Meghan Markle이 해리Harry 왕자와 결혼했을 때 나는 아침 일찍 노트북으로 왕실 결혼식을 지켜보면서 오래전에 느꼈던 갈망을 다시 느끼느라 팔다리가 계속 저릿했다. 그 아름다운 드레스. 결혼식 피로연에 신고 온 그 아름다운 구두. 마법과 같은 사랑 이야기.

나는 정말 그런 삶을 살고 싶다. 내 몸도 마치 마법이 만들어 준 것 같은, 그런 삶에 어울리는 몸이었으면 좋겠다.

당연히 이것이 전부는 아니다. 당연히 이건 그저 신발에 관한 이야기일 뿐이다. 특정 방식으로 외부에 드러내고 특정 방식으로 행동하는 몸과 드레스와 신발에 관한 이야기일 뿐이다. 동화에 속하지 않는 몸, 적어도 동화 속에서 행복한 결말에 이르지 못하는 몸과 달리 그런 몸은 동화 속으로 수월하게 들어갈 수 있다.

공주의 몸이니까.

우리가 아름다움을 개념화하는 방식에는, 선함과 순수함에 관한 젠더화된 가치를 고상하고 유쾌하고 작은 것과 연결 짓는 방식에는, 무언가 음흉한 점이 있다. 그런 방식은 어렵지 않게 현 상황에 맞지 않거나 특이하거나 더 큰 무언가에 대해 인상을 찌푸리는 방식으로 옮겨 갈 수 있다. 다시 말해서 동화를 통해 개념화된 아름다움과 선함이라는 관점이 실제 세상에서 작동하는 아름다움과 선함에 관한 생각에 영향을 미치기란 어렵지 않은 것이다.

평범한 사람이 공주가 되는 일은 마법이 아닐 수도 있지만 아무리 노력해도 그 신발을 신을 수 없는 사람에게는 마법일 수 있는 법이다.

# 5. 바보 같은 작은 업둥이
: 한스 크리스티안 안데르센의 '미운 오리 새끼들'

성장기에 내가 제일 좋아했던 동화는 『인어 공주』다. 내가 제일 먼저 본 인어 공주는 디즈니 만화 영화에 나왔다. 반항적인 에리얼, 멋진 에릭 왕자, 갈매기 스커틀, 바닷가재 세바스찬, 물결처럼 움직이는 문어 마녀 우슬라, 강력한 바다의 왕 트리톤. 그때부터 30년이 흘렀지만 나는 지금도 〈인어 공주〉의 주제가들을 대부분 기억한다.

나의 인어 공주는 빨간 머리에 보라색 조개껍데기로 가슴을 가렸고, 멋진 파란 눈의 왕자와 사랑에 빠지며, 교활하고 촉수가 있는 마녀의 꼬임에 빠진다. 나와 내 동생이 영화를 보고 또 봐서 비디오테이프가 늘어지면 엄마는 지체하지 않고 새로 비디오테이프를 사다 주셨다. 긴 여름 동안 우리 자매는 인어가 되어 우리 집 마당에 있는 수영장 가장 깊은 곳에 물건을 던져 넣고 그 물건을 찾아 수영장으로 뛰어들었다. 물속에 들어가 흥얼거리면서 우리가 물속에서 대화한다고 말했다. 〈인어 공주〉 마지막 장면에서 에리얼이 물 밖으로 몸을 내밀고 「너의 세상의 일부Part of Your World」를 부르는 장면을 따라 하려고 수영장 가장자리를 붙잡고서 몸을 물 위로 내밀고는 힘차게 다리를 굴려 사방으로 물을 튀겼고, 밤마다 바다 밑에서 헤엄치는 꿈을 꾸었다.

그때 내가 깨닫지 못한 것은—사실은 몇 년이 흐르는 동안에도 깨닫지 못한 것은—나는 이미 인어였다는 사실이다. 걸을 수 있는 다리를 갖고 싶다는 에리얼의 소망은 휠체어를 타고 다녀야 했던 내가 간절하게 꾸던 꿈 아니었나? 드디어 휠체어에서 일어나 목발을 짚고 다니고, 물리 치료를 받으며 절뚝거리는 걸음을 조금이라도 교정하려고 노력하면서 내가 꿈꾸었던 것은 에리얼이 플라운더와 세바스찬과 함께 노래하며 소망했던 **팔짝팔짝 뛰기도 하고 춤도 추는 것** 아니었나? 에리얼이 자신을 위해 목숨을 걸고 필사적으로 싸워 줄 사랑하는 왕자를 찾은 것처럼 나의 인생도 동화의 결말처럼 흘러가기를 바라지 않았나?

맞다. 나는 에리얼이 가진 모든 것을 원했었다(완전히 솔직하게 말하자면 나는 지금도 그런 삶을 원한다). 디즈니가 보여 주는 동화에 푹 빠졌기에 나는 나도 그런 삶을 살 수 있다고 믿었다. 누구나 행복한 결말을 누릴 수 있으리라고 생각했다. 하얀 웨딩드레스를 입고 배 위에 서 있는 에리얼이 그렇게나 아름답다면, 인어였던 에리얼보다 신부였던 에리얼이 더욱더 아름답다면 나도 웨딩드레스를 입으면 지금보다 훨씬 아름다울 거라고 생각하는 게 당연하지 않을까? 내가 상상하는 낭만적인 사랑에는 언제나 하얀 웨딩드레스와 잘생긴 왕자가 있었고, 언제나 두 사람이 함께 서 있는 모습이 있었다. 당연히 두 사람은 인어가 아니었고 휠체어를 타지도 않았다. 목발을 짚지도 않았고 절름거리며 결혼식장에 걸어 들어오지도 않았다.

물론 에리얼이 다리를 얻을 수 있었던 건 마법 덕분이다. 나에게 다리를 준 건 낭만이 아니라 실용이었다. 나는 정형외과 수술로 걸을 수 있는 다리를 얻었고, 그 수술 덕분에 영원히 절름거리며 걷게 되었다. 에리얼과 달리 나는 흠잡을 데 없이 완벽한 다리는 얻지 못했다. 나로서는 너무나도 간절하게 소망했지만 수술과 치료의 힘으로 맞이한, 신체와 관련한 행복한 결말은 결국 내가 화면에서 본 이야기 속에서 말하는 행복한 결말과는 거리가 멀었다.

18세기와 19세기 영국에서는 종교의 혼란과 '계몽주의

**탐욕**Enlightenment insatiability' (작가이자 학자인 마리나 워너 Marina Warner의 용어) 때문에 동화 열풍이 불게 된다. 이 두 요소는 또한 '신학자와 인문학자들이 평범한 사람들이 믿는 바를 탐구하게 만들었다'. 19세기가 시작될 무렵, 그림 형제가 독일의 역사와 민담을 발굴해 독일 전역에 향수를 불러일으킨 것처럼, 새로운 기술과 사회 혁신과 발전에 직면해 '소박했던' 시대로 돌아가는 방식에 귀를 기울임으로써 국가의 과거를 발굴하고 탐구하고자 하는 새로운 소망이 생겨났다. 그 때문에 우리는 대담하고 결의에 찬 가난한 젊은이가, 나머지 사회와는 동떨어진 채 말그대로 금에 파묻혀 사는 부유하고 힘세고 거대한 거인을 능가한다는 『잭과 콩나무』 같은 동화를 갖게 되었다. '겨울 노인'[20]의 젊은이 버전으로 영웅처럼 보이기도 하고 사기꾼처럼 보이기도 하는 주인공이 나오는 만화 영화 〈잭 프로스트〉나 아서왕 시대에 여러 거인을 쓰러뜨렸다고 알려진 영웅을 소재로 만든 판타지 영화 〈잭 더 자이언트 킬러〉도 그 때문에 얻게 된 이야기들이다. 미국의 후기 역사를 반영하는 '잭 이야기'는 애팔래치아산맥에 살았던 사람들의 이야기를 많이 담고 있다. '잭 이야기'를 모티브로

---

20 겨울을 의인화한 것이다. 고대 그리스 신화와 구세계-유럽, 아시아, 아프리카 신앙에서 유래한 겨울의 이름이 현대 문학과 대중문화로 녹아들면서 '겨울 노인'이라는 이름을 갖게 되었다.

만든 이야기의 주인공은 대부분 '잭'으로 (영국에서 만든 이야기들에서는 '존'이 될 때도 있다) 이야기 도입부에서는 신뢰하기 힘든 게으른 젊은이로 묘사될 때가 많다. 잘생겼고 영혼이 순수한 전형적인 동화의 남자 주인공과 달리 잭은 처음에는 아무리 좋게 생각하려고 해도 전형적인 영웅과는 거리가 멀다. 하지만 재빠른 솜씨와 재치로 결국 승리를 거머쥔다. 이런 방식으로 잭은 억압받고 권리를 박탈당한 사람들에게 말을 걸면서 '모두'의 영웅이 되고, 전복적인 정치적 관심사가 은밀하게 이야기 속에 담긴다. 누구나 충분히 똑똑하기만 하면 거인을 물리칠 수 있다고 말하는 것이다.

19세기 중반부터 후반까지 덴마크에서 집필 활동을 했던 안데르센도 잭의 이야기처럼 사회 계층에 관한 이야기를 많이 썼다. 1805년, 덴마크 오덴세에서 아주 가난한 집안의 아들로 태어난 안데르센은 아동기와 청년기 초반까지는 대부분의 시간을 가난하게 살아야 했다. 일곱 살 때 안데르센은 부모를 따라 극장에 갔고, 그때부터 놀라운 상상력이 폭발해 자신을 가난에서 끌고 나와 새로운 세상으로 데려다줄 읽고 쓰는 일에 매달렸다. 7년 뒤인 열네 살 때는 어머니를 남겨두고 오덴세를 떠나 코펜하겐에서 새로운 삶을 시작했다(안데르센의 아버지는 나폴레옹 전쟁에 참전했다 돌아왔고 그로부터 2년이 지난

1816년에 세상을 떠났다).

물론 새 삶을 시작하기는 쉽지 않았다. 키가 크고 모든 일에 서툰 청년이었던 안데르센이 극장에 제출한 각본은 끊임없이 퇴짜를 맞았다. 영향력 있는 관료였고 예술을 후원했던 요나스 콜린Jonas Collin이 안데르센의 친구가 되어 주고 기숙 학교에 다닐 수 있는 돈을 주기 전까지는 유난히 계급에 민감했던 덴마크 사회에서 안데르센은 거의 아무 일도 할 수 없었다. 5년 동안 안데르센은 코펜하겐 사회의 예의 바른 일원이 되기 위해 말하는 법과 행동하는 법을 익혀야 했다.

기숙 학교 교사들은 안데르센에게 거듭해서 작가가 되려는 희망은 포기하라고 했다. 물론 안데르센은 1827년에 코펜하겐으로 돌아오자마자 교사들의 충고는 잊어버렸다. 1829년에 안데르센은 코펜하겐대학교에 합격했지만, 프리랜서 작가로 살아가겠다고 결심한다. 그때는 작가로 생계를 꾸리기가 너무나도 힘든 시절이었기에 (어디선가 많이 들어 본 이야기다) 콜린은 다시 한번 안데르센을 도와 덴마크 왕가에서 예술가에게 주는 지원금을 받게 해 주었다.

1830년대 초반에 안데르센은 약간의 성공을 맛보기 시작한다. 그가 성공할 수 있었던 이유는 작가로서의 재능 때문이기도 했지만 자신의 삶을 동화로 만들 수 있는 재능 때문이기도 했다. 1835년에 안데르센은 자전 소설 『즉흥시인』을 발표하는데, 이 책에는 『부시통』, 『공주와 완두콩』, 『엄지 공주』 같은 그의 초기 동화들이 실려 있었다. 『인어 공주』와 『벌거벗은 임금님』은 1837년에 동화 모음집에 실렸다. 1838년부터 안데르센은 덴마크 왕이 주는 연금을 받으며 여생을 프리랜서 작가 생활을 영위하며 살아갈 수 있었다.

안데르센의 모든 동화가 그런 것은 아니지만 상당히 많은 작품에 안데르센 자신이 사회적 지위를 높이려고 노력했던 경험이 반영되어 있다. 『부시통』에서는 가난에서 벗어나려고 기를 쓰며 노력한 병사가 결국 공주와 결혼하고 왕이 된다. 『공주와 완두콩』에서는 외면은 누더기를 걸치고 있지만 내면은 매트리스를 스무 개나 깔아도 가장 밑에 놓은 완두콩을 느껴서 잠을 잘 수 없는 공주가 나온다. 『엄지 공주』의 작은 주인공은 결국 꽃의 요정 왕과 결혼하고 그녀에게는 왕비가 될 만한 가치가 충분히 있음을 의미하는 마이아라는 이름을 새로 얻는다.

안데르센은 여러 자서전과 소설, 여행기, 희곡에서 자신에 관해 계속 비슷한 이야기를 한다. 잭 자이프스는 안데르센이 몇 번이고 거듭해서 자신을 "왕이 될 자질을 갖춘 불굴의 병사나 우아한 백조로 변할 억압받는 못생긴 새"로 묘사한다고 했다. 안데르센은 각 개인은 스스로 현실을 이겨내고 극복할 준비를 마친 뒤에야 거친 세상으로 나가야 한다는 잘 알려진 동화의 수사를 널리 퍼트림으로써 자신이 상류 사회에서 한자리를 부여받을 수 있는 작가라고 생각했다. 동화의 많은 등장인물처럼 안데르센도 자신이 살아가는 사회를 바꾸려 하지 않고 자신이 직접 행복을 찾으려고 애썼다. 안데르센은 명성과 위상, 위대한 예술을 창조하는 능력을 갖추는 등 자신이 원하는 것을 얻으려면 체제의 규칙을 따라야지 그 체제를 바꾸려고 하면 안 된다는 사실을 잘 알았고, 정확히 자신이 아는 대로 했다.

그런데 아이러니하게도 안데르센은 행복하지 않았다. 편두통, 편집증, 건강 염려증으로 고생했던 안데르센은 많은 여자에게 구애했지만 (또한 요나스 콜린의 아들 에드바르 콜린Edvard Collin 같은 남자들에게 평생 강한 감정을 느꼈다는 기록이 남아 있지만) 성공적인 결혼에 이를 수 없었고, 상류층으로 진입한 뒤에도 자신이 진정한 상류층이 되었다는 기분은 느낄 수 없었으며, 동화 속 왕자처럼 돈과 명성을 얻었지만 자신이 마음껏 놀고 싶었던 방에서 철저하게 배제되었다는 느낌을 지울 수 없었다.

안데르센은 세상에 알려진 첫 번째 『인어 공주』 이야기를 썼지만, 『인어 공주』의 상당 부분을 프리드리히 드 라 모테 푸케Friedrich de la Motte Fouqué가 쓴 중편 동화 『물의 요정』에서 차용했다. 푸케의 동화에서 물의 요정은 영혼을 얻으려고 기사와 결혼한다. 그에 반해 안데르센의 동화에서는 난파된 배에서 왕자를 구한 인어 공주가 왕자를 사랑하게 되자 바다 마녀에게 자신의 혀를 주고 사람이 된다. 인어 공주가 계속해서 사람으로 있으려면 반드시 자신이 구한 왕자와 결혼해야 한다. 만약 왕자가 다른 사람과 결혼한다면 인어 공주는 바다의 파도 거품으로 변해 버릴 것이다. 뭍으로 올라간 인어 공주는 왕자를 만나고, 왕자는 궁전에서는 단 한 번도 보지 못했던 춤을 추고 다른 사람에게서는 한 번도 보지 못했던 아름다운 미모와 눈빛을 지닌 아가씨에게 반하지만 인어 공주는 자신이 왕자를 구한 은인임을 말해 줄 수가 없었다. 인어 공주는 목소리를 내지 못하기에 절대로 왕자를 구한 여인이 될 수 없었다. 동화의 후반부에서 왕자는 인어 공주를 끊임없이 "나의 작은 벙어리 업둥이"와 같은 애칭으로 부르며 자신의 인생을 풍요롭게 해 주는 아이나 동생처럼 대한다. 인어 공주는 작은 벨벳 쿠션을 놓고 왕자의 문 앞에서 잠을 자도 좋다는 허락도 받는다. 인어 공주는 춤을 추거나 걸을 때면 '날카로운 칼 위에서 걷는 것' 같은 극심한 고통을 느꼈다.

인어 공주는 왕자와 함께 높은 산꼭대기로 올라갔다. 그녀

의 연약한 발에서는 피가 나 한 걸음 걸을 때마다 피 묻은
발자국을 남겼지만 그녀는 그저 웃으며 발밑에 있는 구름
이 먼 땅으로 여행하는 새들처럼 보일 때까지 계속해서 올
라갔다.

　결국 인어 공주는 왕자가 다른 여자와 결혼하는 모습
을 지켜봐야 했다. 이웃 나라에서 온 공주이자 왕자가 자
신을 구해 준 은인이라고 생각하는 여자와 말이다. 인어
공주는 금과 은으로 만든 드레스를 입고 결혼식장에 입
장하는 신부의 들러리를 서야 했다. 그날 밤, 절망에 빠진
인어 공주는 자신을 찾아온 언니들을 만나고, 동생을 구
하려고 바다 마녀를 만나고 온 언니들은 인어 공주가 물
거품이 되지 않을 방법을 알려 준다. 인어 공주가 살려면
언니들이 준 칼로 잠자고 있는 왕자를 찔러 죽여야 했다.
그래야 인어 공주의 다리가 다시 인어 꼬리로 변해 바다
로 돌아갈 수 있었다.

　당연히 인어 공주는 왕자를 죽이지 못한다. 인어 공주
는 칼을 바다에 던져 버리고 벼랑 위에서 떨어진다. 디즈
니 만화 영화에서는 당연히 이 부분은 삭제해 버렸다.

　안데르센의 이야기에서 인어 공주는 완전히 죽지는 않
는다. 인어 공주는 천상의 존재인 아름다운 '공기의 딸'이
되어 공기의 딸 수백 명과 함께 역병을 쫓아다니며 신선

한 공기를 불어 넣고 가뭄을 해소한다. 사람들이 건강하게 살아갈 수 있도록 지구 끝까지 날아다니며 꽃향기를 퍼트린다. 인어 공주가 3백 년 동안 이 임무를 훌륭하게 완수하면, 그때는 진짜 사람으로 태어날 수 있다.

"3백 년이 지나면 우리는 천국으로 올라갈 수 있어. 사실은 더 빨리 올라갈 수도 있지만 말이야." 한 공기의 딸이 인어 공주에게 속삭였다. "사람이 사는 집으로 그 누구의 눈에도 띄지 않고 들어갔을 때, 그곳에 아이들이 있고, 그 아이들이 부모에게 기쁨을 주고 부모의 사랑을 받을 만한 좋은 아이들이라면 우리가 공기의 딸로 지내야 하는 시간은 짧아질 거야. 그 아이들은 우리가 자기 방으로 날아 들어와 그 아이들의 착한 행동을 보고 싱긋 웃는 걸 모를 거야. 아이들 때문에 웃을 때마다 3백 년에서 1년이 줄어들어. 하지만 악하고 못된 아이들을 보면 우리는 너무 슬퍼서 울게 되는데, 한 번 울 때마다 우리가 견뎌야 하는 시간은 늘어날 거야."

여기서 우리는 『그림 동화』에 스며 있는 종교 교리를 연상케 하는 깊은 신념을 보게 된다. 『인어 공주』의 결말은 뚫고 들어갈 수 없는 사회 계층 앞에서는 계층의 사다리를 타고 오르겠다는 노력 자체가 부질없다는 깊고 확고한 신념을 드러내고 있다. 자신이 살아가는 체제의 규칙

을 따르려고 부단히 노력했던 안데르센은 지상에서 보상
받을 사람과 그렇지 못한 사람을 판단하는 잣대가 놀라
울 정도로 비판적이었다. 안데르센은 특히 여성에게 가
혹해서 인어 공주가 살아 있을 때 받았던 고통과 죽은 뒤
에 받는 벌과 비슷한 고난을 거듭해서 자신의 여성 등장
인물에게 부여한다.

안데르센이 사회를 가장 날카롭게 풍자한 작품은 『벌
거벗은 임금님』일 것이다. 이 작품에서는 허영심 많은 왕
이 두 재단사에게 속아 아주 많은 돈을 주고 수상한 새
'옷'을 산다. 재단사들은 자신의 분수에 맞지 않는 자리에
있는 사람에게는 새 옷이 보이지 않으며 새 옷을 입으면
왕에게 충성하는 신하와 그렇지 않은 신하를 구별할 수
있다고 말하며 왕을 유혹한다. 하지만 왕이 신하들을 데
리고 행진할 때 한 아이가 왕이 아무것도 입지 않고 알몸
으로 나타났음을 폭로한다. 안데르센은 순수한 아이만이
관습에 젖어 출세하려고 애쓰는 어른의 어리석음을 볼 수
있고 밝힐 수 있다고 말한다. (실제로 재단사가 왕에게 줄
새 옷을 만들 때 옷감을 본 사람은 아무도 없었다. 하지만
어른들은 모두 자신이 분수에 맞지 않는 직위를 차지하고
있기 때문에 옷감이 보이지 않는다고 믿었고 자신의 자리
를 유지하려고 옷감이 보인다고 거짓말을 했다. 그 거짓말
을 유지하려면 어른들은 왕의 새 옷이 너무나도 아름답다

고 칭찬할 수밖에 없었다.)

그림 형제처럼 안데르센도 신이 정해 놓은 운명은 있다고 믿었다. 안데르센은 자신이 아주 중요한 작가이자 사상가로서 위대한 삶을 살아가는 운명이라고 믿었기에 그가 마땅히 받아야 할 대접을 전혀 해 주지 않는 사회에서 반드시 성공하리라 다짐했다. 안데르센은 직설적으로 혹은 은유적으로 사회 계층에 반대하는 글을 남기지만 (그런 글은 대부분 말 그대로 바다에서 육지로 나가 새로운 삶을 살아가는 인어 공주나 국민이 모두 다 볼 수 있도록 높은 가마 위에 앉아 행렬하는 벌거벗은 임금님 이야기처럼 풍자적이다) 그의 동화 깊은 곳에는 그와는 대조적인 ('이 세상에는 신분 상승을 할 수 없는 사람도 있으며, 그런 사람이 신분 상승을 꿈꾸면 벌을 받게 된다'라는) 진실이 자리 잡고 있다. 아무리 사랑 때문에 거래를 했다고 해도 인어 공주는 뭍으로 나오면 안 되었다. 두 다리를 갖게 되었기에 겪어야 했던 고통이 바로 그 증거다. 정상에 서려는 분투에 성공한 사람들에게야 사회 대격변과 비판이 좋은 일일 수도 있겠지만 성공은 사후 세계에서나 가능한 일이며 심지어 그마저도 바랄 수 없는 사람도 있다.

그와는 대조적으로 안데르센의 동화에서 가까스로 성공한 사람들 가운데는 현세에서 장애에서 벗어나는 것으로 보상을 받는 경우도 있다. 안데르센이 말년에 쓴 동화 『불구자』에는 부유한 지주 부부가 나온다. 이 부부에게는 아이가 다섯이나 되는 이웃이 있는데, 이웃의 큰아들 이름이 한스다. 동화가 시작될 때 한스는 '다리가 약해서' 5년이나 침대에 누워 있어야 했다. "한스는 책을 좋아하는 아주 영리한 소년이었고, 계속 누워 있으면서도 최대한 유용하게 자신의 시간을 일하는 데 사용했다." 항상 다른 사람을 생각하는 명랑한 한스였기에 한스가 성장하고 성숙해졌다는 소식을 전해 들은 지주 부부는 고맙게도 한스에게 약간의 돈을 보낸다. 하지만 한스는 그 돈을 쓰지 않고 곧바로 부모에게 준다. (한스는 전혀 쓸모는 없지만, 정말로 성자 같은 아름다운 불구자였다.)

동화의 도입부에서 지주는 한스에게 이야기책을 한 권 주고, 한스는 그 책을 읽고 먼 이야기의 땅에서 여행을 즐긴다. 한스는 부모님에게도 책에 적힌 이야기를 들려주어 부모를 기쁘게 한다. 하루는 이야기를 들으며 크게 웃는 한스 아버지의 웃음소리에 이끌려 지역 학교 교장이 한스의 집으로 들어오고 두 사람은 친구가 된다. 얼마 뒤에 교장은 지주 부부가 준 돈을 한스에게 전달하고 한스의 부모는 "불구자 한스는 결국 우리를 이롭게 하고 축복을 주는 아이야."라고 말한다.

얼마 안 돼 지주의 부인이 한스에게 아름답게 노래하

는 새를 한 마리 가져다주는데, 며칠 뒤에 이웃집 고양이가 한스의 방에 들어와 새를 공격한다. 새를 너무나도 사랑했던 한스는 놀랍게도 다리에 힘을 싣고 침대에서 일어나 고양이를 쫓아낸다. 한스에게 일어난 기적에 감동한 지주 부부는 한스를 도시에 있는 학교로 보내 주었고 한스의 부모는 아들이 멀리 있는 동안 아들을 그리며 한스의 이야기책을 소중하게 간직한다.

(한 가지 흥미로운 점은 새는 고양이와 싸우는 동안 죽었다는 것이다.)

안데르센은 "소년은 다시 몸을 쓸 수 있게 되었다. [왜냐하면] 그런 일은 일어날 수 있기 때문인데, 바로 그 소년에게 그런 일이 일어났다."라고 썼다.

물론 이 동화가 나오고 150년이 지난 미래에 안데르센의 동화를 돌아보는 우리는 그런 일은 자주 일어나지 않는다는 사실을 알고 있다. 하지만 동화가 말하는 이야기와 동화의 정신은 지금까지도 지속되고 있다. 장애가 있는 등장인물은 중요하고도 기적적인 행동을 함으로써 자신의 장애를 극복한다. 인어 공주가 오랫동안 자신을 희생하고 선한 일을 함으로써 자신이 진정으로 소망하는 바를 성취하고 여러 장애를 극복하는 것처럼 말이다.

기도하라. 물을 더 많이 마셔라. 녹차를 마셔라. 몸 안의 독소를 제거하라. 맡은 일을 끝까지 해내라. 운동하라.

나쁜 태도만이 진짜 장애라고 할 수 있다.

최종 목표는 동일하다. 행복한 결말에는 늘 정확히 그 당시 사회가 요구하는 몸을 갖는 과정이 담겨 있다. 그런 몸을 갖지 못한다면 그 이유는 전적으로 개인의 잘못이지 사회는 아무 잘못이 없다.

"나는 에리얼에게 집착했어요. 1991년에는, 그때는 내가 두 살이었는데, 의사가 쓴 진료 기록을 보면 지적 성취란에 '〈인어 공주〉 줄거리 요약 가능'이라고 적혀 있을 정도예요." 그레이스 라포인트Grace Lapointe의 말이다.

그레이스도 나처럼 뇌성마비가 있고 작가다. 그레이스는 〈인어 공주〉가 개봉한 해에 태어났기에 극장에서 〈인어 공주〉를 보지는 못했지만 어린 날의 그녀는 비디오테이프를 보고 또 보곤 했다. 흥미롭게도 그레이스가 아주 어렸을 때도 〈인어 공주〉를 보면서 도저히 이해하지 못했던 부분은 몸을 바꾸고자 하는 에리얼의 소망이었다. 잡지 『몬스터링Monstering』에 실은 에세이에서 그레이스는 "나에게 '잘못된' 부분이 있다는 생각은 한 번도 해 본 적이 없음에도 불구하고 에리얼에게 잘못된 부분이 있다는 느낌은 사라지지 않았다."라고 썼다.

나도 나에게 잘못된 부분이 있다는 생각을—적어도 명확하게는—하면서 자라지는 않았다. 나는 수술을 받고 물리 치료를 받은 뒤에는 **다른 사람처럼** 걸을 수 있게 되었으니까. 물론 실제로는 다른 사람처럼은 걸을 수 없었고, 그 같은 사실을 무시하려고 몇 년 동안은 정말 많은 애를 써야 했지만 말이다.

한번은 학교 운동장에 있을 때 한 남자아이가 다가오더니 왜 그렇게 이상하게 걷느냐고 물었다.

나는 뇌성마비 때문이라고 대답했다. 그 아이는 내 대답을 이해하지 못한 것이 분명하다. 여덟 살이라면 내가 나의 삶을 기억하기 시작할 무렵이었음에도 나 역시 내가 한 대답이 잘 이해되지는 않았다.

"병원에서 수술을 받아서 그래. 예전에는 휠체어를 타야 했어."

나는 남자아이를 이해시켜 보려고 노력했다.

"아!" 그 아이는 이해한 것이 분명하다. "하지만 이제는 휠체어를 타지 않잖아."

"맞아. 이제는 안 타." 내가 대답했다.

'이제 그만 말해. 나도 너처럼 걸을 수 있단 말이야.' 나는 그렇게 말하고 싶었지만, 하지 못했다.

실제로도 나는 그 애처럼은 걸을 수 없었다. 그 애처럼은 걷지 못했다. 나는 걸을 수도 있었고 뛸 수도 있었지만 수술 후 몇 년 동안은 천천히 움직여야 한다는 말을 들었다. 직접 몸으로 부딪치는 활동은 할 수 없었고—그건 꽤

찮았다. 어차피 그런 활동은 싫었으니까—내가 할 수 있는 운동도 제대로 해내는 일이 쉽지 않았다. 그러니 체육 시간은 정말 싫었다. (4학년 때는 짝을 지어 농구를 하게 했다. 내 손과 내 눈은 전혀 협력하지 않았고, 공을 던지는 건 내가 할 수 있는 일이 아니었다. 나는 농구가 너무 싫었기에 거짓으로 다친 척하고 일부러 체육 시간에 빠지기 시작했다. 한번은 엄마가 보내는 것처럼 편지를 위조해 선생님에게 제출하고 관중석에 앉아 수업을 참관하고 있다가 문득 체육관 입구에 서서 선생님에게 왜 나는 수업에 참가하지 않느냐고 묻는 엄마를 보고 경악한 적도 있다. 그때 엄마는 학부모-교사 회의에 참석하러 학교에 와 있었다.)

어른이 되기 전까지 내 다리는 늘 다치기만 했다. 왼쪽 다리보다는 오른쪽 다리가 훨씬 아팠다. 찌르는 것처럼 심하게 아플 때도 있었고 아침부터 저녁까지 둔탁하게 울리듯이 아플 때도 있었다. (인어 공주는 한 걸음 한 걸음 걸을 때마다 날카로운 칼 위를 걷는 것처럼 고통을 느꼈다.) 다리를 다쳤을 때는 훨씬 심하게 다리를 절었기 때문에 나는 전혀 아프지 않은 것처럼 보이려고 애써야 했다.

아니, 그보다는 전혀 다리를 절지 않는 것처럼 보이려고 애써야 했다. 그때는 그 사실을 인지하지 못했지만 그

것은 이 세상에서 생존하려는 나의 절박함이었다.

〈인어 공주〉는 어린 세라 자마가 가장 좋아했던 디즈니 만화 영화였다. 세라에게는 자신의 삶과 에리얼의 삶이 너무나도 유사해 보였다.

2019년 4월, 밝은 봄날에 세라가 말했다. "나는 에리얼이 나와 정말 비슷하다고 생각했어요. 에리얼은 자신이 속하지 못한 세계로 들어가고 싶어 했잖아요. 심지어 경계를 넘었을 때도 그 세계에는 맞지 않았어요. [흑인이자 장애인인 여성은] 어떤 세계에서도 자기 자신으로 살아갈 수 없어요. 한 사회 안에서 흑인으로 취급받는다면 다른 사회에서는 장애인으로 취급받는 식이에요. 에리얼은 언제나 다른 곳에 소속되려고 애썼어요. 그 때문에 에리얼은 신체 일부를 포기해야 했고, 가족들에게는 불완전하게 보일 수밖에 없는 몸을 선택했어요. 그건 에리얼이 말 그대로 두 개의 다른 행성에 속해 있는 것과 마찬가지인 거예요."

세라는 뇌성마비가 있고, 휠체어를 타야 한다. 2016년에 세라는 캐나다 자유당 정부의 초청을 받아 100인의 젊은 장애인 리더 회의에 참석했다. 세라는 회의장에 들어가서야 그곳에 참석한 흑인은 자신뿐임을 알았다.

"아무도 말하지 않는다면 정의는 작동하지 않아요. 전

체 인구 정보를 누락했을지도 모르는데 어떻게 정책을 만들 수 있겠어요? 정책 입안자라면 자신이 항해하는 공간을 극도로 민감하게 파악하고 있어야 하고 자기 자신에 대해서도 매우 뛰어날 정도로 인지하고 있어야 해요. 자랄 때 나는 꼭 이중인격자가 된 것 같았어요. 동시에 두 공간을 헤쳐 나가면서도 동일한 사람이 되는 방법을 도대체 어떻게 알 수 있겠어요?"

안데르센처럼 세라도 사회가 상류층 (여기서는 비장애인들) 위주로 조직되어 있음을 잘 알았다. 그러나 안데르센과 달리 세라는 체제의 규칙을 그대로 따를 생각이 없었다. "사회에 장애인을 포함할 수 있는 경제적 동기가 없다면 우리는 계속해서 낡은 방식으로 묘사되고 말 거예요." 그러니까 지팡이를 짚은 마녀, 앞 못 보는 예언자, 침대에서 일어나지 못하는 슬프지만 성스러운 소년으로만 표현되는 것이다.

"장애 정의justice 문제에서 가장 중요한 건 돈이에요. 현재 우리가 살아가는 구조 안에서는 장애에 공정한 사회나 세상의 모습을 만들어 낼 방법이 없어요. (…) 온라인에서는 핵심 부분은 그대로 두고 단편적으로만 잘못을 수정하려는 노력이 보여요. 우리는 이 사회를 본질적으로 다시 설계해야 해요."

누구나 알고 있듯이 진보는 당밀처럼 느리게 전진한다.

인어 공주는 다리를 얻고 장애인 소년은 새를 구하려고 침대에서 벌떡 일어날 수 있지만 다른 세계로 넘어갈 수 없는 장애인 소녀와 소년은 어떻게 해야 할까? 어떻게 해야 그 아이들이 더 잘 살 수 있는 세상을 만들 수 있을까?

3학년 때 한 여자아이가 전학을 왔다. 날씬하고 멋졌고 옷을 잘 입는 아이였다. 나에게는 없는 특징을 가진 아이였다. 수술하면서 밀어 버린 내 머리카락은 지난 몇 년 동안 서서히 자라고 있었지만 어떤 부분은 곱슬곱슬하고 어떤 부분은 쭉 뻗어 있어 엉망진창이었다. 그때는 몇 주나 머리를 빗지 않을 때도 있었다. 그저 머리 위로 머리카락을 모두 모아 하나로 묶어 버리고는 신경 쓰지 않았다. 나의 갈색 눈썹은 송충이처럼 짙었고 한쪽 신발은 다른 쪽 신발보다 컸다. 사실 양쪽 신발의 크기 차이가 아주 크지는 않았겠지만 나에게는 아주 크게 느껴졌다. 아이들 모두 내 발이 짝짝이라는 사실을 알고 있는 것만 같았다.
(물론 아무도 알지 못했다.)
새로 전학 온 여자아이는 내가 체육을 끔찍하게도 못하는 것과는 정반대로 정말로 체육을 잘했다. 나만큼이나 학교 성적이 좋은 건 아니었지만 그 사실에 신경 쓰는 아이들은 없었다. 아이들은 모두 그 아이의 옷에 관심을 가졌다. 그 누구보다도 먼저 입고 온 스타터 재킷에 관심을 가졌고 멋진 청바지에 관심을 가졌고 그 아이가 하고 온 근사한 머리 모양에 관심을 가졌다. 그 아이를 보는 즉시 사랑에 빠지지는 않은 아이라고 해도—몇 명 정도는 그런 아이들이 있었다—그 아이의 행동 방식을 관찰하기는 했다. 그 아이는 본능적으로 어떻게 해야 멋져 보이는지를 알았고 어떻게 하면 멋져 보이지 않는지도 알았다. 그 아이에게 찍히기는 싫었기 때문에 아이들은 그 아이가 운동장에 발을 내딛는 순간이면 모두 그 아이 뒤를 쫓아다녔다.

내가 그 아이 무리에 받아들여지는 것은 불가능했다. 나는 모든 면에서 잘못된 방식으로 그 아이와는 달랐다.


거의 모든 동화에는 영웅이 있고 상당히 많은 동화에 악당이 있다. 악당은 주인공의 행복을 위협하고 주인공의 여정을 망쳐 놓는다.

악당은 사악한 마녀나 요정, 마법사처럼 마법을 부릴 수도 있다. 그림 형제의 동화에 나오는 악당은 많은 경우 주인공의 의사와는 상관없이 주인공의 영혼을 놓고 거래를 한다. 이솝 우화나 그림 동화에는 교활하고 약삭빠른 여우나 늑대, 고양이 같은 동물이 악당으로 나올 때도 많다. 안데르센의 동화에서는 개별 사람이나 군중으로 의인화된 사회가 악당일 경우가 많다.

물론 아이들을 숲에 버리고 오는 약한 아버지들, 질투심에 사로잡혀 부모가 가장 사랑하는 형제(흔히 막내)의 성공을 가로채려고 하는 형제들처럼 아주 평범한 악당도 많다. (『신데렐라』의 의붓엄마도 마법을 부릴 줄은 몰랐다. 그저 부자였고 잔혹했을 뿐이다.)

　1812년에 그림 형제가 출간한 첫 번째 『백설 공주』에는 사악한 왕비가 백설 공주를 해치려는 이유가 나오지 않았다. 우리는 그저 왕비가 이 세상에서 가장 아름다워지고 싶다는 소망 때문에 철저하게 악당이 되었다고만 이해할 뿐이다. 그렇게 철저한 악당이 있어야지만 우리는 악당의 의붓딸인 백설 공주를 완벽하게 응원할 수 있다. '세상에, 저 공주 좀 봐. 정말 친절하다. 정말 다정해. 의붓딸이 아름답다고 죽이려 하다니, 저 의붓엄마는 도저히 이해할 수 없어.'

　질투심에 사로잡힌 왕비는 사냥꾼에게 아름다운 의붓딸을 숲으로 데리고 가라고 명령한다. 숲에서 사냥꾼은 왕비가 공주를 죽이라고 했음을 말하고, 공주는 제발 살려 달라고 부탁한다. 사냥꾼은 공주를 숲에 그대로 두고 돌아가고 공주는 일곱 난쟁이가 사는 오두막을 찾아내 그곳에서 일곱 난쟁이와 함께 살아간다. 그러나 무자비한 마법의 거울 덕분에 백설 공주가 살아 있음을 알게 된 왕비는 이번에는 자신이 직접 변장한 채 백설 공주를 죽이려고 세 번이나 숲으로 간다.

맨 처음에 왕비는 행상인으로 변해 난쟁이들이 일하러 간 사이에 백설 공주를 찾아가 소매 없는 속옷 보디스를 공주에게 선물로 주고, 백설 공주가 입은 보디스의 끈을 세게 졸라 공주가 숨을 쉬지 못하고 쓰러지게 만든다. 하지만 일터에서 돌아온 난쟁이들이 백설 공주를 발견하고 보디스 끈을 풀어 공주를 구해 준다.

왕비는 다시 빗을 파는 행상인이 되어 백설 공주에게 독이 묻은 빗을 선물한다. 빗으로 머리를 빗은 공주는 오두막 바닥에 쓰러지고 이번에도 난쟁이들이 돌아와 머리카락에 박혀 있는 빗을 빼내고 공주를 살린다.

마지막으로 왕비는 사과를 파는 '소작농 여인'이 되어 백설 공주를 찾아간다. 왕비가 파는 사과의 반쪽에는 독이 묻어 있었다. 백설 공주는 (최근에 겪은 경험으로 보아 지극히 당연한 일이지만) 절대로 낯선 사람과 말을 하지 말라는 난쟁이들의 충고대로 소작농 여인을 경계했지만, 사과를 거부하기에는 사과가 너무 먹음직스러웠고 소작농 여인이 독이 들어 있지 않은 반쪽을 먹는 모습에 안심해 그만 나머지 사과를 받아들고 만다. 백설 공주는 사과를 한 입 먹자마자 바닥에 쓰러졌다.

이번에는 오두막으로 돌아온 난쟁이들도 백설 공주를 살릴 수 없었다. 절망에 빠진 난쟁이들은 유리로 관을 만들어 백설 공주를 눕히고 숲에 있는 묘에 관을 놓았다. 어느 날, 숲을 지나던 왕자가 관에 누워 있는 아름다운 아가씨를 보았고, 아가씨의 미모에 사로잡힌 왕자는 난쟁이들을 설득해 백설 공주를 관째 자신의 성으로 데려갔다. 왕자는 자기 방에 관을 놓고 온종일 백설 공주만 쳐다보았다. 결국 방에서 나가야 할 때는 너무나도 슬퍼서 시종들이 백설 공주의 관을 들고 자신이 가는 곳은 어디든지 쫓아다니게 했다.

하루는 관을 들고 다니는 것에 너무나도 지친 한 시종이 관을 열고 백설 공주를 밖으로 꺼냈다.

"도대체 왜 죽은 여자를 들고 다니느라 이렇게 고생해야 하는 거야?"

시종은 백설 공주를 힘껏 떠밀었고 그 바람에 공주의 목에 걸려 있던 독사과가 밖으로 튀어나오면서 공주가 깨어났다.

백설 공주가 깨어났다는 소식에 왕자는 너무나도 기뻐서 한걸음에 공주에게 달려왔다. 두 사람은 함께 앉아 저녁을 먹으면서 결국 결혼하기로 했다. 사악한 왕비도 결혼식에 초대되었는데, 왕비는 또다시 거울로 이 세상에서 가장 예쁜 여자를 찾다가 백설 공주가 살아 있다는 사실을 알게 되었다. 왕비가 결혼식장에 들어온 순간 빨갛게 달궈진 철 신이 왕비의 발을 감쌌다.

왕비는 펄펄 끓는 철 신을 신고 계속 춤춰야 했다. 왕비의 발은 끔찍하게 탔지만 죽을 때까지 춤을 멈출 수는 없었다.

그러니까 세상이 죽음과 벌을 통해 다시 균형을 찾은 것이다. 동화라는 가혹한 세상에 다시금 정의가 세워진 것이다. 동화의 세계에서는 사악한 왕비를 위해 슬퍼하지도, 왕비가 그런 일을 한 이유를 알아보려고 하거나 궁금해하지도 않는다. 백설 공주를 응원하는 것이 우리의 임무이니 우리는 우리가 할 일을 하면 된다. 백설 공주를 괴롭히는 사악한 악당이 사라지면 환호하면 되는 것이다. 결국 심장이 멈출 때까지 불타는 신발을 신고 춤춰야 하는 건 정말로 끔찍한 일일 것이다. 그 모습을 지켜봐야 할 결혼식 하객들에게도 끔찍하기는 마찬가지일 것이다. 하지만 그런 곳이 바로 동화의 세계다.

동화의 세계는 사막과도 같다고 말할 수 있을 것 같다. 여기저기에 장애물이 있는 가혹한 세상이지만, 어쨌거나 나름의 질서가 존재하는 곳 말이다.

네메시스Nemesis. 천벌. '나누다, 분배하다'라는 뜻의 그리스어 nemein에서 온 단어로, 말 그대로 '빚을 갚는다'라는 의미다. 복수의 여신인 네메시스는 불과 재능을 똑같이 사용해 정의를 실현한다. 특히 네메시스는 신 앞에서 오만한 죄를 단죄하는 여신이다. 앞에서 살펴본 것처럼 오이디푸스는 내반족을 가지고 있었다. 학자들은 오이디푸스를 신들에게 머리를 조아리기를 거부한 상징적인 인물이라고 생각하며, 그런 오이디푸스가 저지른 죄는 신 앞에서 오만한 죄였다.

영어에서 네메시스라는 단어는 16세기에 처음 사용되었는데, 주로 인과응보라는 의미였다. 개인의 측면에서 네메시스라는 단어가 '누군가를 패배시키겠다고 위협하는 사람 또는 무언가'를 지칭하는 용어로 사용된 것은 20세기 이후다.

네메시스의 또 다른 이름은 '피할 수 없는'이라는 뜻의 아드라스테이아Adrasteia다.


3학년이 시작되고 8학년이 끝날 때까지, 초등학교를 졸업하고 중학교에 진학할 때까지 나는 대부분 새로 전학 온 그 아이와 같은 반이 되었다. 시간이 흐르면서 그 아이는 새로운 아이가 아니라 책장에 꽂혀 있는 이야기책과 디즈니 영화 DVD가 우리 집의 고정물인 것처럼 나의 학교생활의 변치 않는 한 부분이었다. 그 아이는 내가 사랑하는 에리얼처럼 빨간 머리였지만, 에리얼과 그 아이의 닮은 점은 그것이 전부였다. 3학년 때 그 아이는 나를 피클이라고 불렀다. 4학년 때는 그 아이와 또 한 여자

아이가 쉬는 시간 15분 내내 운동장에서 나를 쫓아다니며 "털북숭이 다리, 털북숭이 다리. 어맨다는 털북숭이 다리!"라고 있는 힘을 다하여 외쳤다.

나는 그 아이들을 무시했다. 그 아이들이 그곳에 전혀 없는 것처럼 행동했다.

(그때 나는 아홉 살이었고, 그때부터 다리털을 밀었다.)

하루는 점심시간에 남자아이들이 내 뒤에 앉더니 "어맨-더! 어맨-더!"라고 외치기 시작했다. 더Duh. 바보라는 뜻이었다. 그 소리를 들으며 아이들은 모두 웃었지만 나는 남자아이들을 무시했다. 그 아이들이 거기에 없는 것처럼 행동했다. 집으로 돌아와 욕실에 씻으러 들어갔을 때야 그 아이들이 내 헝클어진 머리카락에 해바라기 씨를 뿌려 놓은 걸 알았다.

5학년이 되자 나는 그 누구보다도 빠른 속도로 가슴이 커졌다. 이제 더는 새로 온 아이가 아닌 그 아이가 나를 비웃었고 다른 아이들이 그 아이를 따라 나를 놀렸다. "우와, 어맨다! 너, 드디어 현대적인 걸 입었구나!" 여름 방학식을 마치고 학교에서 나갈 때 한 아이가 말했다. 그때 나는 카프리 바지와 긴 티셔츠를 입고 있었다. 그 말을 들은 한 여자아이가 나를 보더니 콧방귀를 끼면서 말했다. "저런 게 어떻게 현대적이란 거야? 네가 걷는 거, 똥꼬에 피클 낀 거 같은 거 알아?"

나는 그 아이들을 무시하려고 애썼다. 그 아이들이 거기에 없는 것처럼 행동했다. 하지만 그곳에는 질서도, 정의감도 없었다. 절뚝거리며 걷는 열 살로 살아간다는 것에는, 머리에 있는 흉터와 오래전에 죽은 낭종을 빼내면서 생긴 볼록한 덩어리를 가지고 살아간다는 것에는, 학교 운동장에서 살아남으려고 이해할 수도 없는 방식으로 다른 존재로, 알려지지 않은 존재로 살아가야 한다는 것에는 조금도 질서라는 것이 없었다.

하지만 학교생활이 모두 나쁜 것은 아니었다. 물론 질서가 없기는 마찬가지였지만. 유치원 시절에는 병원에 입원할 때마다 선생님이 모든 아이에게 그림을 그리게 하고 그 그림을 묶고 표지까지 붙여서 책으로 만들어 나에게 주셨다. 그림책의 첫 장에는 "우리 모두 네가 보고 싶어, 어맨다"라는 글이 적혀 있었고 표지에는 유치원 때 찍은 내 흑백 사진이 붙어 있었다. 선생님이 붙여 주신 사진은 수술하기 전에 유치원에서 찍은 사진이라 내 머리카락이 길었다. 당연히 나는 그 사진이 보기 싫었다.

새로운 여자아이가 전학 오기 전인 2학년 때는 교실 앞에 나가서 병원에서 어떻게 지냈는지를 묻는 아이들에게 대답해야 했다. 한 아이가 "의사 선생님이 너한테 뇌를 더 준 거야? 어맨다는 정말 똑똑하잖아."라고 말했다.

그때 선생님은 이렇게 대답했다. "의사 선생님이 어맨

다가 조금 더 똑똑해지게 도와주셨는지도 몰라. 하지만 의사 선생님도 뇌를 더 줄 수는 없단다." 왜 그렇게 말씀하신 걸까? 정말 그렇게 생각했기 때문일까, 아니면 그저 농담을 하고 싶으셨던 걸까?

(나에게 친구가 없는 건 아니었다. 친구 집에서 자고 온 기억도 있고 생일 파티에 참석했던 기억도 있으니까. 오후 내내 친구와 함께 『틴 비트*Teen Beat*』를 읽은 기억도 있다. 내 친구와 나는 조너선 브랜디스Jonathan Brandis와 조너선 테일러 토머스Jonathan Taylor Thomas를 좋아했다. 우리는 두 조너선을 좋아했다.

하지만 8학년을 마친 뒤에 나는 공립고등학교로 진학했고 다른 아이들은 가톨릭 고등학교로 갔기 때문에 그 뒤로는 초등학교 때 아이들을 만난 적도 없고 이야기를 나누어 본 적도 없다.)

5학년 때는 그 빨간 머리 여자아이와 함께 과학 수행 평가를 해내야 했다. 우리는 베이킹소다와 붉은 염료로 화산을 만들었다. 가끔은 그 아이 집에 가서 함께 숙제를 했는데, 그럴 때면 그 아이의 엄마는 나를 따뜻하게 안아 주고 닭가슴살과 브로콜리로 요리를 해 주셨다. 그 아이는 그 무렵에는 엉망으로 엉켜 있던 내 앞머리를 구불구불하게 마는 방법까지 알려 주었다. 그 아이 집 욕실에서 함께 거울을 보며 우리 관계가 전환점을 맞은 게 아닐까 하는 생각도 했었다. 그 아이 침실의 생김새, 그 아이의 책장에 꽂혀 있는 책들, 좋아하는 텔레비전 프로그램 같은 그 아이에 관한 몇 가지 사실도 알게 되었다. 어쩌면 그 아이와의 관계가 달라질 수도 있다고 생각했다.

우리가 만든 화산은 좋은 점수를 받았다. 나는 뛰어난 학생이었으니까 당연한 일이었다. 그 뒤로는 여름 방학이었고, 가을에 다시 학교에 나왔을 때 그 아이는 더는 나에게 말을 걸지 않았다. 물론 내 옷이나 어깨를, 복도에서 걷는 나를 가리키면서 비웃을 때는 예외였지만.


디즈니 만화 영화를 처음 보고 몇 년쯤 지났을 때 나는 안데르센의 『인어 공주』를 읽었다. 그리고 아주 많은 시간이 흐른 지금 내 기억에 선명하게 남은 장면은 마음이 산산이 부서지고 하소연할 수 있는 목소리도 잃은 인어 공주가 높은 벼랑에서 바다로 몸을 던지는 장면이다. 인어 공주의 몸은 여러 방식으로 훼손되었다. 인어의 꼬리도 사라졌고 혀도 빼앗겼다. 마녀의 간계에 속아 다른 사람과 소통할 수 있는 능력이 사라진 것이다. 아름답고 매력적인 새 신부에게 홀딱 빠져 있는 왕자에게 자신이 왕자의 생명을 구해 준 은인임을 전할 방법이 인어 공주에게는 없었다. 왕자를 얻으려고 택한 장애 때문에 왕자에게는 **그다지 매력적이지 않은** 존재가 된 것이다.

현대 스토리텔링의 세계에서는 이런 내용을 어떻게 받아들여야 하는 걸까? 처음 이야기가 만들어졌던 시기를 생각해 보면 『인어 공주』의 결말이 다르게 흘러가기는 힘들었을 거라고 생각할지도 모르겠다(안데르센 시대의 유럽에서는 이제 막 수어가 초기 단계에 접어들고 있었으니까).

하지만 그래도 다른 결과가 나올 수도 있지 않았을까? 언어장애가 있는 인어 공주라고 해도 손짓이나 몸짓으로 서로 의사소통을 할 수 있지 않았을까? 도대체 왜 성에 있는 사람들은 '작은 벙어리 업둥이'에게 글을 읽고 쓰는 법을 가르쳐 줄 생각을 하지 않은 걸까? 디즈니 만화 영화에서는 에리얼이 바다 마녀 우슬라와의 계약서에 직접 사인을 하고 자신의 목소리를 준다. 그렇다면 에릭 왕자에게 직접 글로 써서 알려 줄 수도 있지 않았을까?

하지만 동화는 예로부터 도덕과 관계가 있었고, 도덕은 언제나 아주 특별한 방식으로 장애와 연결된다. 안데르센의 인어 공주는 지금까지 살펴본 것처럼 아무리 노력해도 결코 사회 계층이라는 사다리를 타고 위로 올라갈 수 없는 사람들 가운데 한 명이다. (『인어 공주』 마지막에 희미하게 보이는 희망은 너무나도 희미해서 나로서는 도저히 희망이라고 인정할 수가 없다.) 그와 달리 디즈니 만화 영화에서의 에리얼은 목소리를 되찾았을 뿐 아니라 또 다른 장애(땅에서는 움직일 수 없는 인어의 꼬리)도 사라져 버리는 즐거운 결말을 맞는다. 디즈니 만화 영화에서 에리얼은 다리와 목소리와 **왕자를** 모두 얻는다. 그러나 원작 『인어 공주』에서는 그 모든 것을 하나도 얻지 못한 채 죽어 버린다.

그러니까 우리에게는 갑자기 같으면서도 다른 동화 두 편이 생겨 버린 것이다. 한 편에서는 인어 공주는 장애가 사라질 뿐 아니라 비장애인의 몸으로 왕비까지 된다. 하지만 다른 한 편에서는 장애도 사라지지 않고 슬픔과 고통만 겪을 뿐이다. 이런 이야기들에서 실제 삶의 한 현실인 장애가 들어설 공간이 있을까? 다리도 없고 목소리도 없는 에리얼이 왕자를 얻을 희망을 꿈꿀 수 없다면, 다리를 절지도 않고 모든 능력을 온전하게 가져**야만** 고통과 괴롭힘이 없는 삶을 살 수 있다면, 나 같은 장애 소녀는 어떤 희망을 품으며 살 수 있을까?

노스웨스턴대학교 파인버그 의과대학에서 뇌성마비 아이들 44명과 (근위축증이나 뇌졸중 때문에) 운동장애를 가진 아이들 7명을 대상으로 진행한 연구에서 55퍼센트에 해당하는 아이들이 외모 때문에 괴롭힘을 당해 봤다고 대답했다. 아이들이 가장 많이 경험한 괴롭힘은 따돌림과 욕설, 놀림으로, 괴롭힘을 당한다고 대답한 아이들의 68퍼센트는 이런 괴롭힘이 학교생활을 완전히 지배한다고 했다.

연구를 시작했을 때 학자들은 신체장애 정도가 가장 심한 아이들이 가장 심하게 괴롭힘을 당할 것이라고 추측했다. 그러나 논문의 저자들이 결론에서 밝힌 것처럼 "가장 심하게 괴롭힘을 받는 아이들은 중증 장애 아이들이 아니라 경증 장애와 중간 정도의 장애가 있는 아이들이었다."

2018년 11월에는 노바스코샤에서 십 대 아이들이 뇌성마비가 있는 열네 살 소년을 얕은 시내 위에 눕혀 놓고 그 아이를 다리처럼 밟고 건너가는 사건이 있었다. 십 대 아이들은 그 장면을 촬영해 페이스북에 올렸다. 영상을 본 사람들은 분노했고 가해자 아이들에게 비난을 쏟아냈다. 가해자 가운데 몇 명은 정학당했고, 한 명은 피해자 아이에게 사과했지만 피해자 아이는 불안했기 때문에 학교로 돌아가기는 힘들었다.

"그 애들은 이해하지 못하기 때문에 괴롭히는 거야." 우리 부모님은 그 말을 하고 또 했다. 하루는 아빠가 진입로 앞에 서 있는 나를 꼭 끌어안더니 버스가 오기 전까지 나를 붙잡고 흐느껴 우셨다. "네가 할 수 있는 가장 좋은 일은 그 애들을 무시하는 거야. 그런 애들은 중요하지 않아. 시간이 지나면 지금 그 애들이 하는 말도, 그 애들이

하는 행동도 너한테는 전혀 중요하지 않게 될 거야."

(아빠 말이 옳았다. 결국에는 괴롭히는 아이들도 괴롭히는 행동도 나에게는 중요하지 않게 되었다. 하지만 나는 그 아이들의 이름을 모두 기억하고 있다. 영원히 그 아이들을 잊을 수는 없을 것이다.)

길고도 끔찍했던 5학년 내내 나는 생각했다. '이런 취급을 받고 싶지 않아. 왜 내가 이런 취급을 받아야 해? 난 왜 정상이 아닌 거지? 왜 다른 아이들처럼 걸을 수가 없는 거지? 아이들은 모두 어째서 그렇게 못된 거야?'

거의 30년이 지난 지금 그때를 돌아보면 매일 아침 버스에 타고 싶지 않아 두려워했던 그 어린 여자아이는 보지 못했던 여러 가지를 한꺼번에 볼 수 있다. 나와 함께 학교에 가던 아이들은 악마가 아니었다. 더구나 내 인생에서 끈질기게 사라지지 않던 악당, 나의 네메시스도 아니었다. 그 아이들은 그저 다른 방식으로 사회에서 살아간다는 것이 어떤 의미인지를 이미 너무나도 많이 들려준 사회에 반응하던 어린아이들일 뿐이었다. 안데르센이 살았던 코펜하겐의 계층 사회처럼 다름의 의미에 대한 그 아이들의 믿음은 모두 사회적 기대나 성공과 관계있었다. 학교 운동장은 이 세상이 잔인한 것과 마찬가지 방식으로 잔인한 곳이다. 그 이유는 우리 모두는 개인으로 있기보다는 (물론 개인으로 존재한다는 것도 사실이기는 하지만) 집단으로서 어딘가에 속하고 섞이고 받아들여지기를 원하기 때문에 계층 안에서 자신의 위치를 위태롭게 하는 것보다는 무리에 어울리지 않는 사람을 피하는 손쉬운 방법을 택하기 때문이다.

토빈 시버스는 "능력이라는 이데올로기는 가장 간단하게는 비장애인을 선호하는 형태로 나타난다. 가장 급진적인 형태는 인간임을 결정하는 기준선을 규정하고 개인에게 사람의 지위를 부여하거나 박탈하는 몸과 마음의 척도를 설정하는 것이다."라고 했다.

아이가 없는 나무꾼이 말한다. '어째서 나는 다른 사람들처럼 될 수 없을까?'

아이가 없는 외로운 왕비가 말한다. '어째서 나는 다른 사람들처럼 될 수 없을까?'

손을 잃은 아가씨가, 인어 공주가 말한다. '어째서 나는 다른 사람들처럼 될 수 없을까?'

고슴도치 한스가 말한다. '어째서 나는 다른 사람들처럼 될 수 없을까?'

그 누구도 올바르게 질문하지 않는다. 우리는 동화에서는 아무도 그런 질문을 할 필요가 없음을 안다. 동화 속 개인들에게는 어쨌거나 행복과 구원이—그저 그런 행복일지라도—오기는 할 테니까 말이다. 사회는 변하지 않는다. 그래도 영웅은 어쨌든 가장 높은 곳까지 올라간다.

만약에 우리가 전혀 다른 질문을 한다면 어떻게 될까? 공주가, 아이가 없는 부모가, 절반만 사람인 존재가 '도대체 왜 내가 다른 사람과 같아야 하지?'라고 질문한다면 어떤 일이 벌어질까?

그런 질문을 하면 어떤 이야기를 할 수 있을까?

1987년, 나의 진료 일지에 험프리스 박사는 이렇게 썼다. "두개골은 즐거운 모양pleasing shape이고 균형 잡혀 있으며 둘레의 길이는 52센티미터로 백분위수는 75이다. 안구는 사방으로 잘 움직이지만 왼쪽 측면을 보아야 할 때면 곧바로 아래쪽이나 바깥쪽으로 눈이 돌아간다. 안구 기저부(아래쪽)는 투명하고 연수가 손상되었다는 징후는 없다."

두개골이 '즐거운 모양'이라는 것은 정확히 어떤 의미일까? 다른 두개골과 달리 보기 좋게 생겼다는 뜻일까? 두개골이 보기 좋다는 건 어떻게 생겼다는 뜻일까?

시버스는 "미학은 다른 몸을 앞에 두고 어떤 몸들이 느끼는 감각을 추적한다. (…) 사람의 몸은 미학적 산물의 객체이자 주체다. 사람의 몸은 다른 몸을 만든다. 창조자의 감정을 변화시키는 능력 때문에 귀해지는 다른 몸을 만드는 것이다."라고 했다. 본질적으로 (우리에게 아름답다거나 즐겁다라는 기분을 느끼게 하거나 그와는 반대 감정을 느끼게 하는) 미학은 사람의 몸으로서 우리가 다른 몸과 관계를 맺는 방식에 관한 것이다. 우리는 우리 몸을 둘러싼 다른 사물들과의 관계 속에서 무엇이 아름다운지 혹은 무엇이 아름답지 않은지를 알고 또 결정할 수 있다.

미학 aesthetics이라는 용어는 '지각하는 감각'이라는 뜻의 그리스어 aisthetikos에서 왔다. 고대 그리스에서는 아름다움이라는 개념이 확고하게 균형에 뿌리를 내리고 있었다. 아리스토텔레스는 예술과 예술의 표현은 이 세상에 존재하는 객체의 안과 밖을 한데 합쳐 그 존재의 본질에 생명을 부여하는 방법이라고 가르쳤다. 아리스토텔레스는 예술 작품이 실제 세상을 모사하는 방법에 관한 이론을 설명하면서 진리와 선의 본보기로서 자연의 완벽함을 언급했다. 따라서 (정확히 한 존재의 안과 밖의 완벽함을 반영하는) 균형과 대칭을 추구해야 하며 (완벽한 설계에 오점이 있음을 나타내는) 불균형에는 눈살을 찌푸려야 한다. 아리스토텔레스는 자연은 그 자체로 항상 변하지만 예술과 예술의 표현은 우리 주변 세계를 모방하는 데 그치지 않고 수학과 대칭을 이용해 변하지 않는 **최적 상태**의 자연에 내재하는 완벽함을 재현해야 한다고 생각했다.

따라서 아름다움은 균형을 상징하며 미학적으로 충격이나 불쾌감을 느끼게 하는 것은 반드시 교정해야 하는 불균형을 의미한다. 엄밀하게 말해 고대 그리스 사람들은 아름다운 것은 반드시 유용한 것이라고 생각했다. 아름다우면서도 유용한 것이야말로 최고선<sup>最高善</sup>으로 인정받았고 사회에서 가장 많이 쓰였다. 어떤 것이 (혹은 어떤 사람이) 더는 쓸모가 없어진다면 당연히 더는 아름답지 않은 존재가 되었다. 따라서 고장 난 물체나 사람을 고치려면 다시 쓸모 있는 존재가 되도록 균형을 맞추어야 했다.

아름답지 않은 존재는 더는 사회에 유용하지 않거나, 적어도 미적으로 긍정적인 반응을 끌어내는 호의적인 방식으로는 인정받을 수가 없었다.

"두개골은 즐거운 모양이고 균형 잡혀 있다."

　혹시 험프리스 박사가 내 뇌가 즐겁지도 않고 균형 잡혀 있지도 않다고 판단했다면 내 병은 다른 식으로 발전했을까?

---

# 6. '인간 이하의'
## : 아름다움 대 추함

『미녀와 야수』의 첫 번째 버전은 프랑스 여성 가브리엘 수잔 바르보 드 빌뇌브Gabrielle-Suzanne Barbot de Villeneuve가 1740년에 출간한 동화 모음집 『젊은 미국인과 바다 동화 *The Young American and Marine Tales*』에 실렸다. 드 빌뇌브의 동화에는 아내를 잃은 부유한 상인이 나온다. 이 상인은 바다에서 배가 모두 난파되는 불운을 겪은 뒤에 열두 명이나 되는 아이들을 데리고 숲으로 들어가 오두막에서 생활하면서 살아가는 데 필요한 기술을 익히려고 노력한다. 상인의 딸 가운데 가장 아름답고 가장 선한 아이는 막내딸인 벨이었다. 허영심이 많고 잔혹한 데다 가난해진 자신들의 처지를 받아들일 생각이 없었던 언니들과 달리 벨은 가족들이 처한 어려운 상황을 이겨내기 위해 열심히 노력한다. 배가 모두 난파되고 몇 년쯤 지났을 때 상인 소유의 배가 한 척 침몰하지 않고 항구에 도착했다는 소식이 들려온다. 기쁨에 겨워 배가 싣고 온 물건을 회수하러 가려던 상인은 떠나기 전에 아이들에게 갖고 싶은 선물을 말하라고 했다. 언니들은 멋진 옷과 보석을 사 달라고 했지만 벨은 그저 아버지가 무사히 돌아오는 것이 자신의 선물이라고 말하고 자신에게는 장미 한 송이만 가져다 달라고 부탁했다.

아버지는 돌아온 배를 향해 떠났고, 목적지에 이르러서야 그 배가 이미 진 빚 때문에 몰수됐음을 알았다. 가족은 또다시 가난해진 것이다. 절망에 빠진 상인은 집으로 돌아갔지만, 가는 길에 폭풍을 만나 길을 잃었고 정신을 차려 보니 한 성 앞에 서 있었다. 하룻밤 묵을 곳을 찾던 상인은 한 집을 발견하고 안으로 들어갔다. 집 안은 텅 비었지만 초가 켜져 있었고 긴 식탁에는 음식이 가득 차려져 있었다. 음식을 먹어도 되는지 물어볼 수 있는 사람이 없었기에 상인은 그저 식탁에 앉아 배가 가득 찰 때까지 먹고 마셨고, 그 뒤에는 침실로 들어가 잠이 들었다.

다음 날 아침, 집으로 떠나려던 상인은 성 한쪽에 있는 장미 정원을 발견했다. 벨의 소원이 생각난 상인은 정원으로 들어가 장미를 한 송이 꺾었고, 결국 성의 주인인 '야수'를 만나게 되었다. 먹을 것을 주고 잠자리를 제공한 자신의 호의를 장미를 훔치는 것으로 보답한 상인에게 화가 난 야수는 상인을 죽이겠다며 펄펄 뛰었다.

드 빌뇌브의 이야기에서는 야수가 코끼리 같은 몸통에 물고기의 비늘로 온몸이 덮여 있다고 묘사된다. "어마어마하게 큰 몸과 비늘이 부딪치면서 내는 철커덕 소리, 엄청난 포효 소리" 때문에 성안은 무시무시한 소리로 가득찼고 겁에 질린 상인은 자신이 어째서 장미를 꺾으려고 했는지를 설명하려고 애썼다. 상인의 설명을 듣고 어느 정도 화가 누그러진 야수는 상인에게 떠나도 좋다고 허락했지만, 그 대신에 그의 딸 한 명을 성으로 보내야 한다고 말했다.

실의에 빠진 채 (상인이 자신에게 빚졌음을 잊지 말라는 의미이자 여인들에게 보내는 선물로 야수가 잔뜩 싸준 보석과 멋진 옷을 가지고) 집으로 돌아온 상인은 야수의 성에서 겪은 일을 딸들에게 말한다. 애초에 자신이 장미를 부탁한 탓에 아버지가 곤란해졌다고 생각한 벨은 자신이 야수의 성으로 가겠다고 자청하고, 벨 때문에 아빠가 큰일 날 뻔했다고 비난한 언니들은 벨의 결정을 환영한다.

야수의 성으로 찾아간 벨은 그곳에서 야수와 함께 생활하면서 야수가 험하게 생겼지만 전혀 난폭한 존재가 아님을 깨닫는다. 어느 날 밤, 잘생긴 한 남자가 벨의 꿈에 나타나더니 겉으로 보이는 모습을 믿지 말라고 간청한다. "제발 보이는 모습으로 판단하지 말아요. 나를 포기하면 안 돼요. 내가 겪어야 하는 끔찍한 고통에서 벗어나게 해 주세요." 꿈이 뜻하는 의미를 전혀 이해할 수 없었던 벨은 야수가 성의 어딘가에 젊은 남자를 가둬 놓고 있다고 생각했다. 벨은 그 남자와 사랑에 빠졌지만 꿈속에서만 만날 수 있는 남자였기에 너무나도 슬펐다.

야수는 천천히 벨의 마음을 사로잡았다. 매일 저녁, 함께 저녁을 먹으며 야수는 벨에게 결혼해 줄 수 있는지 물었지만 꿈에 나오는 잘생긴 남자를 사랑하고 있던 벨은 그럴 수 없다고 대답했다. 정중하게 계속 야수의 청혼을 거절하는 동안 야수와 벨 사이에는 우정이 생겨났다. 하지만 벨의 마음은 계속 불안했다. "벨은 야수에게 익숙해졌지만 야수가 벨을 사랑하고 있었기에 그의 사랑이 어떤 식으로든 폭력으로 나타날 수 있다고 생각했기 때문이다."

(나는 "그의 사랑이 어떤 식으로든 폭력으로 나타날 수 있다고 생각했기 때문이다"라는 표현에는 정말로 매혹될 수밖에 없었다. 구애를 거절당한 남성이 폭력을 쓸 수도 있다는 여성의 두려움은 전적으로 일리가 있으며 불길한데, 이런 이야기가 수 세기 동안 계속해서 말해지는 이유는 여성들이 지금도 정확히 같은 두려움을 느끼기 때문이다.)

가끔은 누군지 알 수 없는 나이 많은 여인이 벨의 꿈에
찾아왔다. 그 여인은 야수와 계속해서 친구가 되어 달라
고, 결국에는 결혼도 해 달라고 간청했다. "용기를 내요,
벨. 너그러운 여인의 모범을 보여 주세요. 현명함과 매력
을 보여 줘요. 주저하지 말고 의무를 위해 좋아하는 걸 희
생해 줘요." 이 여인은 자신이 누구인지는 밝히지 않았다.

결국 야수와의 우정이 아무리 깊어졌어도 벨은 향수병
을 이기지 못하고 가족을 만나러 집에 다녀오게 해 달라
고 부탁한다. 야수는 그렇게 하라고 허락해 주지만, 벨이
두 달 안에 돌아오지 않으면 자신은 심장이 부서져 죽게
될 거라고 경고한다. 가족이 너무나도 보고 싶었던 벨은
반드시 두 달 안에 돌아오겠다고 약속한다.

벨은 꿈에 나타난 미지의 왕자에게 눈물로 작별 인사
를 하고 많은 선물을 가지고 집으로 돌아왔다. 벨을 다시
는 보지 못하리라고 생각했던 가족들은 정말로 기뻐했다.
(물론 벨의 언니들은 아니었다. "마음속으로는 벨을 다시
본다는 사실에 짜증이 났다. (…) 벨을 질투하는 마음이 사
라지지 않은 것이다.") 아버지와 오빠들은 벨에게 돌아가
지 말라고 애원했지만, 야수가 거듭해서 청혼했다는 말
에 벨의 아버지는 딸의 운명을 다시 고민한다.

"[다음에] 야수가 청혼하거든 거절하지 않는 게 좋겠구나.

너도 야수가 너를 아주 다정하게 대하고 사랑해 준다고 하지 않았니? 둘이 서로 떨어지지 않고 함께할 수 있는 적절한 방법을 택하는 게 좋겠구나. 내세울 것이라고는 잘생긴 것 하나밖에 없는 남자보다는 너를 사랑해 주는 남자를 남편으로 맞이하는 게 훨씬 좋단다. 얼마나 많은 아가씨가 그 야수보다 훨씬 잔혹하고 부유한 짐승과 결혼하라는 강요를 받는지 알잖니. 야수는 그저 모습이 잔혹할 뿐 감정이나 행동은 전혀 그렇지 않잖느냐.”

아버지의 말을 들었어도 벨은 확신이 서지 않았다. 꿈에 찾아오는 잘생긴 왕자를 사랑하는 자신이 야수와 결혼한다는 것은 상상이 되지 않았다. 집에서 머무는 기간을 두 달 넘기고도 성으로 돌아가지 않은 벨은 야수가 죽어 가고 있는 끔찍한 꿈을 꾸고 나서야 자신이 반드시 돌아가야 한다는 사실을 깨닫는다. 아버지와 오빠들은 여전히 벨에게 돌아가지 말라고 애원했다. (벨의 치명적인 매력 때문에 자신들의 연인을 잃은 언니들만이 벨에게 돌아가야 한다고 설득했다.) 벨은 야수가 자신에게 준 마법의 반지를 이용해 성으로 돌아간다.

성은 거의 텅 비어 있었다. 아무 할 일 없이 하루를 보낸 벨은 저녁 식사를 함께하려고 야수를 기다렸다. 저녁이 되어도 야수가 나타나지 않자 벨은 야수를 찾아 나섰고 정원에서 죽어 가는 야수를 발견한다. 슬픔에 젖은 벨은 서둘러 물을 찾아와 간신히 야수를 살렸다. 야수와 함께 성으로 돌아온 벨은 침실에 앉아 그동안 야수가 자신에게 얼마나 친절했는지, 멀리 떠나 있는 그녀를 얼마나 그리워했는지를 생각했다. 다음 날, 저녁 식사를 하는 동안 야수가 또다시 결혼해 줄 수 있는지 물었고 벨은 그렇게 하겠다고 대답했다.

그러자 밖에서 대포가 울리기 시작했다. 축하의 팡파르를 울리고 있는 것이 분명했다. 세 시간 동안 마법의 폭죽이 터졌고, 모든 축하 의식이 끝난 뒤에 벨과 야수는 각자 방으로 돌아가 잠을 잤다.

그날 밤, 벨의 꿈에 나이 많은 여자가 나타나 야수를 사랑하게 된 것을 축하해 주었다. 아침이 되어 벨이 눈을 뜨자 침실 소파에서 잠들어 있는 미지의 왕자가 보였다. 그리고 벨은 자신이 꿈에서 보았던 잘생긴 젊은 남자가 사실은 야수였음을 알게 된다. 잠시 뒤, 꿈에서 본 여인이 벨과 (여전히 자고 있는) 왕자가 있는 방으로 찾아온다. 꿈속의 여인은 또 다른 여인과 함께 왔다. 꿈속의 여인은 사실 성의 왕비이자 왕자의 어머니였고 함께 온 여인은 왕자에게 저주를 내리고 벨을 통해 그 저주가 풀릴 때까지 모든 과정을 지휘한 요정이었다.

벨이 상당히 지위가 낮은 평민 집안의 딸이라는 사실

을 알게 된 왕비는 크게 실망하고 ("뭐라고? 고작 상인의 딸이라고?") 벨에게 왕자와 결혼할 수 없다고 말한다. 벨도 그 말에 별다른 이의 없이 동의한다.

"내가 청혼을 받아들인 건 사람보다 못한 존재에게 연민을 느꼈기 때문이라고 믿어요. 그와 약혼한 건 그에게 정말로 큰 호의를 베풀고 싶었기 때문이에요." (그때 요정은 왕자가 잠시 말을 못 하게 만들어 두었기 때문에 왕자는 그 어떤 반응도 보이지 않는다.) 두 사람의 대화에 불쾌해진 요정은 가장 큰 반전을 제시한다. 벨은 사실 왕비의 조카였다.

벨이 사실은 왕가의 혈통임을 알게 된 왕비는 (근친상간 따위는 아랑곳하지 않고) 마음이 풀려 두 연인을 축복했고 벨과 (왕비와 요정이 내는 시끄러운 소리에 드디어 깨어나 여자들을 보러 침실 밖으로 나온) 왕자는 결혼했다. 궁전 사람들은 벨의 아름다움과 친절한 마음씨에 황홀해했다. 왕비는 두 사람의 사랑 이야기를 기록해 널리 전파했고, 두 사람의 동화는 "온 우주로 퍼져 나가 벨과 야수가 겪은 근사한 모험 이야기는 절대로 끊이지 않고 계속해서 회자되었다."

드 빌뇌브는 이 동화를 근사한 모험 이야기라고 했다. 그리고 두 사람은 영원히 행복하게 살았다. 이상, 끝!

"내가 청혼을 받아들인 건 사람보다 못한 존재에게 연민을 느꼈기 때문이라고 믿어요." 벨은 이렇게 말했다.

캐나다 예술가이자 다른 얼굴로 살아가는 사람들의 대변자인 페니 로커Penny Loker는 『미녀와 야수』 이야기에 여러 가지로 공감한다. 페니는 반안면왜소증hemifacial microsomia과 골덴하르 증후군Goldenhar Syndrome을 가지고 있다. 태아였을 때 얼굴의 부드러운 조직과 뼈가 제대로 형성되지 않은 것이다. 태어났을 때 페니에게는 왼쪽 아래턱과 왼쪽 광대뼈가 없었고 위턱도 둘로 갈라져 있었다. 눈꺼풀은 위와 아래가 거의 붙어 있어서 수술로 분리해야 했다. 자라면서 페니는 자신의 얼굴이 다른 사람들과 다름을 알았지만 그 다름이 세상이 자신에게 반응하는 방식을 어떤 식으로 규정할지는 짐작도 하지 못했다. 하지만 학교에 들어가자마자 세상이 다름에 대해 반응하는 방법을 곧 배울 수 있었다.

"이런 다름과 함께 자라야 했기 때문에 나의 역사는 아주아주 짜증 나게 길었어요. 나로서는 그게 알고 있는 전부였어요. 지난 38년은 정말 지독히도 형편없는 시간이었지만, 그 덕분에 그런 일을 어떻게 다루어야 하는지 알게 됐죠." 페니의 말투는 비꼬는 것 같았지만 목소리는 따뜻했다.

페니에게는 친구도 없었고 파자마 파티도 없었다. 살아 가는 내내 욕을 들어야 했던 페니는 욕을 들을 때마다 무 시하는 수밖에 달리 대응할 방법이 없었지만, 계속해서 사람들의 반응을 무시하는 건 쉬운 일이 아니었다.

나와 대화를 나눈 많은 사람처럼 페니도 탈출할 수 있 는 친숙한 공간을 제공하고 결국에는 모두 행복해지고 더 나은 세상이 올 거라고 약속하는 동화를 읽으며 위로 를 받았다. "어렸을 때는 대부분 나 혼자 놀아야 했어요. (…) 언제나 결국에는 모든 일이 잘될 거라고 생각했어요. 이야기에 나오는 것처럼 일단 어른이 되면 집도 생기고, 사랑하는 사람도 생기고, 아이들도 생기고, 나는 정말로 멋진 엄마가 되리라고 믿었어요. 하지만 나이를 먹으면서 내 인생은 그런 식으로 흘러가지 않으리라는 걸 깨닫게 됐어요. 나를 피하는 사회가 내가 나이 든다고 해서 더 나 은 대접을 해 주지는 않으리라는 걸 알았으니까요."

하지만 바로 그것이 『미녀와 야수』 같은 동화가 이 세 상에 알려 주는 가르침 아니었던가? 동화의 시작 부분에 나오는 야수의 특징은 너무나도 무섭고 야수는 정말로 **야수처럼** 그려지고 있다. ("그 입 다물어, 이 바보 같은 수 다쟁이야." 벨의 아버지가 장미를 꺾었다는 사실을 알게 된 야수가 울부짖었다. "네 아첨 따위 필요 없어. 네가 날 뭐라고 부르건 상관없단 말이야. 나는 '주인님'이 아니야.

난 야수라고. 넌 죽어 마땅해. 당연히 죽게 될 거야.") 상냥함과 겸손의 가치를 배우고 나서야 야수는 내면과 외면이 적절하게 균형을 이루는 '진정한' 자신의 모습을 되찾게 된다. 다시 말해서 야수는 제대로 행동하는 법을 배우기 전까지는, 내면이 외면을 아름답게 만들기 전까지는 사회에서 따돌림을 당할 수밖에 없다. 야수는 자신에게 제대로 된 자질이 있음을 분명하게 드러내 보여야 행복한 결말에 이를 수 있지만 벨은 타고난 성격과 자질 덕분에 동화가 시작될 때부터 끝날 때까지 계속해서 칭송받는다.

다른 사람들과 다르게 생긴 사람을 사랑하는 일에 천부적인 고귀함을 논할 이유는 없다. 더구나 원본 『미녀와 야수』에서 벨은 야수가 사실은 친절하고 선한 존재임을 알면서도 결혼하겠다는 결심을 쉽게 하지 못한다. 그런데도 왜 벨이 고귀한 희생을 했다고 강조하는 것일까? 왜 지금까지도 휠체어를 타거나 팔다리가 없거나 얼굴을 다쳤거나 안으로든 밖으로든 어딘가 장애가 있는 사람과 결혼하는 사람들을 '고귀하다'라는 말로 추앙하는 걸까?

정말로 큰 호의. 드 빌뇌브의 벨은 처음부터 야수와 결혼하려던 이유가 동정심 때문임을 인정한다. 청혼을 받아들이는 시점이 되면 벨은 야수를 더는 끔찍하게 여기지 않았을 테지만 그래도 역시 자신과 같은 사람보다는 열등한 존재라고, 사실은 자신과 결혼할 생각은 꿈도 꾸지 못할 정도로 아주 낮은 위상을 가진 존재라고 생각했다. 실제로 내면의 선함과 진실한 마음이 더욱 중요하다고 말했던 아버지의 충고가 벨에게는 거의 와닿지 않았다. "어떻게 조금도 공감할 수 없고 흉측한 외모를 보상해 줄 멋진 대화도 하지 못하는 존재를 남편으로 맞을 수 있겠어? (…) 난 절대로 그런 결혼은 참을 수가 없어. 두려움과 슬픔, 역겨움과 지겨움 때문에 매일 조금씩 죽어 가느니 지금 당장 죽는 걸 택하겠어."

(벨이 청혼을 받아들이기 힘든 이유로 야수의 외모와 함께 '멍청함'이라는 눈에 띄는 특성과 활기찬 대화를 할 수 있는 능력이 없음을 꼽는다는 점이 흥미롭다. 벨은 야수에게는 외모를 보완해 줄 장점이 하나도 없는 것처럼 말하고 있다. 이 부분을 처음 읽을 때는 사회가 장애인들을 보이지 않는 줄에 세운다는 느낌을 받을 수밖에 없었다. 지적 장애는 신체장애보다 차별을 받을 때가 훨씬 많다. 이 사회는 야수를 끔찍하게 여기지만 멍청한 야수는 정말로 끔찍하게 여긴다.)

성으로 돌아와 죽어 가는 야수를 발견하고 충격을 받은 벨이 야수를 다시 되살리고 청혼을 받아들이는 이유는 야수를 사랑하게 되었기 때문이 아니라 야수와 결혼하는 것이 자신의 의무라고 생각했고 야수에게 연민을 느꼈기 때문이다. 야수가 자신에게 얼마나 친절한지를 깨달은 벨은 죄책감 때문에 아무 말도 하지 못한다. 디즈니 만화 영화(와 그 뒤에 나온 실사 영화)의 벨이 아직은 야수의 몸을 벗지 못한 야수의 귀에 대고 울면서 **사랑한다**고 속삭이는 모습과는 달리 드 빌뇌브의 벨은 결혼을 승낙하는 순간에도 주저한다. "벨은 잠시 아무 말도 하지 않았다. 하지만 마침내 마음을 다잡고 야수에게 말했다. '좋아요, 야수님. 결혼하겠어요.'"

그날 밤, 벨의 꿈속으로 미지의 잘생긴 왕자가 찾아와 벨이 곧 야수와 결혼한다는 사실에 크게 기뻐한다. 그런 왕자를 보면서 벨은 함께 기뻐하지 않고 자신이 다른 사람과 결혼한다는 사실을 기뻐하는 왕자에게 **크게 화를 낸다**. 왕자가 자신이 야수의 진짜 모습임을 밝힌 뒤에야 벨은 지금까지 있었던 일들을 이해하게 된다. "의무 때문에 행한 일이 정말로 즐거운 결과를 냈다는 사실을 알게 된 (…) 벨은 정말로 기뻤다."

놀랍게도 동화에서 줄곧 그리던 벨의 친절한 성격과는 조금 다른 이런 모습 때문에 벨의 외모에 문제가 생기지는 않는다. 독자들은 그저 벨의 행동을 그런 상황이라면 누구나 그런 식으로 반응할 수밖에 없는 자연스러운 실수라고 받아들인다.

'상대는 야수라고. 누구든 벨과 같은 처지가 되면 같은 행동을 할 거야.'라고 생각하는 것이다.

세월이 흘러 가정교사이자 작가인 잔 마리 르프랭스 드 보몽Jeanne-Marie Leprince de Beaumont이 아이들을 위해 축약한 『미녀와 야수』에서는 코끼리 같은 몸통과 온몸을 덮은 비늘은 사라지고 야수는 그저 '끔찍하다'고만 묘사되며, 벨이 가족을 만나러 집으로 돌아왔을 때 야수가 죽어가는 꿈을 꾼다는 끔찍한 장면도 나오지 않는다. 벨은 그저 갑자기 자신이 야수의 성을 떠나온 것이 잘못이었음을 깨닫는다. "도대체 왜 그의 청혼을 거절했을까? 형부들 같은 남편과 사는 언니들보다 야수와 사는 내가 훨씬 행복할 게 분명해. 여자를 행복하게 만들어 주는 남편은 재치가 있는 사람도 아니고 잘생긴 사람도 아니야. 선하고 상냥하고 부드럽고 정중한 사람이야. 야수는 그런 모든 미덕을 갖추었어." 성으로 돌아온 벨은 죽어 가는 야수를 발견한다. 이번에도 벨은 서둘러 물을 가져와 야수의 머리에 부었고, 야수는 깨어난다. 벨은 깨어난 야수에게 사랑한다고 고백하고 청혼을 받아들이겠다고 말한다. 그 순간 갑자기 빛이 번쩍이면서 음악이 흘러나오고 야수는 온데간데없이 사라지고 멋진 왕자님이 벨 앞에 나타난다.

드 보몽의 『미녀와 야수』에서는 요정이 나와 벨의 고귀한 신분을 밝힌다는 길고 지루한 이야기는 나오지 않는다. 그저 야수에게 저주를 건 요정이 다시 나타나 저주가 풀린 야수를 보며 기뻐할 뿐이다. 여전히 허영심과 질투심 많은 언니들은 "자신들의 잘못을 인정할 때까지" 벨과 그녀의 남편이 사는 성 입구를 지키는 석상으로 바뀐다. "하지만 나는 언니들이 계속 석상으로 남아 있을까 봐 두렵다. 자만심과 분노, 폭식과 게으름은 어쩌면 고칠 수도 있을 테지만 악한 마음과 질투에 사로잡힌 마음이 바뀌는 건 기적에 가까우니까."

　드 보몽은 동화에 도덕적 가르침을 끼워 넣는 방식으로 유명하다. 여성을 주요 독자층으로 겨냥한 드 보몽의 『미녀와 야수』도 프랑스의 요정 이야기들이 변화의 주체로 여성을 소환하는 것처럼 동일한 이야기 장치를 활용한다. 드 보몽의 『미녀와 야수』가 정략결혼을 해야 하는 젊은 아가씨를 위한 동화임은 추론할 수 있다. 『미녀와 야수』가 품고 있는 '결국에는 사랑하게 될 것이다'라는 도덕관념은 이제부터 살아가야 할 새로운 삶에 두려움을 느끼는 젊은 아가씨들에게는 단순한 위로 이상의 의미를 지녔다.

　민속학자 마리아 타터Maria Tatar는 『미녀와 야수』 모음집 『미녀와 야수: 전 세계에 존재하는 동물 신부와 신랑에 관한 고전 이야기*Beauty and the Beast: Classic Tales about Animal Brides and Grooms from Around the World*』의 머리말에서 "부를 얻고 신분 상승을 하고 싶었던 부모의 욕망이 딸들을 야수에게 바친 것이다."라고 지적하면서, "『미녀와 야수』 같은 이야기들은 실제 과거의 사회상을 반영하고 있을 가능성이 있다. 많은 정략결혼에서 신부는 괴물에게 잡혀간다는 느낌이 들었을 것이 분명하다."라고 했다.

하지만 18세기 프랑스의 젊은 여성들에게는 지켜야 할 행동 방식이 있었다. 사회 구조를 전복하고 개혁을 요구했던 전대의 작가들과 달리 드 보몽의 『미녀와 야수』는 여성은 가정을 지키고 자신의 욕구는 다른 식으로 승화해야 한다고 강조한다. 자이프스는 드 빌뇌브의 동화를 각색해 출간한 드 보몽의 1757년 작품 『어린아이들을 위한 보물 창고*Magasin des Enfans*』는 "여러 상황에서 여자아이들이 해야 할 행동을 알려 줄 교훈적인 목적으로 출간한 책"이라고 했다. 그러니까 동화가 체제를 전복하기 위한 도구에서 현 상황을 유지하기 위한 도구로 바뀌기 시작한 것이다. 세상의 다름을 구체적으로 설명하는 이야기가 아니라 정해진 색채를 띤 동일한 행복에 도착하라고 촉구하는 이야기가 된 것이다.

어둡고 거칠었던 이야기는 밝고 지루한 이야기로 바뀌고 말았다. 동화 속 의기양양했던 이야기들은 모두 다 어디로 간 것일까? 심지어 공주가 결혼식장 안에서 기다리는 왕자를 향해 걸어갈 때조차 의기양양함은 어디서도 보이지 않는다.

안데르센의 『미운 오리 새끼』는 1844년에 출간된 아주 유명한 동화다. 동화에서 못생긴 오리는 형제들보다 훨씬 늦게 부화한다. 다른 오리들이 모두 부화한 뒤에도 며칠이나 어미가 품어야 했던 가장 큰 알에서는 다른 오리보다 훨씬 크고 깃털이 풍성한 막내 오리가 태어난다. 어미 오리는 늦게 태어난 막내의 모습을 보고 크게 실망했지만 그런 기색을 숨기고 아이들을 데리고 호수로 간다. 물속에서 아름답게 헤엄치는 막내를 보면서 어미 오리는 "저 아이는 내 아기야. 찬찬히 살펴보면 저 아이도 그렇게 못생기지는 않았어."라고 생각한다. 어미 오리는 막내의 생김새에 실망한 농장 동물들이 막내 오리를 놀리고 조롱할 때마다 앞에 나서서 막내를 감싸 준다.

"그래, 이 애는 그다지 예쁘지는 않아. 하지만 성격도 너무 좋고 다른 아이들만큼, 아니 다른 아이들보다 훨씬 헤엄도 잘 치는걸."

하지만 농장 동물들이 잔혹하게 막내 오리를 놀리자 결국 어미 오리도 더는 견디지 못하고 막내는 태어나지 않았으면 더 좋았을 거라는 말을 한다. 그 말을 듣고 실의에 빠진 막내 오리는 농장을 떠나 세상 밖으로 나온다.

막내 오리의 여정은 고난의 연속이었다. 막내 오리는 다른 오리들을 만나고 거위를 만나고 잠시 고양이와 닭과 함께 홀로 살아가는 한 할머니의 집에 머문다. 물을 보지 못하는 환경에서 막내 오리가 자신이 얼마나 헤엄을 사랑하는지, 호수에서 머문 시간을 사랑하는지를 생각하고 있을 때 할머니의 닭이 막내 오리는 전혀 쓸모가 없다며 나무란다. "하등 쓸데없는 생각만 하는구먼. (…) 할 일이 없으니 그런 바보 같은 공상에 빠진 거야. 그르렁거리거나 알 낳는 법만 알아도 그런 쓸데없는 생각은 나지도 않을 거야."

(아름답지도 않고 쓸모도 없는 오리. 아리스토텔레스도 못생긴 아기 오리는 쓸모가 없다고 생각했을 것이다.)

막내 오리는 다시 할머니의 집을 떠나 세상으로 나간다. 어느 날, 하늘을 나는 아름다운 새 떼를 본 막내 오리는 "자신도 두려움에 떨 정도로 이상하고 날카로운 목소리로 부르짖었다. 저렇게 아름답고 행복한 새들을 잊을 수가 있을까? 마침내 새들이 완전히 사라지자 못생긴 오리는 자기도 모르게 흥분해서 물속 깊이 들어갔다가 떠올랐다."

겨울이 다가오고 있었다. 막내 오리는 호수에서 거의 얼어 죽을 뻔했지만 한 소작농이 막내 오리를 발견하고 자신의 농가로 데려갔다. 소작농의 아이들은 따뜻한 난로 옆에서 정신을 차린 막내 오리와 놀고 싶었지만 아이들이 자신을 놀리거나 다치게 할 수도 있다는 생각에 겁에 질린 막내 오리는 소작농의 집에서 빠져나와 겨울 동안 숨어 지낸다. 매서운 겨울이 지나가고 막내 오리는 봄이 찾아오고 있는 황무지로 나간다. 기지개를 크게 켜던 막내 오리는 겨울 동안 자기 날개가 크고 강해져서 하늘 높이 날아오를 수 있음을 알게 된다. 막내 오리는 가을에 봤던 아름다운 새를 세 마리 발견하고 그 옆으로 날아간다.

"저 고귀한 새들에게 날아갈 거야. 그러면 저 새들이 나를 죽이겠지. 못생기고 추한 내가 감히 가까이 갔으니까. 하지만 그런 건 문제도 아니야. 오리에게 쪼이느니, 닭에게 물리느니, 모이 주는 하녀에게 차별받느니, 겨울에 굶어 죽느니, 저들에게 죽는 게 훨씬 나아."

하지만 그 새들은 막내 오리를 죽이지 않았다. 오히려 그 새들은 막내 오리의 진정한 모습을 알아봐 주었다. 막내 오리가 자기 힘으로 한 마리 아름다운 백조로 자라났음을 확인해 주었다. 호수에 비친 자신의 그림자를 얼핏 내려다본 이전의 못생긴 오리는 자신의 아름다움에 깜짝 놀랐지만 그와 동시에 겸허해졌다. 그리고 "곧 부끄러움을 느끼고 머리를 날개 속에 파묻었다. 어떻게 반응해야 할지 몰랐기 때문이다. 자신의 모습에 아주 기쁘기는 했지만 조금도 자랑스럽지는 않았다." 이야기가 끝날 때면 나이 많은 백조들조차 그 젊고 잘생긴 백조에게 절을 하고, 젊은 백조는 기쁨에 겨워 큰 소리로 울부짖는다. "막내 오리는 깃털을 부르르 떨고 가느다란 목을 길게 빼면서 있는 힘을 다해 기쁨의 소리를 내질렀다. '못생긴 오리였을 때는 정말 이렇게 행복하게 되리라고는 꿈도 꾸지 못했어!'"

『미운 오리 새끼』는 더할 수 없을 정도로 안데르센 자신의 삶을 닮았다. 농장은 바깥세상과 사회 계층이 만들어 내는 잔혹함을 상징했고, 못생긴 아기 오리가 겪어야 했던 시련들은 신이 고귀하고 가치 있는 개인을 정화하는 과정이었다. 동화가 끝날 때가 되면 여러 시련을 겪어 겸손해진 못생긴 오리는 아름다워질 뿐 아니라 자신의 아름다움과 행운을 누릴 가치가 있는 존재로 거듭난다. (못생긴 아기 오리가 수컷이 아니라 암컷이었어도 같은 결말을 맞았을지 궁금하다.)

『미운 오리 새끼』는 경고성 이야기가 아닌 동화로 자주 언급된다. 가해자에게 그들이 한 행동을 경고하거나 훈계하는 대신 피해를 받은 사람들에게―특히 젊은 여성들에게―좋은 시기가 올 테니 참고 견디라고 타이른다. 못생긴 아기 오리를 이해하지 못하는 동물이 가득한 농장은 한 사람이 발휘할 수 있는 잠재력이 무엇인지를 이해하지 못하는 세상이다. 동화의 끝에서 못생긴 아기 오리를 자기 무리로 받아들인 백조들은 못생긴 아기 오리가 계속 찾아 헤맸던 진정한 공동체다. "백조의 알에서 부화했다면 농장에 있는 오리의 둥지에서 태어났다는 사실은 한 새에게는 조금도 중요하지 않다." 한 새가 사실은 언제나 백조였음을 알게 된다면 열등한 새들이 가하는 조롱과 고통의 시련이 무슨 의미가 있겠는가?

이야기의 첫 부분에서 아무리 아기 오리가 흉하게 생겼다고 해도 이야기의 끝부분에 나오는 백조가 아름답다는 것은 객관적으로 부정할 이유가 전혀 없다. 특히 이런 '결핍-결핍-결핍 제거 패턴'에서는 아름다움은 처음에는 결핍으로 작용하지만 마지막에는 충족되어 그럴 자격이 있는 사람은 결국 아름다워진다는 사실을 강조하는 역할을 한다.

하지만 말만 못생긴 오리일 뿐 현실에서 못생긴 오리는 단 한 번도 못생긴 적이 없었다. 그저 그렇게 느끼도록 강요당한 것뿐이다. 못생긴 오리는 오직 자신이 다른 존재와 얼마나 닮았는지만 보고 자신의 아름다움을 평가했다. 못생긴 오리가 감내해야 했던 고통과 괴로움은 적절한 공동체 안으로 들어가 주변 존재들의 눈에 비친 긍정적인 자신을 보는 순간 사라져 버린다.

2018년에 나는 매기 오파렐Maggie O'Farrell의 『나야, 나야, 나: 죽음을 경험한 열일곱 살 *I Am, I Am, I Am: Seventeen Brushes With Death*』을 읽었다. 오파렐이 어렸을 때부터 바이러스성 뇌염의 영향을 계속 받는 상황을 묘사하는 부분에서는 그 모든 말이 다 나의 이야기 같았다.

집중하지 않으면 엎어지거나 휘청거린다. 계단을 오를 때나 내려갈 때는 발에서 시선을 떼지 않고 한 계단 한 계단 신경 써서 오르내려야 한다. 계단을 올라가거나 출입구를 빠져나갈 때는 누구든지 나에게 말을 시키면 안 된다. 그런 과제를 수행하려면 정말로 집중해야 한다. 나는 눈을 감고 하는 술래잡기 놀이도 서핑도 해 본 적이 없고 하이힐을 신어 본 적도 없고 트램펄린에서 뛰어 본 적도 없다. (…) 도서 축제에서는 혹시라도 사람들 앞에서 넘어질까 봐 무대에 오르기가 두렵다. (…) 아기를, 특히 갓난아기를 안고 계단을 오르내릴 때는 우리의 영장류 조상이 그랬던 것처럼 남은 손으로 땅바닥을 짚으면서 균형을 맞추려고 애쓴다.

(나는 아기를 안고 계단을 올라가지 않는다. 내가 그런 일을 할 수 있다는 믿음이 없기 때문이다.)

예상하지 못했던 곳에서 장애인 공동체를 찾는 일은 나에게는 정말 큰 의미가 있다. 내가 좋아하는 작가가 자신의 어려움을 자세하게 들려줄 때 그 어려움이 나의 어려움이기도 하다는 사실을 깨닫게 되고, 뇌성마비가 있는 한 여성이 무대 위에서 자신의 경험을 말해 줄 때는 나에게도 그런 어려움이 생길 수 있음을 자각하게 된다.

하지만 자신의 삶은 이야기가 정해 놓은 정갈한 경계 밖에서 작동한다는 사실을 알고 있는 여성에게 『미운 오리 새끼』가 어떻게 위로가 될 수 있을까? 이런저런 장애 때문에 자신이 추하게 느껴지고, 자신이 들어갈 수 있는 공동체를 찾으려고 고군분투하는 아이에게 『미운 오리 새끼』 읽기는 어떤 소용이 있을까? 우리 장애인 대부분은 결코 장애가 사라지지 않는다. 성인이 된다고 해서 누가 봐도 아름다운 백조가 되는 일은 없다. 언제나 갈망해 왔던 대로 우리가 공주나 왕자임을 드러내 줄 높이 쌓인 매트리스 더미 따위는 어디에도 없다.

드림웍스의 2001년 만화 영화 〈슈렉〉은 동화의 공식을 뒤집은 반전 덕분에 아주 빠르게 유명해졌다. 영화에서 피오나 공주는 요정의 저주 때문에 밤마다 오거[21]로 변한다. 영화의 끝부분에서 공주는 진심으로 사랑하는 슈렉

21  서양의 전설 혹은 신화에 등장하는 인간 형태를 한 괴물의 종류

과 키스하면서 저주가 풀린다. 그런데 놀랍게도 저주가 풀린 피오나 공주는 아름다운 빨간 머리 공주가 아닌 오거로 남았다.

"나는 내가 아름다워질 거라고 생각했어." 자신이 처한 상황을 도저히 이해할 수 없었던 공주는 중얼거렸고, 슈렉은 그저 공주를 안심시키듯 손을 잡았다.

"당신은 **아름다워**."

사랑으로 충만한 두 사람은 어쨌거나 행복한 결말을 맞았다. 하지만 그렇다고 해서 피오나 공주가 이제 막 결혼한 남편이 말해 주기 전까지는 자신을 아름답게 느끼지 못했다는 사실을 외면해서는 안 된다. 아름다움의 의미를 확고하게 정해 놓은 세상은 피오나와 수많은 다른 공주들에게 인생에서 성공하고 진짜 행복한 결말을 맞으려면 반드시 특정한 방식으로 사람들에게 보여야 한다고 말한다. 영화의 마지막 장면에서 피오나 공주가 세상에서 말하는 아름다운 모습을 갖지 못했다는 사실, 그리고 관객들도 그렇게 믿는다는 사실은 오직 피오나 공주의 남편도 공주처럼 다르다는 사실에 의해서만 받아들여질 수 있다. 두 사람은 **함께여야만** 이 세상에서 다른 존재로 존재할 수 있다. 그래야만 이 세상은 두 사람이 도달해야 할 곳으로 가지 못한 책임을 지지 않을 수 있다.

피오나 공주가 영원히 사람인 공주로 남았다면 슈렉과

피오나 공주에게는 어떤 일이 생겼을까? 이 세상은 두 사람이 계속 사랑하면서 살아가기를 열렬하게 바랐을까? 못생긴 아기 오리는 어땠을까? 못생긴 아기 오리가 백조 무리를 발견하지 못하고 자신도 그들처럼 아름답다는 사실을 알지 못했다고 해도 남은 생을 당당하게 살아갈 수 있었을까? 아니면 영원히 자신을 버림받은 존재로 인식하며 애처로운 운명을 받아들였을까? 오거인 슈렉과 사람인 피오나 공주가 함께했다면 두 사람은 늘 따돌림을 당하고 소문 거리가 되지는 않았을까? 사람인 피오나 공주는 늘 안타까운 연민의 대상으로 살게 되지 않았을까?

"정말로 착한 사람이야. 어떻게 저렇게 생긴 오거랑 함께 살 수 있을까?"

"정말 마음 따뜻해지는 이야기지 뭐야."

〈슈렉〉이 아니더라도 이런 이야기는 늘 들려온다. 휠체어를 탄 여인이 신부복을 입고 예식홀을 지나 당당하게 남편 앞에 서도, 화상을 입어 모습이 변한 남편 옆에 아내가 굳건하게 서 있어도, 한 남자가 근위축증이 있는 여자와 사랑에 빠져도 세상은 늘 이런 이야기를 한다.

"그런 사람들을 사랑하다니, 넌 정말 좋은 사람이구나."
야수나 슈렉을, 백조가 될지도 모르는 못생긴 오리를 사랑하다니. 휠체어를 탄 여인을, 가면을 쓴 남자를 사랑하다니. "나라면 불가능했을 텐데. 네가 했다고 해서 내가 꼭 해야 하는 건 아니잖아."

작가 로라 도워트Laura Dorwart는 『캐터펄트Catapult』 2017년 12월 호에 발표한 「나의 사지마비 남편과 나에 관해 세상이 잘못 알고 있는 것들」이라는 글에서 사지마비로 휠체어를 타고 생활해야 하는 남편 제이슨Jason을 두고 늘 "어떻게 견디세요?"라고 묻는 사람들 이야기를 자세하게 썼다. "사람들은 '정말로 끔찍할 거예요. 그런 삶을 매일 견뎌야 한다니, 안됐어요. 나는 정말 상상도 못 하겠어요' 같은 말을 한다."

로라와 제이슨이 매일 겪어야 하는 일상을 읽어 나가는 동안 두 사람에게 연민을 보이는 사람들이 자신도 모르게 깊은 속마음을 드러낸다는 사실이 인상 깊었다. 그 사람들은 로라와 같은 삶을 사는 것은 상상할 수도 없다고 했다. 동화의 테두리 밖에서는 행복한 결말을 상상할 수 없는 무능력. 그것이야말로 정말로 상상력의 부재라고 할 수 있을 것이다.

로라는 "휠체어는 대중에게 두려움, 동정, 영감을 불러 일으키는 영원한 촉매제로, 우리를 작게 만드는 모든 이야기에서 모든 것이 그 주위에서 빙글빙글 돌게 만드는 축으로 작용한다. 아무리 의도하지 않았다고 해도 휠체어는 모든 이야기에서 주인공도 되고 악당도 되며, 주인공과 악당 사이에 존재하는 모든 것이 되어 버리기도 한다."라고 했다.

로라의 이야기에서 휠체어는 야수와 못생긴 오리의 추한 외모가 그랬던 것처럼 이야기를 이끌어 가는 힘이 된다. 다르게 보인다는 것이 어떤 의미인지, 이 세상에서 다른 존재로 살아간다는 것이 어떤 의미인지를 명확하게 규정하고 있는 사회는 로라와 제이슨의 삶도 행복할 수 있음을 이해하지 못한다. 그렇기 때문에 시선을 치유로 돌린다. 휠체어가 없는 세상, 예측할 수 있고 묘사할 수 있는 패턴으로 아름다움이 존재하는 세상에만 초점을 맞춘다. 그 외에 다른 것은 조금도 상상할 수 없다.

로라는 "한밤중에 깨어나 누운 채로 기적 같은 치유를 바라거나 구원해 달라고 애원하지는 않는다. 내가 원하는 건 휠체어가 올라갈 수 있는 경사로다. 욕실로 집으로 폭포로 갈 수 있고, 관람용 차나 기차 객실에 올라갈 수 있고, 면접을 보러 가고 국회의사당에 들어갈 수 있도록 경사로가 만들어지기를 원한다. (…) 내 꿈에서는 (…) 식당 종업원과 비행기 승무원이 우리를 보고 두려워하지 않는다. 의사들은 우리 말에 귀 기울인다. 내가 꿈에서 보기 원하는 건 그가 걷는 모습이 아니다. 그가 상처받지 않는 모습이다."라고 했다.

그러니까 개인의 변화를 행복한 결말로 꿈꾸지 않는

사람들도 있는 것이다.

그런 우리는 우리처럼 생긴 사람들에게서, 계단에서 넘어지고 찻주전자를 엎은 경험을 함께 나눌 수 있는 사람들에게서 빛의 점들을 발견한다. 우리는 함께 모여 사회를 바꿀 꿈을 꾼다.


2018년 11월, 영국에서는 '나는 당신의 악당이 아니다I Am Not Your Villain' 캠페인이 시작됐다. 확연히 눈에 띄는 얼굴 장애가 있는 사람들을 위한 영국의 대표적인 자선단체 '체인징 페이시스Changing Faces'가 주도하는 이 캠페인의 목적은 텔레비전과 영화 같은 매체가 어떤 식으로 흉터나 얼굴 변형, 얼굴 장애를 악당임을 나타내는 '증표'로 남용하고 있는지를 알리는 것이다.

〈라이온 킹〉의 악당 스카를 생각해 보자. 〈배트맨〉 시리즈에 나오는 조커(와 투페이스), 〈캡틴 아메리카〉의 레드 스컬, 〈원더 우먼〉의 닥터 포이즌, 〈백설 공주〉의 사악한 왕비가 변장한 노파도 있다. '본드'의 악당들도 생각해 보자. (2006년 대니얼 크레이그가 제임스 본드가 된 뒤로 악당이 네 명 나왔는데, 그 가운데 세 명이 얼굴에 흉터가 있었다.) 〈스타워즈〉의 다스 베이더, 스카페이스라는 별명으로 불렸던 알 카포네, 〈나이트메어〉의 프레디 크루거, 〈보드워크 엠파이어〉의 리처드 해로, 〈데드풀〉의 웨이드 윌슨, <G. I. 조>의 스네이크 아이즈, <왕좌의 게임>의 그레고르와 산도르 클리게인, <텍사스 전기톱 연쇄 살인 사건>의 레더페이스도 모두 얼굴에 흉터가 있다. <해리포터> 시리즈(책과 영화)에 나오는 볼드모트도 얼굴이 변형됐다.

2018년 11월 체인징 페이시스 홈페이지에는 다음과 같은 통계 자료가 올라왔다.

- 외모가 다르게 생긴 아이와 친구가 될 수 있다고 대답한 어린아이는 설문에 답한 전체 어린아이 가운데 3분의 1 미만이었다.
- 외모가 다르게 생긴 청년과 청소년 가운데 거의 절반이 학교에서 험한 일을 당한 경험이 있다고 대답했다.
- 젊은 사람들 가운데 절반이 외모가 다른 사람에게 부정적인 행동을 하는 모습을 목격한 적이 있다고 대답했다.

'나는 당신의 악당이 아니다' 캠페인이 시작되고 한 달도 되지 않아 영국 영화 협회Britisch Film Institute는 더는 얼굴을 다쳤거나 얼굴에 흉터가 있는 악당이 나오는 영화에는 투자하지 않겠다고 선언했다. 조직으로서는 첫 번째 선언이었다. 체인징 페이시스를 비롯한 많은 단체가 영국 영화 협회의 결정을 환영했다.

「텔레그래프」 2018년 11월 기사에서 체인징 페이시스의 최고 책임자 베키 휴잇Becky Hewitt은 "영화 산업은 다양성을 표현해 대중에게 영향을 미칠 힘이 있다. 그런데도 영화는 흉터나 다르게 생김을 악당을 나타내는 증표로 너무나도 자주 사용한다."라고 했다.

'나는 당신의 악당이 아니다' 캠페인의 한 홍보 영상에서 젊은 대변인이 나와서 말했다. "흉터가 있는 공주도 있을 수 있어요. 태어날 때부터 있는 점 같은 특징 덕분에 목숨을 구하는 사람도 있을 수 있어요. 그런 특징들이 차이를 만들지는 않아요."

또 다른 대변인은 말했다. "외모가 다른 사람을 영웅이 아니라 악당으로 묘사하는 건, 다르게 생긴 사람은 무섭거나 비열한 사람으로 정형화하는 행위일 뿐이에요. (…) 자라면서 더욱 무서워지는 이유는 당신 같은 사람, 다르게 생겼을 수도 있는 사람이 영웅이 되는 것을 한 번도 보지 못했기 때문이에요."

다르게 생긴 영웅이 있는 세상은 지금 세상과 어떻게 다를까?

그림 형제의 또 다른 동화 『모자란 한스』[22]에서는 왕의 외동딸이 은밀하게 아들을 낳았다. 그 누구도 공주 아들

---

22 『운 좋은 한스』라고 번역하기도 한다.

의 아버지가 누구인지 알지 못했다. 왕은 아기를 교회로 데려가 아기 손에 레몬을 쥐여 주고, 아기가 주변에 있는 사람에게 레몬을 건네주게 하라고 했다. 왕은 누가 되었건 레몬을 받은 사람을 아기의 아버지로 삼아 공주와 결혼시킬 생각이었기 때문에 아기가 레몬을 가지고 있을 때는 고귀한 출신만이 교회에 들어갈 수 있게 했다.

하지만 그 도시에 살고 있었고 '특별히 똑똑하지는 않은 작고 곱사등이에' 모자란 한스가 성안 교회에서 벌어지는 행사 이야기를 듣고 성으로 향했다. 한스가 모여 있는 사람들을 뚫고 아기가 있는 곳으로 갔을 때 아기는 한스에게 레몬을 내민다. 한스가 레몬을 받았다는 사실에 굴욕을 느낀 왕은 한스와 공주와 아기를 통에 넣고 바다에 던져 버린다.

자신에게 닥친 불행에 절망한 공주가 한스를 비난하자 한스는 공주에게 자신의 비밀을 털어놓는다. 자신에게는 소원이 그대로 이루어지게 하는 놀라운 힘이 있는데, 얼마 전에 자신이 공주에게 아기가 생기기를 빌었다는 것이었다.

"네 말이 맞는다면, 일단 먹을 것 좀 만들어 봐."

모자란 한스는 공주의 말대로 했고, 두 사람은 통 속에서 감자를 먹는다. 식사를 마친 뒤에 한스는 세 가지 소원을 더 빌었다. 배가 있을 것, 으리으리한 궁전이 생길 것,

곱사등이 한스가 잘생기고 현명한 왕자로 변할 것. 세 가지 소원은 모두 훌륭하게 완수되었고, 한스에게 '호감'이 생긴 공주는 그의 아내가 된다.

한스와 공주는 몇 년 동안 성에서 함께 살았다. 어느 날 사냥을 나왔다가 길을 잃은 공주의 아버지가 두 사람이 사는 성을 발견했다. 아버지를 알아본 공주는 길 잃은 왕을 극진하게 대접했고 왕은 두 사람의 성에서 한동안 머물렀다. (자신의 딸은 몇 년 전에 바다에서 익사했다고 생각했기에 왕은 공주를 알아보지 못했다.) 왕이 떠날 준비를 하는 동안 공주는 왕의 짐 속에 몰래 황금 잔을 넣었고, 왕이 떠난 뒤에는 병사들을 시켜 왕을 체포해 오게 했다. 왕은 자신의 짐에 황금 잔이 들어 있는 이유를 절대로 모른다고 맹세했다.

"그래서 성급하게 유죄 판결을 내리면 안 되는 거예요." 공주는 왕에게 그렇게 말하고 자신이 예전에 바다에 빠뜨린 왕의 딸임을 밝힌다. 다시 만난 아버지와 딸은 크게 기뻐하고 당연히 동화는 모두가 행복하게 끝이 난다.

문제는 이 동화에서도 공주는 모자란 한스가 멋진 왕자로 변한 뒤에야 교훈을 얻는다는 것이다. 동화의 앞부분에서 모자란 한스와 함께 살아야 한다고 생각했던 공주에게서는 아름답고 영리한 왕자를 대면한 뒤에 보이는 친절하고 현명한 공주의 모습은 거의 보이지 않는다. 모자란 한스의 장애는 공주와 왕에게 교훈을 가르쳐 줄 때까지만 필요한 장치다. 이미 교훈을 두 사람에게 전했다면, 더는 한스의 장애는 존재할 이유가 없어진다.

물론 모자란 한스의 삶은 자신의 삶이 누군가를 가르칠 계기가 되는 삶보다는 훨씬 가치가 있다. 한스의 은밀한 희망과 꿈은 무엇이었는가? 모자란 한스의 삶을 살아가고 있지만 한스처럼 소원을 이룰 힘이 없는 사람들은 어떻게 해야 할까?

그들의 희망과 꿈은 무엇이 되어야 할까?


고등학교를 졸업한 페니 로커에게 언니가 손톱과 발톱 손질을 받게 해 주었다. 페니는 평생 처음으로 자신이 아름다워졌다고 느끼면서 네일숍에서 나왔다. 그때 자동차를 타고 가던 남자아이들이 걸어서 집으로 가고 있는 페니를 발견하더니 서서히 쫓아오면서 조롱했다.

"손톱 손질을 했다고 해서 달라지는 건 없었어요." 2013년, CNN과의 인터뷰에서 페니가 말했다. "너무 부끄럽고 창피했어요. 여전히 놀림받는 여자아이라는 사실을 깨달았어요. 그날이 내 인생 최악의 날 가운데 하나였어요."

3년 뒤에 페니는 자신이 이 세상에서 살아간다는 것이 어떤 의미인지에 관해 훨씬 더 실용적이고도 솔직하게 생각하게 됐다. 페니는 나에게 "계속 사람들의 시선을 받고 놀림받고 지적받는 일은 나이가 든다고 해서 더 수월해지는 건 아니에요. 오히려 더 힘들어지는 쪽이죠. 나는 다른 사람의 호기심을 용서하지 않을 테고 나 자신을 누군가를 가르칠 계기로 보지 말아야 한다는 사실을 깨달았어요." 유튜브 브이로그에서 페니는 '정상적'인 생김새를 하고 있는 사람에게 거는 기대와 남들과는 다르게 생긴 사람에게 거는 기대가 여러 가지 면에서 전혀 다른 사회가 자신을 다르게 본다는 사실을 이해하면서 살아가야 한다는 것이 어떤 의미인지를 거리낌 없이 정직하게 보여 준다.

영화나 텔레비전 화면에서 얼굴 차이를 수사적으로 이용하는 장면을 볼 때마다—그런 장면은 늘 나오는데—페니는 그런 묘사들이 실제로는 너무나도 복잡한 현상을 지나치게 단순화한다는 사실에 좌절한다. "천박하게도 우리는 어린 사람들에게 더욱 인기가 있는 사람이 되지 않는 한 전체로서의 개인은 충분히 좋아질 수 없다고 말해요." 그러니까 육체적으로 훨씬 매력적이어야 하고, 야수일 때조차 감정적으로는 **훨씬 바람직한** 존재가 되어야 하는 것이다. "그리고 변화는 좋을 수도 있겠지만, (…) 그런 복잡한 개념을 나누는 새로운 방법을 찾아야 해요. 『미녀와 야수』는 '추함'은 나쁘고 '친절함'은 예쁘다는 식으로 모든 것을 너무나도 단순하게 만들어 버렸어요. 누구나 세상은 그런 식으로는 작동하지 않는 걸 아는데도 말이에요."

수전 손택은 『은유로서의 질병』에서 "악에 대한 감정은 질병에 투영된다. (그 때문에 풍부한 의미를 갖게 된) 병은 세상에 투영된다."라고 했다. 질병처럼, 장애도 그렇다. 그렇기에 사회는 약함이라는 개념을 걷지 못하는 능력과 한데 묶고 말을 하지 못하는 사람을 지적 능력의 저하라는 개념과 한데 묶는다('말의 결여=의사소통의 결여=의사소통을 이해하는 능력의 결여'라고 생각하는 것이다). 마찬가지로 아름다움과 젊음이라는 개념을 숭배하는 서양 문화 속에서 우리는 '노화의 증거와 아름다움의 상실과 외모의 변형'을 두려워해야 하고 동정해야 하고 피해야 하는 무언가와 묶은 채 어떤 대가를 치르더라도 그 세 가지 상황에 처하지 않으려고 애쓴다.

보이거나 보이지 않는 장애라는 존재에 더해 장애라는 개념은 우리가 보는 방식에 의식적으로 영향을 미치는 한 그 즉시 보이거나 보이지 않는 무언가가 되어 버린다. 장애에 관해 알게 되면 불편해지는 비장애인이 많기에 그들은 문제를 대처하는 방식의 하나로 장애에 복잡함이 내재해 있다는 사실을 무시해 버린다. 이데올로기적으로 우리가 살아가는 세상과 수 세대 동안 우리가 듣고 있는 이야기들은 모든 사람이 가능한 한 비장애인이며 이상적인 사람이 되기를 요구한다. 엄밀한 의미에서 볼 때 장애에 관해 말하는 이야기들은 우리 일상의 형태를 결정하는 사회 기반 시설에 대한 요구가 그렇듯이 너무나도 융통성이 없고 유연하지 않을 때가 아주 많다.

휠체어를 탄다는 건 약하다는 의미이니 사회 기반 시설이 지금과 같은 사회에서는 동화 속 공주는 휠체어를 타고 다닐 수가 없다. 동화 속 공주는 얼굴이 다를 수도 없다. 얼굴이 다른 사람은 잘해야 따돌림을 당하거나 잘못하면 악으로 취급되기 때문이다. 그와 마찬가지로 동화 속 왕자도 강하지 않을 도리가 없다. 〈인어 공주〉의 에릭 왕자처럼, 〈잠자는 숲속의 공주〉의 필립 왕자처럼 육체적으로 강해야 하고, 알라딘처럼 정서적으로나 지적으로도 강해야 한다.

안데르센이 분노했던 세상을 만든 사회 구조처럼 이런 서사들은 우리 사회에 뿌리 깊이 박혀 있어서 거의 무너뜨릴 수가 없다. **추함은 나쁘고 예쁨은 좋다.** 렌즈를 우리에게 돌리고 어째서 애초에 그런 믿음이 생겼는지를 살펴보는 것보다는 이런 수사적 기법을 그저 계속 믿는 편이 훨씬 쉽다.

뉴질랜드 크라이스트처치의 이슬람 사원에서 50명이 사망한 총기 난사 사건이 일어나고 며칠이 지났을 때 「데

일리 메일 오스트레일리아」는 "'작고 땅딸막했기' 때문에 어렸을 때 심하게 괴롭힘을 당했고, 그 때문에 비디오 게임에 빠져들었다가 결국 나락으로 떨어진 크라이스트처치 이슬람 사원 총기 난사 용의자"라는 내용의 머리기사를 실었다.

그는 추했고 괴롭힘을 당했으며, 그 때문에 나쁜 악당이 되었다.

페니는 "나는 평생 그렇게 살았어요. 하지만 그렇게 살았다고 해서 사람들을 고통스럽게 하고 괴롭게 하려고 살인을 저질러야겠다는 생각이 내 머릿속에서 떠올랐던 적은 한 번도 없어요."라고 했다.

하지만 우리가 듣는 이야기는 그렇다고 말한다. 우리가 말하는 이야기도 계속 그렇게 말한다.

그리고 이야기는 진짜가 된다.

2013년 가을, 첫 번째 소설을 출간한 나는 출간 기념 강연 여행을 마치고 집으로 돌아와 다시 조용하고 소박한 일상으로 돌아갔다. 2011년까지는 석사 학위를 따려고 스코틀랜드에 가 있었다. 나의 원래 계획은, 내가 생각했던 행복한 결말은 영국으로 이민 가서 영원히 그곳에서 사는 거였다. 윌리엄 왕자와 결혼해 성에서 사는 건 할 수 없는 일이라고 (깊은 한숨을 내쉬면서) 체념했지만 내가 자란 곳에서 멀리 떨어진 곳에서 바다를 보며 살아갈 거라는 생각은 포기하지 않았었다. 나는 대학원을 졸업한 뒤에 옮겨 간 에든버러의 낭만을 사랑했다. 광활하고 부드럽게 뻗어 있는 스코틀랜드의 황야를 사랑했다. 나는 하늘에서 내리는 비에도 고마워서 절을 할 정도로 스코틀랜드 섬들의 외로움을, 자연 깊이 파고들어 있는 야생성을, 예측할 수 없는 날씨를 사랑했다.

돈이 다 떨어져 집으로 돌아오기 전까지도 나는 어린 시절에서 멀어지게 해 주는 해외에서의 생활이 주는 자유를, 학교에서 괴롭힘을 받았던 나의 기억에 완충제 역할을 해 준 국제적인 삶을, 그때는 비록 인정하지 않았지만 여성 장애인으로 살아가는 삶에서 벗어나게 해 준 기회를 사랑했다는 사실을 깨닫지 못하고 있었다. 태어나고 자란 곳에서 멀리 떨어져 있을 때는 내가 휠체어를 타고 자랐고 목발을 짚어야 했으며 이제는 다리를 절며 걷는 작은 어맨다를, 비록

에든버러의 자갈 깔린 도로 위에서도 여전히 다리를 저는 동일한 사람임이 분명했지만, 전적으로 다른 사람으로 대할 수 있었다.

나는 늘 장애인은 외국에 나갈 수 없을 거라고 속으로 생각했다. 장애인은 집에서 멀리 떨어진 곳에서는 살 수 없다고 생각했다. 하지만 나는 외국에서 살았고, 그런 의미에서 나는 장애인이 아니었다.

(비장애 중심주의는 아동기 때부터 내면화되어 우리가 아는 모든 것 안으로 침투한다. 내가 이런 사실을 깨닫는 데는 몇 년이나 걸렸고 비장애 중심주의가 내 삶에 어떤 식으로 침투했는지를 깨닫는 데도 많은 시간이 걸렸다.)

하지만 다시 집으로 돌아와 어렸을 때 늘 걷던 거리를 걷는 동안 다시 과거로 돌아간다는 느낌이 사라지지 않고 계속해서 끈질기게 나를 따라붙었다. 먼 곳에서 살다 왔고 여러 가지 일을 해냈으니 당연히 어린 시절의 트라우마는 극복했다고 믿었다. 하지만 아니었다. 소설을 출간하면 분명히 바뀌리라고 생각했지만 그것도 아니었다. 귀향은 가장 어두운 패배 같았다. 작가로서 할 수 있는 일을 찾을 수가 없었기에 몇 년간은 20여 년 전에 나에게 깁스를 해 주었던 병원에서 일해야 했다. 제일 먼저 한 일은 혈액 검사실에서 혈액 검사 결과를 컴퓨터에 입력하는 일이었다. 그 일을 하고 몇 달이 지나자 응급 정신과 병동에서 환자들이 병실에 있는지

확인하고 환자가 도망치지 못하도록 잠가 놓은 문을 지키는
일을 했다.

응급 정신과 병동과 마주 보는 곳에는 응급실이 있었는데
응급실 수간호사가 초등학교 때 나를 놀리던 여자아이였다.
그 아이는 가끔 응급 정신과 병동으로 들어와 환자를 살폈
다. 나를 볼 때마다 항상 웃으면서 인사했고, 나도 웃으면서
인사했다.

'그래, 우린 둘 다 성인이잖아. 이제는 학교에서 있었던 일
따위는 잊어버려야지.' 나는 나에게 그렇게 말했다.

하지만 병원에서 퇴근하고 집까지 걸어올 때면, 집으로 들
어올 때면 분노에 휩싸였다. 서서히 은밀하게 내 안으로 파
고들어 온 분노는 러닝머신 위에서 달릴 때나 비번인 날 잠
에서 깨어 그날은 아무것도 하지 않고 침대에 누워 있을 거
라고 결심하는 순간이면 펑펑 눈물이 되어 쏟아져 나왔다.
몇 달이 지나 2014년 봄이 되자 분노는 절망으로 녹아내려
『잠자는 숲속의 공주』의 성벽을 덮어 버린 덩굴처럼 내 심
장과 내 가슴을 조여 왔다. 나는 글을 쓸 수가 없었다. 나는
불륜을 저질렀다. 병원에서도 집에서도 화장실에 들어가 소
리 내어 울었고 병원에서 집까지, 집에서 병원까지 걸어가는
침묵의 시간에도 울었다.

잠을 잤고, 일하러 갔다. 2014년이 지나 2015년이 되었고,
겨울은 다시 봄이 되고, 봄은 다시 여름이 되었다. 매일 일어

나면서 죽기를 바랐다. 자동차 앞으로 뛰어들 생각도 해 봤고 편두통 약을 잔뜩 모아 어느 날 밤에 먹고 죽어야겠다는 생각도 했다. 하지만 다른 선택의 여지가 없었기에 일어나면 일하러 갔다. 일단 학자금 대출을 갚아서 연대 보증을 해 준 부모님에게 문제가 생기지 않을 때까지만 살고 그 뒤로는 완전히 사라질 방법을 찾을 거라고 다짐했다.

사라지는 게 그리 어려운 일은 아닐 거라고 생각했다. 그 때 나는 혼자 살고 있었고 부모님도 형제들도 모두 자신의 삶을 살아가고 있었으니까. 가능하면 친구들도 만났지만 내가 그들의 삶에서 사라진다고 해도 친구들의 삶이 크게 바뀔 것 같지는 않았다. 이제 더는 글을 쓰지도 출간을 하지도 않겠지만, 그때까지 써 놓은 것이 아무것도 없다는 것이 나에게는 큰 차이를 만들었다. 나는 어린 시절에 만들어진 세상에서 벗어나려고 애썼지만 결국 실패했다. 가능한 한 먼 곳으로 떠나 10년 넘게 노력했는데도 내 고향 한가운데에서 이렇게 만신창이가 되어 널브러져 버렸다. 내가 쓰는 것은 그 무엇도 내 고향을, 내 고향의 경계를 넘어가지 못할 게 분명했다. 그런데도 내가 죽어 더는 쓰지 못한다는 게 무슨 문제가 될까?

'아니.' 나는 나에게 말했다. '전혀 문제 될 건 없어.'

## 7. 거친 땅

　그림 형제의 『라푼첼』에서는 양배추가 너무나도 먹고 싶었던 임산부가 남편을 시켜 자기 집 뒤에 사는 마녀의 밭에 숨어 들어가 양배추를 훔쳐 오게 한다. 양배추를 훔치던 남편을 붙잡은 마녀는 양배추를 훔친 값으로 부부가 낳은 첫아기를 자기에게 달라고 한다. 아기가 태어나자 마녀는 아기를 데리고 홀연히 사라진다. 마녀가 데려간 아기는 '태양 아래에서 가장 아름다운' 소녀로 자란다. 라푼첼이라는 이름의 이 소녀가 열두 살이 되자 마녀는 라푼첼을 탑에 가두고, 그곳에서 라푼첼은 아름다운 아가씨로 성장한다.

　하루는 한 왕자가 라푼첼이 갇혀 있는 탑 옆을 지나가다가 라푼첼이 부르는 노래를 듣는다. 보이지 않는 곳에서 들려오는 아름다운 목소리에 이끌려 왕자는 매일 밤낮으로 탑 근처를 서성이다가 마녀가 라푼첼에게 "**라푼첼, 라푼첼, 머리카락을 내려 주렴**."이라고 말하고 탑 밑으로 내려온 머리카락 사다리를 잡고 탑 위로 올라가는 모습을 본다. 한참 뒤에 마녀가 탑에서 내려와 떠나가자 왕자는 마녀가 했던 말을 외치고 자신이 직접 탑으로 올라간다. 왕자를 본 라푼첼은 처음에는 놀라지만 곧 왕자의 매력에 빠져 왕자에게 자주 찾아와도 좋다고 허락한다.

(1857년에 출간된 7판에서는 라푼첼이 왕자에게 자신이 사다리를 짤 수 있도록 탑에 올 때마다 비단실 타래를 가져다 달라고 부탁한다. 지금도 내가 흥미롭다고 생각하는 점은 왕자가 **직접** 밧줄을 가져와 라푼첼을 구하지도 않고, 왕국에 라푼첼의 상태를 알리고 군대를 데려와 라푼첼을 곧바로 구출하지도 않은 이유다. 아마도 왕자는 라푼첼이 탑에 있는 것이 더 좋다고 생각했는지도 모르겠다. 그곳에 있어야만 특별하다고 생각했는지도 모르겠다. 라푼첼이 탑 안에 갇혀 있는 한, 그녀는 **왕자를 위해서만 존재할 수 있으니까**.)

왕자가 몇 번 더 탑에 다녀간 뒤, 마녀가 그 사실을 알게 된다. (1812년에 출간된 첫 번째 『라푼첼』에서는 임신을 한 라푼첼이 아무 생각 없이 옷이 너무 작아졌다고 말한다. 그러나 빌헬름 그림이 편집한 후기 판본에서는 라푼첼이 순진하게도 어째서 마녀가 왕자보다 끌어올리기가 훨씬 힘든지를 묻는다.) 화가 난 마녀는 라푼첼의 머리카락을 자르고 탑에서 끌어내려 라푼첼이 '비참하고 슬프게' 살아갈 수밖에 없는 거친 땅으로 쫓아 버린다. 다시 탑으로 돌아온 마녀는 라푼첼의 머리카락을 밑으로 내려 왕자를 탑 위로 유인한다. 라푼첼이 머리카락을 내렸다고 생각하고 탑으로 올라온 왕자는 마녀를 만난다. 마녀는 왕자에게 다시는 라푼첼을 만나지 못할 거라고 경고한다.

절망에 빠진 왕자는 탑에서 뛰어내린다. 왕자는 죽지는 않았지만 덤불의 날카로운 가시에 눈이 찔려 앞을 보지 못하게 된다.

잭 자이프스가 2014년에 번역한 『그림 동화』 첫 번째 판을 보면 왕자는 "숲속을 헤매면서 뿌리와 나무 열매만을 먹으며 연명했고 사랑하는 아내를 잃었다는 사실을 비통해하며 우는 일 말고는 할 수 있는 일이 없었다. 그렇게 왕자는 고통스럽게 몇 년이나 숲을 떠돌았다."

('사랑하는 아내'라니. 흥미롭게도 빌헬름 그림이 편집한 종교색 짙은 후기 교정판에서는 라푼첼과 왕자가 실제로 언제 어떻게 결혼했는지에 관한 언급이 전혀 없다.)

결국 왕자는 라푼첼이 남매 쌍둥이를 낳고 비참하게 살아가던 거친 땅으로 들어갔다. 익숙한 목소리가 들린다고 생각한 곳을 향해 똑바로 걸어가자 왕자는 라푼첼이 있는 곳에 도착했고, 라푼첼은 왕자를 알아보았다. 라푼첼은 왕자를 안고 흐느껴 울었고, 라푼첼의 눈물 두 방울이 왕자의 눈으로 들어가자 갑자기 시야가 밝아지면서 왕자는 앞을 볼 수 있게 됐다. 왕자는 라푼첼을 데리고 자신의 왕국으로 돌아갔고, 왕국의 모든 사람이 왕자를 기쁘게 맞이했다. 두 사람은 그 뒤로 아주 오랫동안 행복하고 만족스럽게 살았다.

내가 흥미를 느낀 건 '거친 땅'이었다. 나도 그곳에서 살고 있으니까. 나도 나무 한 그루 없이 온통 구덩이와 진창만이 존재하는 그곳을 알고 있다. 나무 그루터기만 남은 언덕 위를 걸으면서 라푼첼은 몇 년 동안 무엇을 했을까? 나처럼 매일 아침 눈을 뜰 때마다 이토록 힘든 삶이 끝나기를 소망했을까? 쌍둥이 아이들을 먹이려고 노력하면서 태풍이 불어와, 질병이 찾아와 아이들을 데려가 주기를 소망했을까? 왕자는 어땠을까? 숲을 헤매며 뿌리와 열매만을 먹고 버티면서 무엇을 바랐을까? 지난 삶이 다시 돌아오기를 간절히 바랐을까? 탑에 갇혔던 금발 머리 여자와 행복하게 함께 사는 꿈을 꾸었을까? 아니면 라푼첼을 저주했을까? 이건 너무나도 **불공평하다**고 소리를 질러댔을까?

동화의 세계에서는 시간이 눈 깜짝할 새에 지나가 버

린다. 또한 영원히 지속될 수도 있다. 한 세대의 구성원이 전부 1백 년을 건너뛸 수도 있다. (샤를 페로의 『잠자는 숲속의 공주』에서는 공주의 옷이 한참 전에 입지 않게 된 구식 패션이 되어 버린 세상에서 공주가 깨어난다. 그런 공주를 본 왕자는 "공주가 입고 있는 목깃을 곧게 세운 드레스는 자신의 할머니가 입는 옷 같다는 사실을 입 밖으로 내지 않고" 꾹 삼킨다.)

나의 우울증이 가장 심했던 2015년 여름에는 시간은 영원히 끝나지 않을 것 같기도 했고 찰나의 순간 같기도 했다. 매 순간이 단단한 결정을 이루다가도 전기처럼 덧없이 사라졌고, 이미 지나간 순간과 앞으로 올 순간이 정확하게 같게 느껴졌기 때문에 어느 정도는 지루하기도 했다. 전문적인 용어로 말하면 나는 브레인 포그brain fog[23]를 앓고 있었지만 지금도 여전히 그건 마법이었다는 느낌이 든다. 그전까지, 감옥이 아닌, 그저 내 삶이었던 무언가에 그렇게 갇혀 버렸다고 느낀 적은 없었다. 라푼첼과 그녀의 쌍둥이 아이들이 마녀의 손에 내동댕이쳐져 절망의 나락으로 떨어진 것처럼 나의 인생도 마법의 주문에 걸려 밑으로만 떨어져 가고 있다고 생각하는 것이 옳을 것 같았다.

---

23 머리에 안개가 낀 것처럼 멍한 느낌이 지속되어 생각과 표현을 분명하게 하지 못하는 상태

잠바티스타 바실레가 『잠자는 숲속의 공주』의 원형이라고 할 수 있는 『해와 달과 탈리아』를 발표했던 16세기에는 우울증이 질병으로 인식되지 않았고 우주의 별들만큼이나 신비롭고 불가사의한 현상이었다. 바실레의 이야기에서 탈리아는 시골 영지에 사는 귀족의 딸인데, 어느 날 아마 가시에 손가락을 찔려 잠에 빠진 채 깨어나지 못한다. 탈리아의 아버지는 탈리아를 관대<sup>棺臺</sup> 위에 올려놓고 성을 떠나 버렸다. 한 왕이 몇 년 뒤에 숲으로 사냥을 나왔다가 탈리아가 누워 있는 성을 발견했다. 여전히 잠들어 있는 탈리아를 보고 왕은 "그녀의 첫 번째 사랑의 열매를 땄고" 그로부터 아홉 달이 지난 뒤, 쌍둥이가 태어나자 탈리아도 깨어났다. 쌍둥이들은 출산을 도와주러 성에 와 있던 자애로운 두 요정 덕분에 어머니의 젖을 먹을 수 있었다.

『해과 달과 탈리아』의 첫 번째 이야기에는 잠을 자는 아가씨를 보고 욕정에 사로잡혀 의식도 없는 여자를 범한 왕의 행동을 사악한 행동이라고 비난하는 부분이 한 곳도 없다. 탈리아를 강간하고 성을 떠난 왕은 그녀에 관해 까맣게 잊어버린다. ("한동안 왕은 성에서 있었던 일을 전혀 생각하지 않았다.") 그저 몇 달 뒤에 우연히 탈리아가 생각나 성으로 돌아왔다가 쌍둥이를 낳은 탈리아를 발견할 뿐이다. 왕이 성으로 돌아온 이유는 탈리아가 아기를 낳은 걸 알았기 때문이 아니라 당연히 또다시 섹스가 하고 싶어서였을 것이다. 왕에게는 탈리아의 의사는 전혀 중요하지 않았다. 그저 자신이 원하는 대로 할 수 있으면 그것으로 충분했다. 왕의 그 같은 태도는 『해와 달과 탈리아』보다 몇 세기 뒤에 나온 디즈니 영화 〈말레피센트〉의 악당 스테판 왕을 떠오르게 한다. 스테판 왕도 탈리아의 왕처럼 자신의 즐거움과 욕구만이 그 무엇보다도 중요했다.

나에게 특히나 흥미로웠던 점은 두 인물이 아주 특별한 방식으로—아주 끔찍한 방법으로—강간을 한다는 점이었다. 탈리아와 말레피센트는 모두 약에 취한다. 탈리아의 약은 마법이었고 말레피센트의 약은 수면제였지만, 두 사람 모두 약에 취한 뒤에 무언가를 뺏긴다. 탈리아는 '처녀성'을 빼앗기고 말레피센트는 날개를 빼앗긴다. 탈리아는 잠들어 있어서 왕이 그녀의 허락을 받을 필요가 없었기에 강간을 당하고, 말레피센트는 스테판 왕에게 승리의 징표로 말레피센트의 날개가 필요했기 때문에 강간을 당한다. 두 이야기 모두 여성을 일종의 **타자**로 간주하며, 두 여성의 자아라는 요소를 다른 사람이 가져가도 좋을 상prize으로 보고 있다.

특히 인상 깊었던 점은 4장에서 에럴 커가 언급한 것처럼 말레피센트의 특별한 이동 능력을 제거한 것을 일종의 강간이라고 인정하는 장애인이 많다는 것이다. 말레피센트에게서 날개를 잘라 내는 행위는 말레피센트를 **말레**

피센트가 아닌 존재로 만든다. 다른 생명체들과는 다른 방식으로 움직여야 하는 말레피센트가 다른 사람의 간교한 술책에 걸려들어 다른 존재들과 같은 방식으로 움직이게 된 것이다. 스테판 왕은 말레피센트를 타자로, 말하자면 사람보다 낮은 존재로 보았기 때문에 말레피센트의 날개를 떼어 가는 일에 조금도 죄책감을 느끼지 않는다. 영화를 보는 관객들은 말레피센트의 날개가 잘리는 장면에서 끔찍함을 느끼지만 많은 장애인에게는 사회가 가하는 압력이나 그 밖의 다른 이유로 이동 보조 기구를 빼앗기는 일이 일상이라는 사실을 이해하는 사람은 많지 않을 것 같다. 예를 들어 휠체어는 말레피센트의 날개처럼 어떤 장애인에게는 일상을 살아가는 데 없어서는 안 될 필수품일 수 있다. 휠체어는 장애인이 세상을 향해하고 바라보는 형태를 결정한다. 휠체어를 타는 장애인에게 걸어야 한다고 격려(강요)하는 것은 그 사람의 특별한 부분을 제거하는 일이다.

하지만 전통적으로 우리는 이동에 필요한 장치를 비롯해 장애인을 위한 보조 장치를 이런 식으로는 생각하지 못하며 우리가 사랑해 마지않는 유서 깊은 동화에 존재하는 이런 추악한 (사실은 정말로 끔찍한) 요소들에 눈살을 찌푸리지도 않는다. 오히려 사회는 이동 보조 장치를 제거하고 전통적인 능력을 '회복'하는 것이야말로 즐거운 결말이라고 생각한다. 『해와 달과 탈리아』의 첫 번째 영어 번역판에는 마지막에 탈리아가 강간을 당한 것이 결국 행복을 가져왔다고 경탄하는 시구가 두 줄 적혀 있다. "사람들은 정말로 운이 좋았다고 말한다 / 자는 동안 축복을 받았으니."

강간을 당했는데도 이야기 속 탈리아가 우울증이 있었음을 짐작할 수 있는 구절은 없다. 탈리아는 지나치게 오래 자는 증상이 나타날 수 있는 클라인레빈 증후군[24]으로 고생한 것 같지도 않다. 바실레가 탈리아를 잠재운 수단은 질병이 아니라 마법이었다. 클라인레빈 증후군을 흔히 '잠자는 숲속의 공주 증후군'이라고 부른다는 사실은 이야기와 장애에 관한 우리의 경험이 단단하게 얽혀 있음을 보여 준다. 한때 우리는 우리가 이해하지 못하는 장애를 설명하려고 이야기를 활용했지만 이제는 우리가 이해하는 장애를 설명하려고 이야기를 활용한다. 세상 속에서 이야기는 의학 용어로는 설명할 수 없는 증상을 설명하는 문화의 시금석 역할을 한다. 서방 세계에는 기면증[25]은 무엇인지 모르더라도 『립 밴 윙클』[26] 이야기는 아주 오래전

---

24 과다한 수면, 과도한 음식 섭취 및 행동 이상 등을 보이는 질환

25 밤에 충분히 잤다고 생각되는데도 낮에 이유 없이 졸리고 무기력감을 느끼는 증세

26 미국의 작가 워싱턴 어빙Washington Irving이 지은 소설. 20년 동안 산중에서 잠을 자다 깨어 보니 세상이 온통 변해 버렸다는 내용이다.

부터 알고 있는 사람이 많을 것이다. 『잠자는 숲속의 공주』, 『신데렐라』, 『라푼첼』 같은 이야기들도 마찬가지다. 이런 이야기들은 이 세상을 헤쳐 나가야 하는 우리와 아주 복잡하게 얽혀 있다.

켈리 아이엘로Kelly Aiello는 동화가 부정적 표상negative representation이라는 방식으로 정신 질환을 다룬다고 믿는다.

켈리는 "동화에 나오는 많은 악당이 DSM-5에서 '성격장애'로 분류할 수 있는 특징을 가지고 있어요."라고 했다. DSM(정신 질환의 진단 및 통계 편람)은 미국 정신 의학 협회가 정신 질환을 분류할 때 기준으로 삼는 안내서로, 5는 다섯 번째 개정판이라는 뜻이다. DSM-5는 2013년에 출간되었다. "성격장애를 악의 특징으로 삼는다는 놀라운 생각은 처음부터 문제가 있습니다."

켈리는 토론토에서 활동하는 작가이자 편집자다. 2018년에 켈리는 정신 건강으로 문제를 겪은 사람들이 쓴 소설과 비소설, 시를 조명하고 널리 알릴 수 있는 공간을 만들기 위해 온라인 잡지와 종이 잡지로 출간하는 『알트 마인스Alt-Minds』를 공동 창간했다. 켈리는 우리가 이야기를 하는 방식, 그리고 특히 이야기를 이용해 정신 질환을 경험한 사람들에게 오점을 지우고 고립시키는 방식은 우리가 세상에서 질병을 인지하는 방식과 떼려야 뗄 수 없는 관계를 맺고 있다고 생각한다.

켈리는 "어떤 성격장애든지 기준을 찾아보면 사회적으로 받아들여지지 않는 행동은 무엇이든지 병으로 규정하고 있음을 알 수 있어요."라고 했다.

2007년에 'DSM 진단 기준에 나타나는 젠더 편향'을 연구한 논문을 발표한 J. 세리타 제인J. Serrita Jane, 토머스 F. 올트만스Thomas F. Oltmanns, 수전 C. 사우스Susan C. South, 에릭 터크헤이머Eric Turkheimer는 기존의 성격장애 기준은 "부당하게도 일반적으로 여성에게 나타나는 특징들을 병적이라고 추정한다."라고 했다. 그와 마찬가지로 동화 속 악당들이 보이는 특정한 나쁜 특징들도 젠더 편향을 나타낼 때가 많다. 사악한 의붓엄마가 아름다움과 젊음에 집착하는 전형적인 나르시시스트로 그려진다면 남자 악당들은 반사회적 성격장애로 분류할 수 있는 유형인 사기꾼이나 협잡꾼으로 그려질 때가 많다(이 공식은 어느 정도는 남자 주인공들에게도 적용된다. 예를 들어 『잭과 콩나무』의 잭은 여러 가지 속임수를 써서 거인을 쓰러뜨린다). 악당은 남녀 할 것 없이 모두 힘을 원하지만 악당들이 생각하는 힘도 남녀에 따라 크게 다르다. 『백설 공주』와 『신데렐라』의 의붓엄마들은 아름다움과 성적 매력을 능수능란하게 휘둘러 보상을 얻으려 하지만 룸펠슈틸츠헨이나 그림 형제가 묘사한 악마 같은 초월적인 남자 악당들은 사람의 목숨을 빼앗으려고 하고, 사람인 남자 악당들은 부를 얻으려고 한다.

여기서 우리는 동화가 문화 속에 단단히 자리 잡은 채, 동화가 번성해 가는 곳인 사회의 영향을 끊임없이 받으며 그 모양을 만들어 간다는 사실을 다시 한번 확인한다. 여성이 발휘할 수 있는 힘이 언제나 아름다움과 성적인 매력밖에 없었던 세상에서는 동화 속 여성 등장인물이 사용할 수 있는 힘도 아름다움과 성적 매력밖에 없는 것이 당연하다. 그와 마찬가지로 남성 등장인물에게도 전통적으로 남성이 세상에서 성공하는 데 필요하다고 생각하는 힘을 부여하는 것이 당연하다.

그런데 이런 동화들도 그 동화가 존재하는 사회가 모습을 갖추는 데 영향을 미친다는 것 또한 사실이다. 민담과 요정이 나오는 신화를 많이 읽던 초기 현대 사회에 살고 있건, 여자로 산다는 것이 어떤 의미인지를 말하는 이야기가 많이 읽히는 현대 서방 세계에 살고 있건 간에 계속해서 여성의 매력과 힘이 사악한 왕비의 탐욕과 자기애와 관계가 있다는 이야기를 들으면 여성의 성적 매력 자체에 의구심을 품을 수밖에 없을 것이다. 이 책을 쓰려고 자료를 조사하면서 구글 검색창에 '동화와 정신 질환'이라는 검색어를 입력하자 정말로 어마어마한 정보들을 만날 수 있었다. 그중에서도 1위부터 3위까지의 검색량을 자랑하는 자료는 모두 '디즈니 공주 열다섯 명은 실제로 정신 질환을 가지고 있었다'라는 요지를 조금씩 변형한 내용을 담고 있었다.

그런 자료들은 디즈니 왕자들에 관해서는 아무 말도 하지 않았다. 그 왕자들이 정신 질환을 가지고 있었는지 아닌지를 다루는 자료는 하나도 없었다. 왜냐하면 우리가 실제로 왕자들에게는 그 어떤 정신 질환도 연결 짓지 않기 때문이다.

그에 반해 "**여자들은 미쳤다**Bitches be crazy"라는 불평을 모르는 사람이 과연 있기는 할까?

잠시 바뀐 아기 이야기로 다시 돌아가 보자. 요정이 사람을 바꿨다고 하면 대부분 바뀐 사람은 아기라고 생각한다. 요정이 요람에 있던 아기를 데려가고 다른 아기를 데려다 놓았다고 말이다. 그러나 과거에는 생애 후반부에도 사람이 바뀌는 일이 없지는 않았다.

1895년에 남편에게 살해된 아일랜드의 브리짓 클리어리의 경우, 그녀의 남편 마이클 클리어리Michael Cleary는 요정이 브리짓을 어디론가 데려가고 아내 대신에 집에 와 있었기 때문에 아내를 무사히 찾아오기 위해 요정을 죽였다고 했다. 잠시 병을 앓은 아내가 이상한 행동을 하자 걱정이 된 마이클은 그 문제를 게일어 전문 이야기꾼이

자 요정 신화를 잘 알고 있던 친구 존 던John Dunne에게 상의했다. 존 던은 마이클을 데리고 '요정 의사'인 데니스 가니Denis Ganey에게 갔고, 가니는 여러 약초로 브리짓이 마실 물약을 만들어 주었다. 세 사람이 브리짓을 잡고 강제로 약물을 먹이는 동안 마이클은 아내가 요정과 바뀌었다는 사실을 더욱 확신하게 되었다. 마이클은 브리짓에게 거듭해서 자신의 이름을 말해 보라고 했지만 "나는 브리짓 볼랜드야. 마이클 클리어리의 아내고. 신의 이름으로 맹세해"라는 아내의 대답은 남편을 만족시킬 수 없었다. 던이 불을 지피고 가니가 확신을 심어 준 마이클의 의심은 며칠 뒤 가족이 보는 앞에서 자신의 집에 불을 지르는 것으로 절정에 달했다. 불에 탄 아내의 시신을 처리하면서 마이클은 가족들에게 당국에는 신고하지 말라고 일렀다.

이틀 뒤, 수사 당국은 브리짓의 집 근처에 있는 늪에서 브리짓의 시체를 발견했다. 그동안 마이클은 집으로 돌아올 아내를 기다리며 근처 '요정의 언덕'으로 말을 타고 올라갔다 내려오기를 거듭했다. 마이클과 여러 사람(브리짓의 사촌 네 명과 존 던)이 체포되고 재판을 받았다.

많은 아일랜드 언론이 마이클의 살해 사건에 주목했고, 그 가운데 많은 곳이 그 사건을 요정 신화가 무분별하게 퍼지는 것을 경고하는 기회로 삼았다. 1901년, 마이클 매카시Michael McCarthy는 『아일랜드에서의 5년*Five Years in Ireland*』에서 "이런 끔찍한 사건들이 아일랜드가 미신 때문에 광범위하게 타락했다는 사실을 나타내는 일반적인 증표가 아니라 그저 개별적인 몇몇 사건일 뿐이라면 오히려 훨씬 분명하고 솔직하게 비난을 가하는 것이 옳을 것이다."라고 썼다.

브리짓은 그 시대에 맞지 않게 독립적인 여성이었다. 매력적이고 근면했던 브리짓은 자신이 만든 모자와 달걀을 팔아 가계에 보탰다. 한동안 브리짓 부부는 결혼 생활에 문제가 있다는 소문이 돌았다. (다른 연인이 있다는 소문도 돌았고, 브리짓은 자신이 아플 때 친척 아주머니에게 남편이 자신을 '요정으로 만들려고' 하는 것 같다고, 몇 달이나 그런 마음을 품고 있는 것 같다고 말했다.) 어쩌면 브리짓은 다시 독립적으로 살아가려고 힘을 모으고 있었는지도 모른다. 어쩌면 병을 앓고 난 뒤라 짜증이 나고 기분이 언짢아 평소의 그녀와는 다르게 보였을 수도 있다. 브리짓의 남편은 계속해서 그녀는 자신의 아내라고 하기에는 '너무 섬세하고' 자신이 결혼한 여자보다 키가 5센티미터는 더 크다고 주장했다.

마이클 살해 사건의 후속 연구들에서는 마이클 클리어리 자신이 아내의 병 때문에 받은 스트레스로 일종의 정신 착란에 시달렸을 것이라는 가설이 나왔다. 마이클의 행동은 자신이 아는 사람이 모르는 사람과 바뀌었다고 믿는 카그라 증후군Capgras syndrome으로 설명할 수 있다는 것이다. 중요한 것은 카그라 증후군은 개인이 처한 상황에 따라 크게 영향을 받는다는 사실이다. 수 세기 동안 우리가 우리에게 들려준 동화나 설화가 그렇듯이 카그라 증후군도 다른 이야기들이 그 형태와 특징을 만들어 낸 질병이다.

이번에도 이야기가 진실을 만들었다.


7학년 때 나는 독감 때문에 일주일 동안 학교에 가지 못했다. 다시 학교에 나가자 아이들은 나를 곁눈질로 보면서 속닥거렸다. 점심시간에는 내가 보지 않는다고 생각할 때면 손으로 입을 가리고 키득거리거나 눈을 과장되게 굴렸다.

누군가 내게 "실라에게 네가 나쁜 년이라고 욕했다며."라고 말해 주었다. 당황한 나는 실라에게 가서 그런 일은 없었다고 말해 달라고 했지만 실라는 내 말을 듣지 않았다. "네가 나한테 **욕했잖아.**" 쉬는 시간이 끝나고 다시 교실로 돌아가려고 줄을 서 있을 때 실라가 말했다. 나는 실라에게 진실을 말하게 할 수 없었다.

도대체 왜 실라가 그렇게 분명하게 말했는지 이해할 수가 없었다. 그런데 그날 저녁 밥을 먹을 때 동생이 친구들에게 들은 이야기를 해 주었다. 그 아이들은 내가 학급 아이들 욕을 써 놓은 일기장을 학교에 두고 갔다고 했다. 내가 독감 때문에 집에 있을 때, 하루는 점심시간에 한 아이가 내 책상으로 가서 일기장을 꺼내 큰 소리로 읽어 주었다는 것이다.

우리 부모님은 담임 선생님한테 전화를 걸었고, 담임 선생님은 자신이 해결해 주겠다고 약속했다. 며칠 뒤에 선생님은 아이들이 쉬는 시간에 나가지 못하게 하고 그 이유를 설명해 주었다.

"한 가지 밝혀내야 할 것이 있기 때문이야. 누가 어맨다 책상에 가서 일기를 꺼냈지? 선생님은 누가 그랬는지 알고 싶구나."

누구도 자백하지 않았지만 누구도 그런 일은 없었다고 부인하지도 않았다. 나는 너무나도 마음이 아파서 그곳에 있고 싶지 않았다.

마침내 누군가 말했다.

"음, 우리가 그랬다고 해도, 다른 사람에 대해 그렇게 쓰는 건 나쁜 거잖아요?"

"그건 그렇지. 어맨다는 일기장에 친구들 이야기를 쓰면 안 되는 거였어."

선생님이 대답했다.

나는 숨을 쉴 수가 없었다. 눈을 제대로 뜨고 앞을 볼 수가 없었다. 비명을 지르는 것 말고는 아무것도 할 수 없을 것만 같았다. 하지만 나는 비명을 지르지 않았다. 그저 책상에 앉아서 바닥만 내려다보고 있었고, 내 주변 아이들은 아무 말도 없이 씩씩거리고 있었다.

"이 문제는 내가 어맨다와 이야기를 해 볼 거야. 그리고 알맞은 벌을 받아야겠지."

선생님이 말했다.

25년 전의 일이라 일기장에 정확히 어떤 글을 썼는지는 제대로 기억나지 않는다. 내용을 확인할 수 있는 일기장도 지금은 없다. 하지만 내가 다른 아이에게 욕을 했을 것 같지는 않다. 그 학교는 가톨릭 학교였고, 나는 학교의 교칙을 엄격하게 지키는 아이였으니까. 학교에서는 욕을 할 수 없었다. 사적으로 주고받는 편지에도 욕을 쓸 수 없었다. 게다가 일기장은 선생님들이 걷어 가 읽는 숙제였다. 그런 곳에 다른 아이의 욕을 썼다면 수업이 끝나기 전에 선생님이 분명히 나를 불렀을 것이다.

세상이 공평하지 않다고 썼던 기억은 난다. "어째서 이 세상에서 모든 걸 다 가지고 있는 사람들이 있는 걸까?" 나는 내 공책의 부드러운 줄들 위에 질문을 적었었다. "어째서 하나도 갖지 못한 사람들이 있는 거고? 어째서 누군가는 예쁘고 인기가 많고 어째서 누군가는 무시를 당하는 걸까? 정말 공평하지 않아."

정말 공평하지 않다. 정말 공평하지 않은 거다.

그때도 공평하지 않았고 지금도 공평하지 않다. 모든 사람이 알고 싶어 하는 이야기는 공주나 왕자 이야기이기 때문에 장애인은 간과되고 잊힌다는 사실은 공평하지 않다. 사람들이 그들에게 맞는 유일한 자리일 거라고 상상한다는 이유로 이야기의 악당 자리에 다른 사람들과 모습이 다른 사람을 캐스팅한다는 것은 공평하지 않다. 오래전에 교실에서 내 주위에 앉아 있던 아이들이 그랬던 것처럼 비장애인의 세상에서 제도라는 힘이 장애인을 괴롭히는 행위는 공평하지 않다. 그 힘이 '**어째서 이 사람이 목소리를 내는 거지?**'라고 말하고 세상의 나머지 사람들이 그 질문에 답해 '**그들은 절대로 그런 말을 해서는 안 돼.**'라고 말하는 건 공평하지 않다.

그날 교실에서 나는 은밀한 공간에서도 말을 삼가야 한다는 교훈을 배웠다. 세상이 그런 느낌이 들게 해 주지 않는다고 해도 세상에 속해 있는 것처럼 꾸미는 일이 중요했다. 힘은 사회에 동화되는 데 있었다. 힘은 강함과는 거의 관계가 없고 오직 생존과 관계가 있었다. 이 세상에서 잘 살아가려면 머리를 조아리고 현 상황에 의문을 제기하지 말아야 한다. 비록—특히 만약에—현 상황이 이 세상을 살아간다는 것이 어떤 의미인지 구체적인 가르침을 준다고 해도 말이다.

나는 가장 좋은 전략은 비장애인인 것처럼 행동하는 것임을 배웠다. 그런 느낌이 전혀 들지 않는다고 해도 세상을 향해 불공평한 이유를 묻지 말고 이 세상이 공평한 곳인 듯 행동하는 것이 가장 좋다는 사실을 배웠다. 누가 무엇을 갖고 있고 누가 누구에게 무엇을 했는지 너무나도 많은 질문을 하는 것은 내가 아직 직면할 준비가 되어 있지 않은 문제였다.

'나는 왜 다른 사람들과 같을 수 없을까?' 고슴도치 한스가, 인어 공주가 그랬던 것처럼, 아주 오래전이었던 그날 저녁에 집으로 돌아가면서 나는 나에게 물어보았다.

그 질문에 내가 할 수 있는 대답은 없었다. 해결 방법은 오직 하나뿐이었다. 내가 다른 사람과 같을 수 없다면 적어도 같은 척은 해야 한다는 것. 남들이 말하듯이 실제로 그럴 수 있을 때까지는 그런 척을 해야 한다는 것. 내가 연기를 잘하게 된다면, 나 자신을 속일 수 있는 것처럼 전체 세상도 속일 수 있을 테니까.

우울증이 가장 심한 날에는 직장에도 나가지 않고 몇 시간이고 텔레비전만 보았다. 특히 나는 라나 워쇼스키Lana Wachowski와 릴리 워쇼스키Lilly Wachowski 자매, J. 마이클 스트러진스키Michael Straczynski가 제작한 〈센스8〉 시리즈에 매혹됐다. 〈센스8〉에 나오는 여덟 사람은 어느 날 잠에서

깬 뒤에 자신들의 정신이 서로 연결되어 있음을 알게 된다. 이 시리즈는 동화를 기반으로 하고 있지는 않지만 이야기 구조는 동화를 떠올리게 한다. 〈센스8〉에서도 사람들은 거친 세상에서 어쨌든 살아가야 하며 서로의 정신이 연결되어 있다는 설정은 동화에 나오는 전통적인 마법의 역할을 한다. 나는 모든 에피소드를 보았고 주인공들이 갑자기 놀라운 힘을 얻게 되기를 간절히 소망했다. 한 세상으로 들어가는 능력, 갑자기 인생을 바꾸는 차이 때문에 전적으로 새로운 공동체로 들어가는 능력이 생기기를 바랐다. 〈센스8〉 시리즈에 나오는 여덟 명은 동시에 각자가 독특하지만 분명히 비슷한 경험을 하게 된다. 이 시리즈의 핵심 줄거리는 그들이 공유하는 집단적 힘을 발견하는 과정과 그들의 공동체를 이해하는 과정이다.

그와는 대조적으로 나의 인생은 그 어떠한 공동체에서도 점점 더 멀어져만 가고 있는 것 같았다. 나는 숲에서 길을 잃었다. 나는 더는 친구들과 어울리지 않았다. 나를 걱정하는 부모님이 괜찮냐고 물어 왔을 때는 황급히 밀어내면서 그저 괜찮다고만 했다.

"괜찮아. 그냥 상황성 우울증일 뿐이야." 나는 그렇게 말했다. 병원에서 잠시 일하는 것만으로는 충분한 돈을 벌지 못했기 때문에 다른 일도 찾아봐야 한다는 걱정이 끊이지 않았다. 그때 나는 학자금 대출을 갖고 있었다. 나는 태어나고 자란 도시에서 갈라져 버린 삶의 현실을 똑바로 응시하지 않으려고 애쓰고 있었다. 삶은 극복할 수 없을 정도로 바쁘지만 불가능할 정도로 작다고 느껴졌다. 나에게는 외국에서 혼자 국제적인 삶을 살겠다는 원대한 꿈이 있었다. 하지만 이제 그 꿈은 사라졌다. 그저 이야기 속으로 숨어 버리는 것만이 내가 우울한 하루를 견딜 수 있는 유일한 방법이었다.

그래도 나는 아직 매일 나에게 괜찮다고 말했다. '그저 조금 슬픈 것뿐이야. 그저 조금 인생에 눌리고 있는 것뿐이야. 내 인생은 끔찍하지 않아.' 매일 아침 그 사실을 나에게 상기시켜 주어야 했다. '머리를 누일 집이 있고 냉장고를 채울 음식이 있잖아. 객관적으로 봤을 때는 스코틀랜드에서보다 더 나은 생활을 하고 있잖아. 그곳에서는 너무나도 가난해서 먹을 걸 구하기도 힘들 때가 있었잖아.'

'나는 괜찮아. 나는 문제 없어. 나는 할 수 있어.'

'잘못된 건 아무것도 없어.'

나는 내 상태를 철저하게 부정하면서 실제로 그럴 수 있을 때까지 그런 척하고 있었다.

2015년, 나의 우울증이 최악으로 치달았을 때 응급 정신과 병동에서 나와 함께 일했던 간호사가 나를 한쪽으로 데려가더니 나에게 도움이 필요한 것 같다고 말했다.

"지금 어맨다는 진짜 어맨다가 아니에요. 사실 오랫동

안 어맨다가 아니었어요."

왜인지 그녀가 내가 어딘가 잘못됐음을 눈치챘다는 사실이 나에게는 가장 아프게 느껴졌다. '그러니까 내가 제대로 꾸미지 못했단 말이야? 제대로 아닌 척하지 못했다는 거야? 그때까지는 아무도 눈치채지 못했잖아. 부모님과 친구들 몇 명이 괜찮냐고 물어보기는 했지만 그들은 멋지게 속였잖아? 지금까지 계속 잘해 오지 않았나? 무엇보다도 다른 사람들처럼 걸었고, 다른 사람들처럼 행복한 척하지 않았나?'

'나는 나예요.' 나는 그 간호사에게 말하고 싶었다. 하지만 그와 동시에 그녀에게 안겨서 울고 싶기도 했다. '나는 어맨다 레덕이에요. 신의 이름으로 맹세해요.'

하지만 나를 믿을 사람은 아무도 없었다. 내가 내가 아닌 건 누구나 알 수 있었다.

2백 년 전이었다면 내 가족과 친구들은 우울증 때문에 초췌하고 어두워진 나를 보고 내가 아닌 다른 사람으로 바뀌었다고 생각했을까?

산후 우울증 때문에 죽을 만큼 고통스러운 산모는 자기 아기를 보고도 자기 아기가 아니라고, 다른 사람의 아기라고, 요정이 바꿔치기한 아기라고 생각할 수 있을까? 자기 아기에게도 관심을 보이지 않고 전혀 예측할 수 없는 행동을 하는 산모를 보고 남편과 가족들은 요정이 성인 여자를 바꿔치기했다고 생각할 수 있을까?

마리아 휴덱Mariah Hudec은 2014년에 발표한 스코틀랜드 민담과 역사에 관한 논문에서 바꿔치기 신화는 출산을 둘러싼 민간 신앙과 전통이 더해지면서 상황이 더 나빠졌다고 했다. 출산을 한 산모는 한 달 정도 조리 기간을 갖는데 이때 산모는 홀로 집에 있어야 하고 산모를 만날 수 있는 사람은 여자들뿐이다. 이 기간이 지극히 불안정한 기간임을 생각해 보면 장기간의 고립은 현재 우리가 산후 우울증이라고 알고 있는 전통적인 증상들을 좀 더 악화시켜 엄마와 아이 사이를 더욱 멀어지게 해 산모와 유아의 유대감이 형성되지 못하게 방해했을 테고, 그런 상황은 당연히 갓난아기에게 육체적으로 영향을 미쳤을 것이다. 휴덱은 "육아와 관련해 자신은 무능하며 확실한 것은 하나도 없다는 느낌은 이제 막 엄마가 된 산모들에게는 계속해서 존재하는 현실이 되어 버린다. 부모와 유대감이 제대로 형성되지 않는 아이들은 그런 관계가 신체에 영향을 미쳐 바뀐 아기 모티브에 일부 근거를 제공하는 변화를 경험하기 시작한다."라고 했다.

논문의 뒷부분에서 휴덱은 특별한 사례를 인용한다. 1623년, 이소벨 홀데인Isobel Haldane은 마술을 부렸다는 혐의로 재판을 받았다.『고대 스코틀랜드 형사 재판 기록 Ancient Criminal Trials of Scotland』에 실려 있는 이 사건은 엄마와 갓난아기의 유대감이 형성되지 않았기 때문에 아기의 신체에 나타난 아주 독특한 특징을 기록하고 있다. "한 아낙네가 '이소벨의 아픈 아기hir bairne that wes ane scharge'를 돌봐주려고 이소벨의 집으로 왔다." 스코틀랜드어 사전에 따르면 scharge라고도 하는 shrag는 '아픈 아기(명사) 또는 병으로 쪼글쪼글해지다, 작고 연약하다(동사)'라는 의미가 있다. 따라서 이소벨의 사건에서는 스코틀랜드 학자 루이스 스펜스Lewis Spence와 스티스 톰프슨이 민속 문학의 모티프를 연구하고 작성한 아르네-톰프슨-우터 목록에 들어갈 수 있는 사례를 발견할 수 있다. 이렇게 이야기는 행위로 이어지고 행위는 다시 이야기로 이어져 결국 아르네-톰프슨-우터 목록에 이르게 된다.

여기서 흥미로운 점은 바꿔치기 이야기는 결국 갓난아기와 병든 어른을 사람이 아닌 다른 존재로 만들어 버리는 끔찍한 결과를 낳는다는 것이다. 브리짓 클리어리는 더는 아내를 사람이라고 믿지 않았던 남편에게 살해당했다. 아프거나 장애가 있는 아기를 부모가 눈 내리는 날, 밖에 내버려 두어 죽게 만든 것도 같은 이유 때문이었다. 아기가 사람이 아니라면 아기를 밖에서 얼어 죽게 한 사람이 살해를 저지른 것이 아니니까.

장애가 있고 병든 몸을 **사람보다 못한** 몸이라고 여긴다면 장애인의 삶을 사람의 삶보다 못하게 여긴다고 해도 크게 항의할 수가 없게 된다. 캐나다 농부 로버트 라티머Robert Latimer는 1993년 10월에 딸 트레이시Tracy를 살해했다. 그가 딸을 살해한 이유는 딸의 삶은 고통으로 가득차 있을 테니 그런 삶은 오히려 살지 않는 것이 더 낫다고 믿었기 때문이다. 트레이시는 심각한 뇌성마비로 정신과 육체 모두에 심각한 장애가 있었다. 1997년에 간행된 「뉴욕타임스」 기사에서 라티머는 "영양 보급관을 차고 등에는 막대를 박아 넣었어요. 다리는 잘렸고 침대에만 누워 있느라 욕창이 아주 심했고요. 그런 아이에게 행복한 작은 소녀라는 말을 할 수 있을까요?"라고 했다.

현대가 되면 민담에 기원을 두고 있던 바뀐 사람에 대한 믿음은 말 그대로 한 사람을 완전히 다른 사람으로 바꾸어 버리는 잘 알려진 정신 질환을 둘러싼 채 사라지지 않는 문화적 믿음으로 바뀐다. 예를 들어 조현병은 문화의 영향을 크게 받는다. 1970년대와 1980년대에 치료를 받던 조현병 환자들은 러시아 간첩에 관한 말을 많이 했지만 내가 응급 정신과 병동에서 일했던 2010년대에는 ISIS가 컴퓨터로 메시지를 보냈다는 말을 많이 했다. 이제는 아기를 눈 위에 방치해 죽게 하는 부모는 없지만 다른 사람들과 같지 않은 사람들을 고립하는 관행은 지금도 많이 행해지고 있다. 정신 질환이 있는 사람은 문화적으로나 사회적으로 회피의 대상이 된다. 그와 마찬가지로 세상은 장애가 있는 많은 사람을 피한다. 최근 들어 정신 질환을 둘러싼 오명이 상당히 많이 제거되기는 했지만 정신 건강과 정신 질환에 관한 이야기들과 믿음을 수정할 수 있는 진정한 힘이 생기려면 사회 구조와 정치가 변해야 한다.

매년 '벨 말하기Bell Let's Talk' 캠페인을 진행하는 벨 미디어(캐나다 멀티미디어 회사)는 1월의 어느 하루를 '벨 말하기'의 날로 정해 사람들이 소셜 미디어에서 정신 건강에 관한 생각을 나눌 수 있는 기회를 마련하고, 정신 건강에 관한 사람들의 인식을 개선할 수 있도록 돕는 활동을 벌이고 있다. #벨말하기#BellLetsTalk라는 해시태그를 단 트윗이 올라오고 리트윗될 때마다 벨 미디어는 정해진 돈을 기부한다. 사람들이 그날 하루 동안 행한 소셜 미디어 활동으로 모인 총기부금은 캐나다 전역에 있는 정신 건강 혁신 단체에 기부한다. 2010년부터 2018년까지 '벨 말하기' 캠페인을 통해 모은 기부금은 8650만 달러에 달한다.

'벨 말하기' 캠페인은 사회, 특히 직장에서 정신 건강에 관한 논의를 폭넓게 해 나갈 수 있는 여건을 마련했다는 긍정적인 평가를 받고 있다. 하지만 정신 건강에 관한 논의를 민간 부문의 일로 만들어 버렸다는 비난 또한 받고 있다. '벨 말하기' 캠페인은 정신 건강을 증진할 수 있는 자금을 모으기도 하지만 1월 캠페인 기간은 물론이고 캠페인 전과 후에 수백만 명이 서로 활발하게 상호 작용하면서 토론하는 동안 벨 미디어를 홍보하는 역할도 한다.

무엇보다도 중요한 것은 벨 미디어에서 근무했던 사람들이 자신들의 정신 건강에 문제가 있음을 밝힌 뒤에 회사에서 해고되었다고 증언하고 있다는 점이다. CBS 방송 프로그램 〈기업 공개Go Public〉에서 2017년에 조사한 내용에 따르면 뉴브런즈윅주 멍크턴의 벨 콜센터에서 근무했던 제시카 벨리뷰Jessica Belliveau는 끊임없이 목표를 달성해야 한다는 사실에 스트레스를 받아 벨 미디어의 자회사를 그만두었다고 했다. 2017년 11월에는 벨 센터에서 근무했던 안드레아 리초Andrea Rizzo가 캐나다 인권 위원회에 장애 때문에 차별받았다는 민원을 제기했다. 안드레아는 손목터널 증후군을 앓고 있었고 두 의사가 실적 목표량을 낮춰야 한다는 진단서를 발행해 주었음에도 불구하고 관리자들이 자신의 목표량을 2016년 12월 수준으로 올렸다고 했다.

벨 미디어 캠페인의 또 다른 문제점은 애초에 캠페인이 후원하는 자선 단체들이 생겨날 수밖에 없는 제도적 문제들을 살펴봐야 할 책임을 대중과 정부에게서 면죄해 준다는 것이다. 정신 건강에 관한 인식을 높이고 정신 질환을 둘러싼 오명을 제거하는 일은 선하고 가치 있는 목표임이 분명하다. 그러나 인식을 높이는 것은 문제의 일부일 뿐이다. 장애인들을 자선 단체의 자비심을 고맙게 받아야 하는 존재로 규정하는 것은 장애인이 동정하기 좋은 대상이 될 때만 장애가 가치 있다는 생각을 고착화한다.

만약 한 장애인이 동정할 만한 **좋은** 대상이 아니라면, 정신적으로 평온하지 않은 한 개인이 정신 질환에 맞서 싸우는 **좋은** 예가 아니라면 자선 단체가 아무리 그들이 성취할 수 있도록 도와주어야 한다고 주장해도 동정은 그 개인이 동정받을 가치가 없다는 믿음으로 바뀐다.

만약에 얼굴이 다르게 생긴 사람들을 위해 활동하는 자선 단체에서 일하는 대변인이지만 그다지 뛰어난 직원이 아니라면—예를 들어 **자선 단체가 요구하는 대로 일하지 않는 대변인이라면**—그 사람은 해당 자선 단체의 좋은 수혜자가 될 수 없다.

당신이 좋은 직원이 아니고 당신의 정신 건강 문제가 고용인의 **마음에 들지 않는다면** 당신은 도움을 받을 자격이 없고, 해고되는 것이 마땅하다.

당신이 아름다운 공주라거나 이 세상이 호감을 느끼는 화자가 아니라면 행복한 결말을 맞을 가능성은 없다. 당신은 그럴 자격이 없기 때문이다.

지금 그 시간(2013년부터 2016년 초까지의)을 돌아보면 내 마음속에서 가장 강렬하게 떠오르는 이미지는 지퍼다. 그때 나는 옷을 벗듯이 내 머리 꼭대기 위에 있는 지퍼를 잡고 밑으로 내려 내 몸에서 빠져나올 수 있기를 바랐다. 나라는 존재와 나의 인생에서 빠져나와 조용히 그 누구도 보지 못하게 다른 사람의 몸으로 들어가거나 아니면 전혀 생이 없는 곳으로 가고 싶었다. 일상의 모든 모퉁이마다 슬픔이 도사리고 있다면 어떻게 해야 그 슬픔에서 벗어날 수 있을까? 꿈이 온통 걱정과 슬픔으로 가득 차 있고, 벗어날 수 없는 것이 마음 그 자체일 때는 어디로 가야 하는 걸까? 삶의 선물조차 선물처럼 보이지 않는 곳에서 어떻게 해야 다시 돌아올 수 있을까?

스코틀랜드의 작가이자 저널리스트 질 스타크Jill Stark 는 2018년, 자신의 책 『영원히 행복하지 않았다Happy Never After』에 관한 인터뷰를 하면서 많은 사람이 그들의 인생에 겹쳐 놓은 행복한 결말의 구조에 대해 말했다(스타크는 그 구조를 '동화 필터'라고 부른다). 그녀의 경우 동화 필터는 전 세계의 갈채를 받은 회고록 『멀쩡한 정신: 술 없는 한 해High Sobriety: My Year Without Booze』를 출간했을 때 작동했다. 책이 성공했는데도 어째서 자신의 우울과 불안은 통제할 수 없이 커져만 가는 것인지 스타크는 도무지 이해할 수가 없었다. 우연히 만난 사람들과 독자들이 그녀의 성공을 이야기해도 스타크는 웃으면서 고개를 끄덕이며 그 말에 동의할 수가 없었다.

우리는 (…) 광고가 되었건 할리우드 영화가 되었건 간에 동화 필터를 통해 세상을 봅니다. 우리는 언제나 꾸준히 움직여 목적지에 도착합니다. 우리는 결혼이 아니라 결혼식을 계획하고 아기가 아니라 출산을 계획합니다. (…) 그리고 결혼식이 끝나죠. 그러면 '이제는 어떻게 해야 하지?'라고 생각하는 겁니다. 아무것도 바뀐 게 없으니까요!

옛날, 아주 먼 옛날에, 디즈니 만화 영화에 나오는 인어 에리얼이 바다에서 헤엄치는 모습을 보았을 때 나는 인어로 살아가는 내 삶을 상상해 본 적이 있다. 그러나 에리얼의 행복한 결말은 왕자와 팔짱을 끼고 배 위에서 결혼식을 하는 것이었다. 에리얼은 이야기가 진행되는 동안에는 계속 움직였지만 결혼식과 함께 모든 것이 멈춰 버렸다.

'이제는 어떻게 해야 하지?' 스코틀랜드에서 돌아온 뒤에 내 마음도 그랬다. 스코틀랜드에서는 바쁘게 움직이면서 나의 삶을 살았는데 이제는 모든 것이 그저 멈춰 버린 것처럼 느껴졌다. '이제 무슨 일이 일어나는 걸까?'

그다음으로 일어난 일은 내가 나답지 않다고 말하는 간호사의 권유 덕분에 치료를 받은 것이었다. 훌륭한 의사와 오랫동안 대화를 했고 서서히 효과가 있다는 약물 치료를 받기 시작했다.

"어린 시절 이야기를 해 보세요."

처음 내담했을 때 의사가 말했다. 나는 아주 짧게 대답했다.

"해밀턴에서 살다가 학교 때문에 이사 왔어요."

"왜 이사를 하고 싶었죠?"

그녀가 물었다. 나는 어깨를 으쓱해 보였다.

"다른 장소를 보고 싶었어요. 다른 도시에서 살아 보고 싶었고요."

"다시 돌아가고 싶나요?"

"아니요."

"왜, 아니죠?"

처음에는, 대답이 나오지 않았다.

"자, 어린 시절을 떠올려 봐요. 나는 어맨다의 어린 시절을 좀 더 알고 싶어요."

'도대체 내 어린 시절이 왜 중요하다는 거야?' 처음에는 그렇게 생각했다. 이미 어린 시절은 끝났다. 더는 오지 않을 시간이었다. 나는 할 수 있는 한 그곳에서 멀리 떠나왔다.

하지만 충분히 멀리 떠나오지는 못했다. 나는 정신적으로나 육체적으로 어린 시절에서 벗어났고 나의 어린 시절과 장애가 설명할 수 없는 상태로 한데 얽혀 있음을 깨닫지 못한 채로 장애에서도 벗어나려고 노력했다.

그리고 지금 나는 두 가지 모두에서 **멀리** 떠나왔다. 어린 시절과 장애 모두에서 떠나왔다. 이제는 이 세상에서 나와 같은 몸을 가진다는 것의 의미를, 나로 존재한다는 것의 의미를 분명히 이해하려면 다시 그곳으로 돌아가 **제대로** 여행해야 한다.

그 뒤로 3년이 흘렀지만 나는 지금도 여전히 그 답을 찾아다니고 있다는 느낌이 든다. 지금도 여전히 이 이야기를 완전히 새롭게 쓰고 있다는 기분이 든다.


HBO 방송국의 〈왕좌의 게임〉 시리즈 마지막 두 번째 편에서 용의 여왕 대너리스 타가리엔은 자신이 정복한 도시 킹스랜딩을 철저하게 파괴한다. 용의 여왕에게는 복수와 구원이라는 두 가지 임무가 있었다. 그녀는 20년 전에 가족이 뺏긴 왕좌를 되찾아야 했다. 자신의 용 드로곤을 타고 여왕은 킹스랜딩과 킹스랜딩의 시민들을 무자비하게 학살한다. 용의 여왕은 자신과 용을 죽이려고 투입된 저항군을 물리쳤고, 킹스랜딩 군대가 항복한 뒤에는 남은 도시와 무고한 시민들을 모두 불태운다.

이 같은 설정은 많은 시청자가 예상하지 못했기에 분노를 일으키기도 했던 놀라운 반전이었다. 조지 R. R. 마틴<sup>George R. R. Martin</sup>의 원작 소설의 신화를 훨씬 뛰어넘은 텔레비전 시리즈의 신화 속에서 대너리스 여왕은 여덟 시즌 내내 전형적인 주인공이었다. 상처가 있지만 아름다운 여왕이었고, 노예를 풀어 주는 따뜻한 마음의 소유자였지만 강철 같은 통치자였고, 여왕에게 감사하며 기꺼이 그녀를 위해 싸울 준비가 된 열정적인 군사들의 호위를 받았다. (시리즈 내내 용의 여왕이 어떤 식으로 적들을 불태우고 죽일 준비를 했는지를 생각해 보면 분명히 그녀의 완고함은 그 자체로 의심의 여지가 있으며, 그녀가 모든 사람이 원하는 대로 친절한 군주가 되기는 힘들었을 것 같기는 하다.) 대너리스 여왕의 가계는 온통 광기로 점철되어 있었으나 (텔레비전 시리즈에서는 **타가리옌 왕가에서 아기가 태어날 때마다 신들이 동전을 던져 미치게 할 것인지 말 것인지를 결정했다**) 시청자들은 모두 대너리스가 보여 주는 행동들을 보면서 그녀라면 절대로 미치지 않을 거라고 기대했었다.

도시를 불태우는 장면에서 〈왕좌의 게임〉 팬들은 반발했고 트위터, 쿼라 같은 수많은 소셜 미디어 플랫폼은 좌절한 팬들의 목소리로 가득 찼다. 작가 린지 로메인<sup>Lindsey Romain</sup>은 「너디스트<sup>Nerdist</sup>」에 실은 기사에서 "[복수 때문에] 신중하게 전개되던 정복 활동이 예측할 수 없는 여성의 욕망에 좌우되고 말았다."라고 했다.

광기라는 망령은 또 다른 질문을 하게 한다. 정신 질환 가족력이 있는 여성 등장인물이 갑자기 분노에 휩싸여 광기를 드러내는 이야기를 쓴다는 것은 『알트 마인스』의 켈리 아이엘로 같은 사람들이 경계해야 한다고 강력하게 권고하는 '여자는 미쳤다'라는 젠더 편향이 드라마(그리고 드라마의 서사)에 반영된 결과라고 볼 수 있을까? 오늘날의 스토리텔링 세계에서 여성의 화와 정신 질환을 다루는 병리학에 관한 진부한 믿음을 그토록 선명하게 떠올리게 하는 방법으로 분노를 묘사한다는 것은 어떤 의미가 있을까?

　어쩌면 우리는 이렇게 질문해야 할지도 모르겠다. 애초에 여성의 화와 예측 불가능함에 관해 진부한 믿음을 갖는다는 것은 어떤 의미이며, 어째서 그런 믿음이 광기와 광기의 교환에 관한 진부한 믿음을 낳게 되는 것일까? 우리가 말하는 이야기들은 이런 생각들을 어떻게 강화하며 사회가 거듭해서 되돌아가는 이런 이야기들은 정확히 어떤 의미를 담고 있을까? 이런 이야기들은 우리가 분개하면서도 동시에 순응하는 권력 구조를 강화하는 데 어떤 역할을 할까?

　이것은 그저 이야기일 뿐이다. 그렇지 않을 때를 빼면 그렇다는 말이다. 사람들이 이야기를 하고 그 이야기의 서사를 먹고 그 이야기를 내면화해 이야기에서 묘사하는 일들이 이 사회가 작동하는 방식이라고 실제로 생각하지 않을 때만 이야기는 그저 이야기가 된다. 사람들이 내면화한 이야기는 집단이 승리하는 것이 아니라 개인이 승리해야 하는 곳이 세상이라고, 거친 세상을 극복할 책임은 사회가 아니라 개인에게 있다고, 책임도 실패도 개인의 것이라고 말한다.

현대 세상에서 정신 질환을 둘러싼 오명은 정신 질환은 사회가 고쳐야 할 문제가 아니라는 생각을 고착화한다. 우리는 용을 기대하지는 않겠지만 예측 불가능성은 경계한다. 예측할 수 없는 개인들은 수 세기 전에 기관에 격리됐던 사람들과 상당히 비슷한 방식으로 사회에서 격리된다. 사회적으로든 그 밖의 다른 방법으로든 정신 질환이 있는 사람들을 배제하는 것은 이런 이야기들을 '실제' 현실에서, 그리고 화면에서 보는 이야기 속에서 어떻게 바라보아야 하는지에 관한 틀을 형성한다. 그런데 어느 정도는 우리가 원하지 않았더라도 대너리스 여왕은 결국 미쳤을 수도 있다. 그것이 바로 권력을 얻은 여자들이 가게 되는 길이라는 이야기를 우리가 계속 하고 있으니까. 권력을 가진 여자는 믿을 수 없다(사악한 여왕과 마녀를 보라!). 그 옆에 남편이 있지 않은 한, 여자는 제대로 통치할 수 없는 것이다.

(물론 현실에서는 뛰어난 여성 통치자들의 이야기가 무

궁무진하다. 하지만 난롯불 앞에서 읽은 이야기는, 책에 나오는 이야기는, 화면에서 보는 이야기는 그런 여성 통치자는 없다고 한다.)

사람들은 조현병이 있는 사람은 두려워해야 하고 믿으면 안 된다고 생각한다. 영화나 텔레비전에서, 인기 있는 이야기에서 조현병을 그렇게 묘사하기 때문에 그렇다.

텔레비전은 우울증이 있는 사람은 침대 밖으로 빠져나오지 못하고 일상을 전혀 살아가지 못한다고 묘사한다. 우리의 삶은 그렇게까지는 나쁘지 않으니 우리는 분명히 우울증에 걸리지 않았다고도 말한다. 그러니까 우리는 도움이 필요 없다. 우리는 괜찮은 것이다.

하지만 이제부터는 전혀 다른 식으로 이야기한다면 어떻게 될까? 용들의 어머니 대너리스 타가리엔이 홀로 고립되지 않고 공동체의 도움을 받을 수 있었다면 이야기는 달라졌을까?

마리나 워너는 "앤절라 카터는 동화의 정신을 '영웅 낙관주의'라고 부르는데, 행복한 결말을 약속하는 동화에 상당히 어울리는 용어다."라고 했다.

행복한 결말이 한 개인이 전적으로 책임지고 만들어 내야 할 결과가 아니라 집단이 함께 만들어 가고 공유해야 할 무언가로 바뀌기 시작한다면 그 약속은 어떤 의미를 갖게 될까? 이야기 속에서 우리가 서로 손을 맞잡으려는 노력을 기울인다면 어떤 일이 벌어질까?

우울증으로 고생했던 그 3년은 내 인생 최악의 날들이
었다. 하지만 결국 나는 행운아였다. 가까스로 좋은 의사
를 만났고 치료 비용도 주 정부가 지급하는 보험으로 처
리할 수 있었다. 오랫동안 상담을 받았고 지금까지도 받
고 있는 약물 치료 덕분에 나는 예전과 비슷한 삶으로 돌
아갈 수 있었다. 나에게는 가족과 친구들이 있었고, 내 곁
에는 언제나 나를 지원해 줄 제도적 장치가 마련되어 있
었다. 예전에는 그저 그것을 볼 수 없었을 뿐이다.

나는 백인이다. 그러니 나에게 주어진 특권이 내가 회
복되는 데 도움이 되었음을 인정하지 않는다면 그 또한
태만일 것이다. 개인이 정신 건강에 도움이 될 자원을 확
보할 수 있는 능력은 저마다 다른데 백인이 아닌 사람들,
장애인, 그 밖의 소외된 여러 공동체에 속한 사람들은 많
은 경우 필요한 도움을 얻지 못한다. 이런 소외된 사람들
은 바람직한 환자로 여겨지지 않을 때가 많다. 의료 전문
가들은 소외된 사람들을 그들이 고마워해야 할 주인공
으로 보지 않거나 백인과는 달리 공동체에 속한 사람이
아니라는 생각을 할 때가 많다. 인종 차별적인 성향 때문
에 백인이 아닌 사람들을 하찮게 여기거나 그들의 증상
을 무시하는 의료인도 있다. 그 밖의 여러 가지 이유로 소

외된 사람들은 그들에게 필요한 자원을 제대로 얻지 못한다.

또다시 우리는 회복해야 할 (임무를 성공적으로 완수해야 할) 책임을 개인에게 지우고 개인이 임무를 완수할 수 있게 도와야 할 공동체의 역할과 책임은 거의 무시해 버렸다. 또다시 우리는 사회가 변하기보다는 치료를 강조하는 문화를 지지하고 영속화했다. 장애인이 잘 살 수 있도록 사회를 바꾸기보다는 장애인의 삶 자체를 말살해 버리는 것을 목적으로 삼는 서사가 말해지는 사회가 지속되게 했다.

우리가 말하는 이야기들이 바뀌어야 한다. 그것 외에 다른 길은 없다.

육체는 장애가 갖는 본질의 일부일 뿐이다. 육체적 고통은 끝이 있거나 아주 짧을지라도 조금은 쉴 수 있는 유예 기간이 있다. 그러나 정신은 집착을 놓지 않는 손을 가지고 있다. '저기, 저 불완전한 모습을 봐. 저기, 저 비틀거리는 모습 좀 봐. 저기, 넘어지는 것 좀 봐. 저 구부러지고 휘어진 발가락을 보라고. 배에, 등에, 발목에 있는 흉터를 봐. 뱃속에 스파게티처럼 동그랗게 감겨서 똬리를 틀고 있는 플라스틱 단락 고리가 느껴져.'

이런 생각들에 사로잡혀 정말로 많은 시간을 쓸데없이 허비해 버린다.

우리는 어느 정도나 육체의 산물이고 어느 정도나 정신의 산물일까? 욱신거리는 고통을 느끼며 잠에서 깨어난 사람이 그런 고통이 자신을 형성해 가는 방식을 무시할 수 있을까? 실패한 꿈들이 자신을 다른 곳으로 밀어붙이고 다른 꿈을 찾아야 한다고 강요하는 방식을 어떻게 설명할 수 있을까?

얼마 전부터 걸을 때 다시 다리가 돌아간다는 사실을 알아챘다. 내 다리에 맞게 보형물을 삽입했는데도 새 신발에 내 걸음걸이가 비틀어져 있다는 표시가 나기 시작했다. 의사들은 내가 너무 세게 땅을 밟기 때문에 그렇다고 했다. 내가 항상 주의를 기울이는 것은 아닌 근육을 사용하는 법을 배운 사람처럼 걷기 때문에 그런 거라고 했다. 나의 오른쪽 다리는 조그맣게 원을 그렸다. 반응이 거의 없는 오른쪽 발을 털썩 내려놓을 때마다 원을 그렸다. 의사들은 내 몸이 '대처 반응'을 하는 거라고 했다. 적절하게 움직이지 못할 때 몸이 보행 능력을 보충하고 개선하기 때문이라고 했다. 그러니까 지상에서 살아가기 위해 적응한 진화의 결과인 셈이다.

작은 아이는 무대 위에서 춤출 수 없다는 사실을, 자신이 원하는 대로는 춤출 수 없다는 사실을 배운다. 그 대신에 그 아이는 글들을 본다. 문장의 씨실과 날실을, 화면의 빈 무대 위에서 문장 부호가 반짝이는 방식을 본다. 그 여자아이는 자신의 글에서 리듬을 찾는다. 종이 위에서, 혀 위에서, 이 글자와 저 글자가 짝을 지어 음악을 만드는 방식을 본다.

패트릭 프리즌Patrick Friesen은 2013년에 『위니펙 리뷰 Winnipeg Review』에 발표한 에세이에서 "자신이 두 번째로 좋아하는 예술 형태를 택해 작업을 한다는 것은 어쩌면 모든 예술가에게 진실일 수도 있다."라고 했다.

그리고 다음과 같이 말했다. "[만일] 이것이 사실이라면 예술가는 자신이 종사하는 예술 안에서 가장 좋아하는 예술 형태의 토대를 발견할 수 있어야 한다."

"움직임은 언제나 내가 말로 하는 작업의 핵심에 있었고, 이 움직임은 음악의 방향을 택할 때가 많았다. (…) 그 말은 보조를 맞추어서 일해야 한다는 뜻이다. 머리가 아니라 몸으로 말해야 한다는 뜻이다."

  몸으로 말을 하고 쓴다는 건 어떤 의미일까? 아니, 좀 더
분명하게 말해서 세상이 부족하다고 여기는 나의 몸 같은
몸이 말을 하고 쓴다는 건 어떤 의미일까? 내가 십 대였을
때 엄마는 내 몸이 제대로 균형을 잡을 수 있도록 나를 무용
학원에 보냈다. 나는 무용을 사랑했지만 미워하기도 했다.
춤출 때마다 나는 내가 무용수가 될 수 없다는 사실을 확인
해야 했다.

  학부생일 때는 린디 합[27]을 배우러 다녔지만 내 파트너가
내가 지나치게 집중하는 데다 모든 걸 너무 심각하게 받아
들인다는 농담을 한 뒤로 그만두었다. 그 뒤로 1년 뒤에 다
시 린디 합 학원에 등록했지만 그곳에서도 버티지 못했다.
스코틀랜드에서 대학원에 다닐 때는 세인트앤드루스에 있
는 여러 살사 학원에 등록했지만, 그곳들 역시 오래 다니지
못했다. 에든버러에 살 때는 광고를 내어 실수로 점철된 내
춤을 몇 시간이고 끈기 있게 인내하며 친절하게 교정해 준
스윙 댄스 파트너를 찾을 수 있었다. 한동안 정말 신나게 스
윙 댄스를 배웠지만 정해진 일정이 끝난 뒤에는 그만두었다.
(캐나다로 돌아온 뒤에도 몇 군데 학원에 등록했지만 그만

---

27 스윙 리듬에 맞춰 추는 춤

두어야 할 핑계가 생길 때마다 역시 그만두었다.) 내 춤은 충분히 잘 출 수 있는 상태까지 발전하지 못했다. 나는 내가 원하는 무용수는 될 수 없었기에 그만두었다. 그리고 그런 일은 거듭해서 반복됐다.

지금 생각해 보면 정말 바보 같은 이유처럼 보인다. 하지만 그런 바보 같은 작은 결정들이 가장 큰 힘을 가질 때가 있다. 춤을 버린 뒤에는 춤에 관해 쓰기 시작했다. 직접 하는 대신에 나는 한자리에 앉아 꿈을 꾸었다.

'뇌성'은 '뇌와 관계가 있는' 또는 '뇌의'라는 뜻이며 '마비'는 '근육이 제 기능을 못하거나 움직이지 못하는 증상'을 뜻한다.

이 두 단어를 합쳐 보면 말 그대로 뇌가 몸을 마비시켰다는 뜻이 된다.

---

# 8. 괴물과 경이로움

나는 슈퍼히어로로 태어나지 않았다. 나는 돌연변이로 태어났고 통제할 수 없는 이상한 몸을 선물로 받았다. 뒤틀린 발과 저는 다리가 내가 받은 선물이다. 걷는 데 시간이 걸리는 어린 소녀, 남들처럼 춤을 추지 못하는 어린아이. 수술을 받고 휠체어와 목발에 의지해야 했던 나의 어린 시절은 거미에 물리고 각종 사고를 당하는 만화책과 영화 속 영웅들의 어린 시절과 다르지 않다. 단지 내가 그런 경험들이 부여하는 힘을 얻지 못했을 뿐이다. 비뚤어진 내 골반은 완벽한 균형 감각을 가진 슈퍼 인간의 조정 능력을 가져오지 않았다. 부족한 근육의 능력이 날카로운 시력과 뛰어난 청력을 만들어 내지는 않았다.

- Marvel: '경이'라는 뜻을 가진 영어 명사로서 놀랍고도 신기한 기적이나 사건을 뜻한다. 또한 멋진 이야기나 전설을 뜻하기도 한다. 동사 marvel은 '경이로 가득 차 있다'는 뜻의 옛 프랑스어 merveillen에서 왔다. 이 동사의 어원은 '경이로워하다, 깜짝 놀라다'라는 뜻의 옛 프랑스어 merveillier이다.

언제나 경이롭고 언제나 놀랍다. 슈퍼히어로로 말이다. 그리고 장애인도 마찬가지다. 장애인이 거리를 활보할 때, 지팡이와 보행 보조 기구에 의지해 대중교통을 이용하려고 애쓸 때, 영화를 보러 갈 때, 식료품을 구입할 때 사람들은 놀란다. 장애인이 혼자서 하는 일은 모두 사람들을 놀라게 한다.

휠체어를 타거나 지팡이를 짚고 가는 나의 장애인 친구들에게 지나가는 사람들은 말한다. '어떻게 그런 걸 하세요? 내가 그런 상황이었다면 오래전에 자살하고 말았을 거예요.'

사람들은 놀란다. 수염 난 여자가 서커스에 나오면 놀라고 왜소증이 있는 사람이 곰 위에 올라가 춤을 추면 놀란다. 19세기 말에는 엘러펀트 맨이라는 이름으로 역사에 길이 남은 조지프 메릭Joseph Merrick의 장애가 있는 몸을 보려고 수많은 사람이 무리 지어 몰려갔다. 16세기에는 페트루스 곤살부스<sup>Petrus Gonsalvus</sup>를 보려고 프랑스 궁전으로 몰려갔다. 원래 스페인 테네리페섬에서 태어난 곤살부스는 선천성 전신 다모증 때문에 온몸이 털로 덮여 있었다. 곤살부스는 프랑스 앙리 2세의 애완동물이 되어 라틴어를 배우고 멋진 옷을 입으며 프랑스 궁전에서 살았다. 앙리 2세의 왕비 카트린 드 메디치는 곤살부스에게 아내를 찾아 주었다. 곤살부스의 아내 이름도 카트린이었다. (드 빌뇌브의 『미녀와 야수』에 영향을 미친 것으로 여겨지는 곤살부스 부부의 초상화는 지금도 박물관에서 볼 수 있다.) 두 사람은 일곱 자녀를 낳았고, 그 가운데 다섯 명이 다모증으로 태어났다.

두 사람의 딸들은 괴물, 경이, 야수라는 이름으로 불렸다.

온타리오주 남서부 지역에서 자란 어린 소녀로서 나는 내가 돌연변이였으면서도 돌연변이보다는 왕족을 더 믿을 수 있다고 생각했다. 공주와 왕자들의 이야기는 책에서, 텔레비전에서 본 이야기들이었고, 슈퍼히어로가 된다는 것이 어떤 의미인지, 그런 이야기를 한다는 것이 어떤 의미인지 생각해 보지 않았다. 공주들은 언제나 완벽했고, 완벽함은 내가 늘 갖고 싶었던 덕목이다.

슈퍼히어로들은 전적으로 다른 마법을 부려야 한다. 요정 대모가 마법을 부린다고 믿는 것이 슈퍼 인간이 엄청난 힘을 낼 수 있다고 믿는 것보다 더 쉽다. 한 소녀가 자라서 왕자와 사랑에 빠진다고 믿는 것이 동일한 소녀가 아름답다고 여겨지는 몸으로 성장한 뒤에 언제나 자신이 하고 싶은 일을 모두 해낼 수 있다고 믿는 것보다 더 쉽다.

학교에서 아이들은 나에게 말했다. "넌 똥꼬에 피클을 끼고 걷는 것 같아. 피클! 피클! 피클! 피클로 뭐 할 거야? 똥꼬에서 꺼내서 먹을 거야?"

마블Marvel. 만화로 이루어진 세상. 이 사업체는 1931년에 타임리 코믹스라는 이름으로 시작했지만 1961년에 마블로 개명했다. 이 사업체는 어벤저스, 가디언즈 오브 갤럭시, 아이언맨, 헐크, 캡틴 아메리카, 엑스맨, 스파이더맨, 데드풀, 닥터 스트레인지, 토르 같은 오늘날 세상에서 가장 사랑받는 슈퍼히어로와 슈퍼히어로 팀 가운데 일부를 창조, 감독하고 있다.

캡틴 마블. 그녀는 아름답고 젊고 금발이다. 날씬하고 우아하다. 몸에 딱 달라붙는 슈트를 야구 모자와 가죽 재킷을 입는 것처럼 수월하게 입을 수 있다. 단호한 캡틴 마블은 초반에 잠시 기억을 잃고 우왕좌왕했지만, 그 뒤로는 한 번도 자신을 잃지 않는다. 전투기 조종사가 된 캡틴 마블은 이제 은하계 함대 선장이 되었다. 우리가 그녀를 처음 만났을 때 캡틴 마블의 이름은 비어스였다. 비어스는 절대로 공주가 아니다. 그녀는 공주가 아닌 다른 존재다. 공주보다 훨씬 크고 거대하고 강한 존재다.

캡틴 마블의 그전 이름은 캐럴 댄버스. 코믹스의 실버 시대(1950년대 후반부터 1970년대 초반)에도 존재했던 캡틴 마블의 최신 버전이다. 캡틴 마블 전까지는 새로운 버전으로 태어난 인물은 모두 남성이었다. 이 글을 쓰고 있는 지금 (2019년 4월 초) 캡틴 마블의 캐럴 댄버스 버전은 2016년에 마블 스튜디오 사장 케빈 파이기Kevin Feige 가 「벌처Vulture」와 인터뷰한 내용에 따르면 마블의 우주에서 가장 강력한 슈퍼히어로다. (몇 주 지나면 〈어벤저스: 엔드게임〉이 개봉할 것이다. 〈어벤저스: 엔드게임〉의 첫 상영 표는 판매하는 순간 매진됐다.) 나는 3월 초에 〈캡틴 마블〉이 개봉하자마자 극장에 달려가서 보고 왔다. 나는 그 영화의 모든 것을 사랑하게 되었다. 그 빈정거림과 힘과 환희. 여자가 자신의 힘을 그런 식으로 발휘하는 모습을 지켜보는 건 정말로 후련했다. 자신의 손으로 죽음을 불러온 뒤 기뻐하는 여자를 보는 일은 정말로 즐거웠고 정말로 놀라웠다. 캐럴 댄버스로 분한 브리 라슨이 주드 로가 연기하는 욘 로그를 똑바로 바라보면서 "내가 당신에게 증명해야 할 건 없어."라고 말하는 모습은 정말로 믿을 수 없을 정도로 강인했다.

내가 열 살 때 우리 반 아이들에게 그런 말을 했고, 그 말이 진실임을 알았다면 어떤 기분을 느낄 수 있었을까?

하지만 나는 나를 앞서고 있다. 극복해야 할 역경이 없다면 슈퍼히어로 서사는―동화는―그 어떤 의미도 없다.

토빈 시버스는 "능력이라는 이데올로기는 가장 간단하게는 비장애인을 선호하는 형태로 나타난다. 가장 급진적인 형태는 인간임을 결정하는 기준선을 규정하고 개인에게 사람의 지위를 부여하거나 박탈하는 몸과 마음의 척도를 설정하는 것이다. 능력 이데올로기는 우리가 사람에 관해 내리는 거의 모든 판단과 정의, 가치 평가에 영향을 미치는데, 이 이데올로기는 차별적이며 배제를 원칙으로 하기에 특정 영역의 바깥에, 특히 이 경우에는 장애라는 관점에 비판적인 사회적 위치를 만들어 낸다."라고 했다.

동화 『푸른 수염』을 다시 쓴 앤절라 카터의 으스스한 단편 소설 「피로 물든 방」에는 자신보다 나이가 훨씬 많은 프랑스 후작과 이제 막 결혼한 이름 모를 젊은 신부인 화자가 나온다. 그녀는 남편을 사랑하지 않지만 왠지 그에게 끌린다. 그녀는 남편에게 아내가 세 명 있었고, 그 세 사람은 모두 죽었으며, 세 번째 아내는 자신과 남편이 만나기 불과 3개월 전에 죽었다는 사실을 애써 무시하고, 남편의 매력에, 남편의 부에, 자신이 그에게 드리우고 있다고 생각하는 힘에 매혹된다.

"내가 결혼하겠다고 했을 때, 그는 얼굴 근육 하나 움직이지 않았다. 그저 꺼질 듯한 한숨을 길게 내쉬었을 뿐이다. 나는 생각했다. '오, 그는 정말로 나를 원하고 있어!'"

결혼식 날 (카트린 드 메디치가 남편의 조상에게 준 가장 중요한 가보인) 결혼반지를 끼고 화자는 기차를 타고 난봉꾼인 남편이 사는 성으로 간다. 거대하고 공허하고 엄청난 남편의 성에는 화자를 무시하지만 그녀를 주인의 수많은 변덕 가운데 하나로 여기고 충분히 참아 줄 수 있는 하인들로 가득했다. '대낮'에 치러진 첫 의식은 그녀에게 혐오와 욕망을 동시에 일깨운다. "처녀성을 잃은 나는 완전히 흐트러져 버렸다." 하지만 남편은 일 때문에 그날 밤 바로 출발해야 한다고 하면서 열쇠가 가득 걸린 열쇠고리와 '이제 막 태어난 은밀한 호기심'을 그녀에게 남겨 놓고 떠나 버렸다. 열쇠고리에 걸린 열쇠들은 남편의 서재, 부엌, 집무실의 열쇠였다. 남편은 열쇠고리에 걸린 열쇠들의 쓰임새를 모두 알려 주었지만 단 한 열쇠의 쓰임새는 말하지 않았다.

"아직 어느 곳의 열쇠인지를 말해 주지 않은 열쇠가 고리에 단 한 개 매달려 있었고, 남편은 그 열쇠를 만지작거리며 주저했다. 잠시, 나는 남편이 그 열쇠를 고리에서 빼내 주머니에 넣고 떠날 것이라고 생각했다."

하지만 후작은 열쇠를 빼지 않았다. 그저 그 마지막 방에는 들어가지 말라고 아내에게 부탁했을 뿐이다.

"남자에게는 누구나 한 가지 비밀이 있소. 오직 한 가지라고 해도, 아내에게 숨기는 게 있는 거지. 모든 게 다 당신 것이오. 어디든 들어가도 좋소. 하지만 이 열쇠가 맞는 방만은 들어가지 마시오."

남편은 성을 떠나고 우리의 화자는, 처음에는, 성의 나머지 부분에만 집중하려고 노력했다. 화자는 뛰어난 피아니스트이자 영재였기에 남편은 근처 마을에서 시각장애인인 젊은 피아노 조율사를 성으로 불러 그저 화자의 악기를 조율하는 일만 하면서 성에 머물도록 했다. 화자와 상냥하고 친절한 젊은 피아노 조율사 사이에는 우정이 싹텄다.

그런데 우리의 화자는 그 방을 잊지 못했다. 성의 가장 깊숙한 곳까지 들어가 결국 그 방을 찾아내고 말았다. 방 안에서 화자는 남편의 세 부인을, 정확히는 세 부인의 몸을 발견했다. 공포에 질린 화자는 열쇠를 피가 고인 바닥에 떨어뜨렸고, 방에서 도망치듯 빠져나온 뒤에야 열쇠에 피가 묻었음을 알았다.

예정보다 일찍 일을 마친 남편이 성으로 돌아오고 있었다. 자신에게 닥쳐올 분노의 물결에 두려워 떨던 화자는 하인들이 모두 떠나 버리고 자신만이 홀로 성에 남겨

졌음을 알았다. 사랑스러운 시각장애인 피아노 조율사만이 그녀와 함께 남아 남편의 손에 의해 마지막을 맞이하는 순간까지 친구로서 화자의 옆을 지켰다.

하지만 적절한 시점에 화자는 구출된다. 분노한 화자의 남편이 성 앞에서 위협적으로 그녀에게 다가와 번득이는 눈길로 광기 어린 말을 내뿜으며 결국 화자도 지하실에 누워 있는 세 아내 사이에 놓일 것이라고 협박하고 있을 때 화자는 구출된다. 화자를 구한 것은 상냥하지만 끝까지 순진하고 아무 짝에 쓸모없었던 시각장애인 피아노 조율사가 아니라, 왠지 딸에게 큰일이 생겼을 거라는 불길한 예감이 들어 말을 타고 둑길을 달려 성으로 오다가 딸 부부를 보고 권총을 높이 들어 사악한 사위의 심장을 정확하게 명중한 화자의 어머니였다.

후작은 죽었고, 후작의 성을 상속받은 화자는 그 성을 시각장애인을 위한 학교에 기증했다. 화자가 어머니와 시각장애인 피아노 조율사와 함께 파리 외곽에 있는 조그만 음악 학교에서 함께 살아가는 것으로 동화는 끝이 난다.

슈퍼히어로를 생각할 때 어머니를 떠올리기는 쉽지 않지만 앤절라 카터는 반전에 능한 작가다. 적어도 어떤 면에서는 말이다. 앤절라 카터는 영화와 책에서 가장 흔하게 장애인을 다루는 방식으로 시각장애인 피아노 조율사를 묘사하고 있다. 사악한 괴물은 아니지만 아무리 맑은 영혼을 지니고 있다고 해도 애처롭고 소용없는 몸으로 말이다.

체제 전복적인 사람이라고 해도 동시에 몇 가지 이상으로 전복적일 수는 없는 것 같다.


제2차 세계대전이 발발하기 전까지 스티브 로저스의 삶은 장애가 있는 삶이었다고 말할 수 있을 것이다. 적어도 마블 영화에서 캡틴 아메리카로 자신의 서사를 시작했을 때의 육체는 앞으로 나가기에는 문제가 있는 장애일 뿐이었다. 스티브 로저스는 군인이 되고 싶었다. 하지만 거대한 심장은 그의 작은 육체와 조화를 이룰 수 없었다. 그의 몸은 그의 소망을 이룰 수 없는 몸이었다. 전쟁이라는 기준으로 보았을 때 그는 아무 소용이 없었기에 간과됐고 무시됐고 비웃음을 받았으며 그저 잊혔다. 전쟁터에 나가 싸우겠다는 그의 소망은 좋게 보면 귀여운 객기였고 나쁘게 보면 터무니없는 망상이었다. 그의 여행이 시작되고 골목에서 불량배들과 만났을 때 스티브는 "온종일이라도 할 수 있어."라고 말한다. 그 말을 듣고 불량배들은 크게 웃는다. 그들은 사회가 스티브를 어떻게 보는지 알고 있었기 때문이다. 그의 영혼이 아무리 광대하다고 해도 그는 애처롭고 쓸모없는 존재일 뿐이었다.

불량배들은 아마도 이런 말을 했을 것이다. '뭐야, 너

아직도 군인이 되고 싶은 거야? (여전히 세상 밖으로 나가서 무언가를 하고 싶은 거야? 여전히 영화관에 가고 싶은 거야?) 네가 어떻게 그럴 수 있는지 모르겠다. 내가 너라면, 벌써 오래전에 죽어 버렸을 거야.'

"서사학이라는 관점으로 보면 한 문학 장르에서 마법처럼 비범한 능력을 장애와 연결해 묘사하는 일이 그토록 잦은 이유는 놀랍지 않다." 앤 슈미싱이 이야기하고 있는 것은 동화이지만 영웅 서사에 대해서도 같은 말을 할 수 있을 것이다. 영웅 서사도 결국에는 21세기에 업데이트된 동화라고 할 수 있으니까. 무도회 드레스 대신에 영웅의 망토가 나오고 호박 마차 대신에 제트기가 나오지만 멋지게 승리해 질서를 회복하는 것은 동일하다. 마법 지팡이와 주문이 있던 자리를 기술이나 거미에 물려 유전자 돌연변이를 일으킨 변형된 몸이 채웠지만, 그 뒤로 영원히 행복하게 사는 것도 동일하다.

장애가 있는 여성으로서 나는 어떤 방식으로든 몸이 마법과 연결되지 않은 채 화면에 나타난다는 것이 어떤 의미인지를 알지 못한다. 장애가 있는 몸이 (야수의 무성한 털, 사악한 마녀의 녹색 피부, 레드 스컬의 변형된 얼굴처럼) 사악하거나 잘못된 것이 아니라면 장애는 그림 형제의 동화에 나오는 손을 잃은 아가씨처럼 실제 마법으로 회복되거나 수많은 영웅 이야기에서처럼 장애 보상 이론이라는 마법을 통해 언제나 결국에는 회복된다. 데어데블은 시력을 잃지만 그 불행 때문에 엄청난 청력을 갖게 된다. 〈엑스맨〉의 찰스 자비에 교수는 걷는 능력을 잃은 대신에 정신 능력이 엄청나게 강해진다. 다크 피닉스인 진 그레이는 사람들의 **경이로움**을 공포로 바꾸면서 배척당하지만 그녀의 힘은 너무나도 강력해서 결국 균형을 잡는다.

　스티브 로저스는 엄밀한 의미로 보면 장애가 있다고는 할 수 없다. 그의 장애는 그저 은유다. 그가 살고 있는 세상의 불공정한 본성에 조금쯤은 항의하는 것이며 애초에 전쟁터에서 싸우게 하려고 몸을 보낸다는 어처구니없는 생각에 관한 논평일 뿐이다. 그렇다고는 해도 스티브 로저스를 슈퍼 인간으로 만든 혈청은 이중으로 그를 지운다. 한때는 그의 몸이었지만 이제는 더는 중요해지지 않은 몸을 지우며, 자신의 몸을 성공적으로 살아갈 수 없는 장애로 보는 사람들이 실제로 존재한다는 현실을 지운다. 영웅 서사를 위해서라면 스티브의 영혼이 가진 순수한 힘이 결국에는 그에 걸맞은 육체와 조화를 이루는 것이 당연히 **유용하다**. 하지만 스티브의 영혼이 강력하다는 사실을 말해 줄 육체를 얻었을 때만 그가 좋은 일을 할 수 있음을 알게 된다는 것은 어떤 의미가 있을까? 스티브의 분투를 보고 자신의 잠재력은 결코 이 세상의 기대를 충족시킬 수 없으리라는 사실을 깨달은 장애인에게는, 이 세상은 자신이 하는 아주 작은 행동조차 엄청나게 대단한 일로 취급할 정도로 자신을 능력이 없는 존재로 보고 있음을 깨달은 장애인에게는 그런 영웅 서사가 어떤 의미로 다가올까? 맑고 순수한 영혼을 담은 망가진 몸을 소유한 존재. 그저 잠자리에서 일어나고 커피를 사려고 거리를 걷는 것만으로도 슈퍼히어로로 취급받는 존재. 장애가 있는 몸은 능력이 없다. 그러니 아무리 영혼이 밝게 빛나고 있다고 해도 능력이 없는 존재로 만족해야 한다.

'와, 너 커피를 살 수 있네? 식료품도 사고, 비행기를 타고 여행도 하는 거야? 우리처럼 능력이 있는 사람인 척하는 거야? 정말 너무나도 고무적이야!'

영화 〈캡틴 마블〉의 도입부에서 캐럴 댄버스는 몇 가지 장애를 가지고 있다. 기억을 잃은 캐럴은 6년 전의 시간이 전혀 기억나지 않았다. 영화가 진행되면서 우리는 그녀를 억류하고 있는 크리족이 의도적으로 그녀의 힘을 억제함으로써 캐럴이 장애를 겪게 만든다는 사실을 알게 된다.

하지만 슈퍼히어로들 대부분이 그렇듯이 캡틴 마블은 온갖 역경을 이겨내고 행복을 성취해 낸다. 즐겁고 거침없이 적들을 물리치면서 육체적으로도 행복해지고, 거칠고 끈질기게 책략을 걸어오는 욘 로그와 거리를 두고 자신의 몸과 힘은 자신이 적합하다고 생각하는 방식으로 사용할 거라고 단언하면서 정신적으로도 행복해진다.

"내가 당신에게 증명해야 할 건 없어."

"내가 당신에게 증명해야 할 건 없어."

"내가 당신에게 증명해야 할 건 없어."

영화를 보고 온 날 밤, 나도 캡틴 마블의 대사를 조용히 읊조렸다. 나에게 그 '당신'은 정말로 여러 얼굴을 하고 있었다.


5학년 때 일이다. 점심시간에 책상에 앉아 있을 때, 내 옆에 앉아 있던 한 아이가 내 의자 밑으로 굴러 들어간 연필을 주워 줄 수 있는지 물었다.

그러자 내 뒤에 있던 여자아이가 말했다. "걔는 못해. 그러려면 몸을 뒤로 젖혀서 먼저 똥꼬에 낀 피클부터 빼내야 하거든."

그 말을 듣는 즉시 격렬한 분노가 내 몸을 뜨겁게 압도해 버렸다. 나는 그 아이의 책상이 덜컥 젖혀지고 그 아이가 앉아 있던 의자의 앞다리가 들릴 정도로 세게 내 의자를 뒤로 밀었다. 그 아이의 의자는 세게 흔들렸고, 내가 정확히 원하는 대로 뒤로 넘어갈 뻔했다. 그 순간 그 아이는 약간의 공포와 놀람이 서려 있는 웃음을 터트렸다. 다른 아이들도 모두 웃기 시작했다. 27년이 흐른 지금도 나는 눈을 감으면 그 아이들의 웃음소리가 생생하게 들린다.

바로 그 순간, 나는 그 어느 때보다도 슈퍼히어로든 악마든 내가 아닌 다른 존재가 정말로 간절하게 되고 싶었다. 의자에서 벌떡 일어나 뒤로 몸을 돌려 그 아이를 공중으로 던져 버리고 싶었다. 두개골이 깨질 정도로 세게 벽에 던져 버리고 싶었다. 찢어진 얼굴에서 피가 흘러나오고 깨진 두개골 사이로 빠져나온 물질이 뺨을 적시는 걸보고 싶었다. 그 아이 위에 서서 얼굴을 바닥에 대고 으깨 버리고 싶었다. 그 아이와 함께 웃고 있는 아이들도 똑같이 응징해 주고 싶었다. 아이들이 겁에 질리고, 정신을 잃고 나에게 경외심을 품기를 바랐다. 그 아이들이 울부짖으며 나에게 용서해 달라고 빌기를 바랐다.

하지만 나는 또한 그런 힘을 억제할 수도 있는 올바른 사람이기를 원했다. 나는 내 분노가 정당하기를, 타당하기를, 이해받을 수 있기를 바랐다. 여신의 처벌처럼 내 처벌도 분명하고 편견 없이 거행되기를 바랐다. 그 아이들이 나를 사랑하기를 바랐고, 나를 두려워하기를 바랐고, 자신들이 **나처럼 되기를** 바랐으면 했다. 그때도 이미 몇 년만 지나면 나는 다른 고등학교로 진학하고 다른 사람을 만날 테고, 그 아이들은 내 삶에서 사라지리라는 사실을 알고 있었는데도 나는 그 모든 일을 바랐다. 분노로 헐

떡거리면서 다시 의자를 앞으로 당기면서 내 뒤에 있는 아이가 미친 듯이 웃으며 자기 책상과 의자를 정리하는 소리를 들을 때도 나는 그 모든 것을 바랐다. 빨갛게 달궈져 화끈거리는 얼굴로 책상을 노려보던 그날 오후 내내 내가 바란 것은 바로 그 모든 것이었다.

그다음 날도, 그다음 날도, 또 그다음 날도, 그리고 일주일 뒤에도 나는 그 모든 것을 바랐다. 절름거리며 복도를 걸어가면서도 절름거리며 내 인생을 살아가면서도 그 모든 것을 바랐다.

그 모든 바람은 절대로 멈춰지지 않았다.

결국 나는 그 아이들과는 다른 고등학교에 진학했고, 다른 친구들을 만났고, 정말로 다른 삶을 살아가기 시작했다. 여러 도시를 여행하고 머물면서 사랑도 했고 아름다움도 느꼈고 실현되기를 원했던 많은 일을 해냈다.

그런데도 여전히 그 모든 것을 바란다. 그 모든 승리와 그 모든 정당화를 바라고 있다.

나는 계속해서 그날로 돌아간다. 지금도 나는 그들이 나를 사랑하기를 바란다. 사실 그렇게까지 간절하게 바랄 가치가 없는 일임을 알고 있는데도 말이다. 그보다 더 중요한 것은 그 모든 불공평을 향한 나의 분노와 화가 사실은 내가 무의식적으로 세상을 바라보는 렌즈를 형성했던 동화와 영웅 이야기와 직접 관계가 있음을 지금은 알고 있는데도 여전히 그들이 나를 사랑하기를 바란다는 것이다. 나의 세상이 불공평하다면 그것은 분명히 결국에는 모든 일이 다시 과거로 돌아간다는 의미임이 분명했다. 확실히 모든 일은 제대로 바로잡힐 테고, 시간이 조금 더 걸리더라도 나는 내 나름의 행복한 결말을 맞게 될 것이 분명했다. 그것이 내가 들은 모든 이야기에서 정해진 결론이었다. 인생은 불공평할 수 있지만 세상 자체는 공평하다. 좋은 사람이 되고 좋은 일을 하면 보상을 받거나 자신이 속한 세상을 바르게 이끌 수 있는 내면의 힘이 생겨날 것이다. 세상은 그런 식으로 작동한다.

그때 나에게는 공정한 세상은 어떨 것 같다거나 영웅이 더는 필요 없는 세상은 어떨 것 같은지에 관한 환상은 없었다. 괴롭힘이 없는 세상에서는 어떤 삶을 살아가게 되는지를 상상해 보지도 않았다. 나는 다른 아이들과는 다른 식으로 걸었고 다른 공간에서 살았으며 내가 살고 있는 세상이 다르게 생긴 몸에게는 어떤 일이 일어나는지를 알려 주었기 때문에 괴롭힘을 당하는 것을 당연하게 생각했다. 나에게는 서로 다른 몸이 나란히 공존하는 세상을 상상하는 것보다 마법의 힘이 존재하는 세상을 상상하는 것이 훨씬 쉬웠다.

마틴 루서 킹Martin Luther King은 "도덕적 우주의 원호는 길지만, 정의를 향해 굽어 있다."라고 했다. NBC 뉴스 「싱크<sup>Think</sup>」의 기사에서 인용한 마틴 루서 킹의 이 유명한 말은 사실 19세기 성직자 시어도어 파커<sup>Theodore Parker</sup>의 설교에서 영감을 받은 것으로, 작가 크리스 헤이스<sup>Chris Hayes</sup>는 이 말에 대해 다음과 같이 썼다. "루서 킹의 주장은 특정 정보에 입각한 낙관주의, 사람에 대한 분명한 지식을 기반으로 한 믿음을 표현하고 있다. 분명히 악이 있고 시련이 있으며 비극이 있고 미움이 가득 차 있지만 그럼에도 불구하고 결국에는 선이 승리하리라는 믿음을 표현하고 있다. 우리가 그 위를 걷고 있는 지구가 둥글다는 사실을 감지할 수 없는 것과 마찬가지로 우리가 헤쳐 나가려고 애쓰고 있는 동안에는 역사의 궤도를 감지할 수 없다. 하지만 역사의 윤곽이 그곳에 있음은 확신할 수 있다."

하지만 애초에 두 눈을 크게 뜨는 법 없이 살아간다면 무슨 일이 벌어질까? 그저 다른 사람의 이야기 옆에서 들러리를 서는 인생으로 살아가야 하는 장애인이라면, 외모가 변형된 마녀거나 괴물이거나 난쟁이라면, 부모가 그저 신을 다시 만나는 것이 살아가는 것보다 더 행복하리라고 생각하고 기꺼이 희생 제물로 바치는 아픈 아이라면, 그런 장애인들의 도덕적 우주의 원호는 어디로 굽어 있을까?

장애인들의 도덕적 우주도 그 원호는 정의를 향해 굽어 있을 것이다. 그러나 그 원호가 정의에 닿을 때까지는 터무니없이 긴 시간이 필요할 때도 있다. 우리가 만든 세상에서는 오직 슈퍼히어로만이, 혹은 요정 대모만이 우리의 원호를 정의를 향해 나아가게 해 줄 수 있다고 믿기가 훨씬 쉽다. 요정과 영웅이 없다면 우리의 원호가 정의에 닿을 때까지 걸리는 시간이 너무나도 길 테니 말이다.

여덟 살 때, 열 살 때, 우습게 걷는다고 놀리는 아이들에게, 교실에서 꾸물거리며 걷는다고 비웃는 아이들에게 내가 증명해 보여야 하는 건 아무것도 없음을 분명하게 알고 있었다면, 나에게는 그 사건이 어떤 의미로 다가왔을까? 내가 공주나 슈퍼히어로가 되기를 기다릴 이유도 없고 관습에 얽매이지 않는 구조자를 기다릴 필요도 없이 그저 내 몸에는 아무 문제가 없으니 다른 사람의 도움 따위는 기다릴 필요가 없다는 사실을 이해하고 있다는 것은 어떤 의미였을까?

이 세상이 여전히 나의 몸을 다른 식으로 바라보고 있음을 이해한다는 것은 이제 서른일곱 살이 된 나에게는 어떤 의미가 있을까? 장애인 여성인 나는 내 존재를 과도하게 드러내는 동시에 완벽하게 감출 수도 있다. 나는 가끔 발을 조금만 절어 배경 속으로 가라앉을 수도 있다. 그 같은 능력은 비장애 세상에서 은밀한 첩보원과 같은 역할을 할 수 있는 능력으로, 오래전에 학교에서 느껴야 했던 감정보다는 괜찮지만 여전히 상당히 불쾌한 감정을 느끼게 되는 일종의 슈퍼 파워이자 변장이다. 요정 대모의 마법도 작동하지 않았고 슈퍼히어로로 바뀌지도 않은 내 장애 있는 몸은 동정의 대상이거나 약한 매혹의 대상일 뿐 그 외의 것이 되는 경우는 거의 없었다. 우리는 비인간적인 힘을 발휘해 우리로서는 불가능하다고 여겨지는 평범함을 완성함으로써 걸을 수도 있고 달릴 수도 있는 사람들에게 영감을 주는 슬픈 타이니 팀Tiny Tim[28]들이거나 일상적인 슈퍼히어로로다. 휠체어를 타고 쇼핑하기. 지팡이를 짚고 걷기. 안내견과 함께하거나 스쿠터를 타고 세상 속을 움직이기. 우리가 우리를 위해 사용하는 도구들은 울버린의 손에서 튀어나오는 손톱이나 〈아이언맨〉 토니 스타크의 가슴에서 빛나는 아크원자로, 스티브 로저스가 갖게 된 불가능한 몸처럼 섹시하지는 않지만 그보다 훨씬 더 눈에 띈다.

이런 도구를 수용할 수 있거나 애초에 이런 도구들이 필요 없는 세상을 만드는 일은 특별한 마법처럼 보인다 (애초에 전쟁이 없는 세상을 만든다면 전쟁에 나가 싸울 몸을 만들 필요가 없을 테니까). 여전히 우리 모두를 피하고 있는 마법처럼 말이다.

---

28 미국 가수이자 우쿨렐레 연주자

2년도 더 전의 일일 것이다. 거센 바람을 맞으며 병원으로 출근하려고 걷고 있을 때 내 기울어진 다리가 급하게 움직이는 속도에 맞춰서 일정한 주기로 내 머릿속을 강타하는 익숙한 목소리가 들려왔다.

　'넌 다른 사람들처럼 걷지 않아.'

　'넌 다른 사람들처럼 걷지 않아.'

　이 소리는 낯선 소리가 아니었다. 내 발이 바닥을 치는 소리를 들을 때마다 내 머릿속에서 떠오르는 생각이었다. 내 몸이 쇼윈도 옆을 지나가는 모습을 볼 때마다 이 소리는 들려왔다. 그런데 왠지 그날은 그 목소리가 달라져 있었다.

　'네가 다른 사람처럼 걷지 않는다는 게 아니야.' 그 작은 목소리는 계속 말했다. 그 목소리는 내가 늘 알고 있던 사실을 말하고 있었다.

　'이 세상에는 너처럼 걷는 사람이 없다는 거야.'

　어째서 이 사실을 깨닫기까지 35년이 걸렸을까? 그 이유는 우리가 이야기를 하는 방식과 관계있다. 그 이유는 당연히 있을 수밖에 없는 다양한 몸과 슈퍼 인간이라고 인식하는 형태의 몸에 관해 우리가 이해하는 방식과 관련이 있다.

　토빈 시버스는 "우리에게는 육체는 중요하지 않다는 것과 육체는 완벽해야 한다는 것을 동시에 믿을 수 있는 능력이 있다."라고 했다. 따라서 우리는 슈퍼히어로와 마법을 상상하는 것과 똑같은 방식으로 장애를 뿌리 뽑는 상상을 한다. 비록 선물인지 아닌지의 차이가 있기는 하지만 장애인의 다른 몸이 이상한 형태를 하고 있는 것만큼이나 슈퍼히어로의 몸도 정상을 벗어난 이상한 몸이다. 제도를 모두 분해해 정비하는 일은 너무나도 방대한 작업이기 때문에 우리는 개인의 활약으로 이 세상이 재건되기를 갈망한다. 우리는 모두 실제 세상에서 전복이 변화를 요구하지 않는 한, 전복적인 이야기를 지지한다. 그러나 실제로 변화가 필요할 때가 되면 다시 평범한 서사로 돌아가 우리를 구해 줄 누군가를 기다리고 만다. 우리는 세상에 결점이 있음을 당연하게 여기고 캡틴 마블이 이 세상을 구해 주기를 바란다. 장애가 있는 몸은 당연히 시스템 버그라고 여기지 다른 몸을, 세상을 다채롭게 하는 특성이라고 생각하고 환영하지는 않는다.

하지만 나의 걸음, 나의 다리, 나의 몸은, 나는, 나를 구성하는 모든 것은, 이 세상을 구성하는 특성이다. (우리는, 우리 모두는, 이 세상에 특성을 더하는 존재들이다.) 나에게는 요정 대모가 없다. 왜냐하면 그런 대모가 필요 없기 때문이다. 나는 자갈길을 달려 나의 성으로 달려와 줄 인습에 얽매이지 않는 백의의 기사를 기다리지 않는다. 왜냐하면 성안을 구경하는 것도 성안에서 가장 어둡고 깊숙한 곳으로 들어가는 것도 이제는 하나도 무섭지 않기 때문이다. 나는 구조될 필요가 없다. 나는 스스로 살아남아 다른 사람들을 보호해 주는 강자가 나오는 이야기 이상의 이야기를 원한다. 이 세상이 사람들이 차이를 포용한다는 이유로 박수를 받는 세상이 아니라 존재하는 차이가 표준이 되는 세상으로 개편되기를 원한다.

나는 세상에 증명할 것이 하나도 없다. 오히려 세상이 나에게 증명해 보여야 한다. 내 몸을 위한, 내 말을 위한, 기울어진 내 걸음을 위한 자리를 마련해 줄 책임이 세상에는 있다. 공주나 슈퍼히어로가 되고 싶었던 나의 어린 꿈을 끝내고 그 무엇도 되고자 하는 바람을 품을 필요가 없음을 이해할 수 있게 도울 책임이 이 세상에는 있다. 나와 같은 몸에 관한 새로운 이야기를 시작해야 하고, 이 세상을 나와 같은 몸에게도 맞게 바꾸어야 한다.

나는 이미 충분하다. 내가 다른 무엇이 되어야 할 이유는 전혀 없다.

"다리 길이에는 차이가 있는 것으로 보이지만 특이한 점이 발견되지는 않았다. 오른쪽 족간대성 경련[29]이 있어 오른쪽에서 발바닥 폄근[30] 반응이 보이지만 그 때문에 심부건 반사[31] 반응이 증가하지는 않는다. 양쪽 종아리 수치는 같았지만 오른쪽 발이 왼쪽 발보다 작은 것 같다. 오른쪽 팔과 손은 정상처럼 보이며 얼굴의 움직임은 균형이 잡혀 있다.

CT와 MRI 사진도 살펴보았다(두 사진은 현재 가족이 가지고 있다). 초기 CT 사진에서는 좌측 측면 뇌실이 우측 뇌실보다 크고 불균형하게 팽창한 모습이 보인다. 얼핏 살펴보기에는 이 아이의 약한 좌측 뇌실 팽창은 공뇌증 때문이라고 생각된다."

 • 공뇌증 Porencephaly: 그리스어에서 온 용어로 '뇌에 뚫린 구멍'이라는 뜻이다.

"하지만 이 아이에게는 이런 문제의 원인이 될 만한 특별

---

29 발의 갑작스러운 배굴(족관절의 발등 방향으로의 운동)에 의해서 일어나는 반사운동의 연속
30 보통 관절을 뻗는 근육을 말하나 손이나 발에서는 배굴을 행하는 근육을 가리킨다.
31 근육의 힘줄을 가볍게 쳤을 때, 이 힘줄과 연결된 근육이 바로 수축하는 반사 현상

한 가족사는 없다. CT 사진을 조금 더 자세하게 분석하고 특히 후속 MRI 사진을 보고 판단하건대, 어맨다는 좌측 측면 뇌실 중앙에 낭종이 있는 것으로 보인다. MRI 사진에서는 낭종이 붙어 있을 것으로 보이는 뇌실 벽에서 둥근 덩어리가 보이는데, 이 덩어리는 뇌실강(뇌실의 빈 공간)에 완전히 자리 잡은 것처럼 보인다. 이 낭종이 보통 뇌실과 나란히 자라며 뚜렷한 '막'이 없는 공뇌성 낭종일 가능성은 배제하는 게 좋을 것 같다.

무엇보다도 중요한 것은 이 병변의 특징이 명확하게 규정된다는 점이다. 따라서 나는 어맨다가 받아야 할 수술은 낭종의 빈 곳에 뇌실 도관을 삽입하는 일반적인 뇌실 복강 단락술이라고 생각한다. 수술을 할 수 있다면 낭종에 뇌실 도관을 삽입해도 뇌실계의 나머지 부분이 서로 신호를 주고받을 수 있는지를 확인할 조영술을 실시해야 한다. 그러면 낭종을 뇌실에서 분리하는 동시에 뇌실액이 밖으로 나오는 것을 효과적으로 차단할 수 있다. 낭종에 도관을 사용할 수 없거나 분리할 수 없다면 뇌실 안을 탐색해 낭종을 제거해야 한다. 아이의 부모는 낭종이 신생물일 가능성이 있는지 궁금해하지만 나는 그럴 가능성은 없다고 생각하며, 그보다는 출생 전에 복강신경총이나 뇌실막에서 발달한 낭종일 가능성이 크다고 본다."

- 신생물Neoplasm: 주변 세포와 조화를 이루지 못하고 비정상적으로 과도하게 증식한 세포 덩어리. 일반 용어로는 '종양'이라고 부른다.
- 뇌실막Ependyma: 뇌실계에 있는 얇은 세포층. 뇌실막은 뇌를 충격에서 막아 주고 보호하는 뇌척수액을 분비하며 신경조직과 신경세포의 재생장과 수리를 담당하는 **신경 생성** 과정이 진행될 수 있게 하는 저장고 역할을 한다.
- 복강신경총Solar plexus: 배에서 위 뒤쪽에 있는 신경과 신경절 모임. 복강신경총은 내부 기관이 제대로 기능하게 하며 스트레스에 반응해 몸의 신진대사 작용을 바꾸는 역할을 한다.

단락술을 받고 30년쯤 지난 어느 날, 따뜻한 햇볕이 가득한 부모님 집에서 읽은 험프리스 박사의 진료 기록은 시처럼 느껴지지도 않았고 특별한 마법이 담겨 있는 것 같지도 않았다. 그저 세포가 다시 성장하고 회복하는 과정에서 뇌속에 무언가가 자랐고, 그 같은 성장이 몸의 다른 메커니즘과 연결되어 한 개인을 와해시킬 준비를 했음을 덤덤하게 기술하고 있을 뿐이었다. 한 가지 방식으로 살아가도록 예정되어 있었다고 해도 결국에는 다른 식으로 성장해 나가는 인생, 변화를 극복하는 데 필요한 모든 것을 그 자체로 가지고 있는 인생을 다루고 있었다.

하지만 내가 험프리스 박사의 글을 읽고 깨달은 사실은

이 진료 기록이 그렇게 보일지도 모른다고 해도 개인의 승리와 한 사람의 성공을 다룬 이야기는, 더구나 슈퍼히어로의 이야기는 아니라는 것이다. 내가 지금의 내가 될 수 있었던 이유는 두 살 된 아기의 걸음걸이에 무언가 이상한 점이 있음을 발견한 부모님 덕분이었다. 여러 수술로 이어지는 긴 시간 동안 나와 이야기를 나누고 수술을 해 주고 관찰을 했던 험프리스 박사와 수많은 다른 의사들 덕분이었다.

내가 지금의 내가 될 수 있었던 이유는 우리 부모님이 평생 갚지도 못할 빚을 지지 않고도 내가 뇌 수술을 받을 수 있게 해 준 이 나라의 공공 의료 보험 제도 덕분이었다. (그러니까 힘을 가진 누군가가 잭과 잭의 어머니가 거인에게서 뺏어온 부를 모두 갖는 것은 불공평하다고 결정했기 때문이다.)

내가 지금의 내가 될 수 있었던 이유는 학교 운동장에서 힘든 시간을 보내야 했기 때문이다. 그 경험은 나에게 공감과 성장에 관한 가혹하지만 가치 있는 교훈을 알게 해 주었다. (사회 계층 꼭대기로 올라가 황제처럼 사는 것이 아니라 애초에 사회 계층이 없는 세상을 만드는 것이 목표가 되어야 함을 알게 해 주었다.)

내가 지금의 내가 될 수 있었던 건 나의 모습이 바뀐 것을 보고 도움을 받으라고 나를 떠민 병원 간호사 덕분이다.

내가 지금의 내가 될 수 있었던 건 나 자신이 이야기꾼이 되어 이야기가 무엇을 말하고 있는지를 정확하게 이해하지 못했던 순간에도 이야기가 우리를 움직이고 만들어 가는 방식을 이해하고 있었기 때문이다.

오래전에 나의 외과 의사는 나의 주치의에게 이런 소견서를 보냈다.

"어맨다의 가족에게 이 문제에 관해 당신에게 편지를 쓸 것이라고 말했고, 그들은 자신들이 받은 조언을 더욱 깊이 생각할 것입니다.

　　　　R. P. 험프리스(캐나다 왕립 외과대학 펠로우) 올림"

내가 지금의 내가 될 수 있었던 건 내가 헤쳐 나가야 했던 공동체 덕분이다.

---

# 9. 위대한 해결

[장애는] 차별, 불평등, 폭력의 대상이 된 오랜 역사가 있다.

— 토빈 시버스

동화는 우리 인생에서 아주 특별한 장르가 되어 설명할 수 없는 방식으로 스며 있기 때문에 많은 사람이 심지어 알지 못하는 상태에서도 우리 인생에서 동화를 만들려고 노력하고 있다고 (…) 주장하는 사람은 거의 없다.

— 잭 자이프스

장애는 의심의 여지가 없는 열등감의 마지막 경계를 나타낸다. 왜냐하면 비장애인 선호가 장애인을 포용하는 것을

극히 어렵게 만들고 장애인을 사회에서 불필요하게 폭력
적으로 배척하고 있음을 인정하기 어렵게 만들기 때문이
다. (…) 그것은 마치 장애가 타자를 타자화하는 것처럼 상
징적으로 작동하고 있는 것과 같다.

— 토빈 시버스

이 인용문들을 모두 합치면 동화와 비장애 이데올로기
가 결합해 우리가 살아가는 세상을 아주 특별한 구조로
만들고 있음을 알 수 있다. 이 구조는 이야기 속에서 시작
했지만 밖으로 뻗어 나가 정치·사회·경제 할 것 없이 모
든 측면에서 장애인의 삶을 에워싼다. 우리는 행복의 동
의어가 '장애인이 아니다'인 세상에서 살아가고 있다. 그
보다 못한 것은 비장애라는 이상을 충족시키지 못하기
때문에 가치가 없는 것으로 여겨진다.

우리는 또한 너무나도 자주 낭만적인 사랑을 충족하는
틀 안에서 행복을 보여 주는 세상에서 살고 있다. (왕자와
공주가 그 뒤로 영원히 행복하게 살았다고 말하는 세상에
서 사는 것이다.) 최근 몇십 년 동안 사랑에 관한 생각에
는 많은 발전이 있었지만 (예를 들어 이성애 중심의 사고
방식은 변화가 있었지만) 낭만적으로 '영원히 행복하게
살았다'라는 생각은 여전히 장애인 공동체를 아주 특별
하고도 독특한 방식으로 괴롭히고 있다.

캐나다 작가이자 장애인 인식 상담가 앤드루 거자 Andrew Gurza(장애인의 성性 성향을 다루는 팟캐스트 〈밤의 장애the Disability After Dark〉의 진행자)는 「허핑턴 포스트 Huffington Post」에 실은 에세이에서 성 소수자인 자신의 성욕을 충족하기 위해 성매매 종사자를 고용하려는 자신의 결정에 관해 썼다. 그의 에세이는 신이 나서 돕겠다고 나서는 사람부터 동정을 보내는 사람까지 다양한 반응을 불러일으켰고, 트위터 문자로 파트너를 찾지 못하고 성매매 종사자를 찾아야 한다니 너무나도 불행한 일이라고 적어 보낸 사람도 있었다.

그러나 거자의 에세이는 동정에 관한 글이 아니라 역량 증진에 관한 글이었다. 자신을 사회가 만든 틀에 맞추지 않고 자신의 욕구가 충족되는 미래를 스스로 건설하려고 애쓰는 장애인 남성으로서 이 세상이 자신을 위해 할 수 있는 일을 다른 방식으로 살펴보고자 했던 시도였다.

거자는 에세이를 발표한 뒤 팟캐스트 〈걸 보너the Girl Boner〉의 진행자 오거스트 맥로플린August Mclaughlin과의 인터뷰에서 그 사실을 다시 강조했다. "나는 장애인이 성 노동에 접근할 수 있는 자금을 정부가 지원해 줘야 하며, 원하는 사람은 전적으로 성 노동을 누릴 수 있어야 한다고 생각합니다."

이런 상황 속에서 장애인은 행복을 얻는 다른 선택지를 지원하고 보장하는 것과 동일한 방식으로 이런 행복을 얻게 도와주는 사회의 지원을 받아 자신의 희망을 성취해 내는 방법을 택한다. 이제 더는 공주와 결혼하는 왕자는 없다. 아니, 심지어 왕자와 결혼하는 왕자도 없다. 왕자는 잠시 다른 왕자와 살다가 또 한동안은 혼자서 도시에서 살아갈 수도 있다. 자신의 욕구를 가장 잘 아는 공주는 자신의 욕구를 충족하려고 하렘으로 들어갈 수도 있다. 휠체어를 탄 여왕은 자신의 인생이 행복하다는 것을 보여 주려는 이유로 결혼을 하는 대신 독신으로 살아갈 수도 있다.

자신이 원하는 행복을 찾으려고 이야기가 끝날 무렵에 자신의 고슴도치 껍데기를 태우는, 반은 고슴도치이고 반은 사람인 남자도 그래야 할 필요가 없을 수도 있다.

『신데렐라』의 여러 판본에서 의붓언니들은 그저 잔혹한 인물로만 그려진다. 샤를 페로의 『상드리용 또는 작은 유리 구두』에 나오는 첫째 의붓언니의 이름은 샤를로트다. 둘째 의붓언니는 (상당히 잔혹하기는 하지만) 첫째 의붓언니만큼 교양이 없거나 악의적이지는 않다는 설명만 있을 뿐 이름은 주어지지 않았다. 두 의붓언니의 이름은 중요하지 않았다. 그저 그들이 한 일만이 중요했다.

페로의 동화에서는 신데렐라가 의기양양하게 유리 구두를 신은 뒤에 의붓엄마는 신데렐라에게 용서를 구하고, 신데렐라는 받아들인다. 의붓언니들은 귀족과 결혼하고 신데렐라는 왕자와 결혼한다.

　그림 형제의 『아셴푸텔』에서는 요정 대모 대신에 아셴푸텔 엄마의 영혼이 스며 있는 개암나무와 아셴푸텔의 소원을 들어주는 비둘기가 나온다. 여기서도 이름이 없는 의붓언니들은 유리 구두를 신어 왕자를 얻으려고 자기 발을 자른다. 첫째 언니는 발가락을 자르고 둘째 언니는 발꿈치를 자른다. 의붓언니들이 유리 구두를 신으려고 할 때마다 비둘기가 왕자와 거짓말을 하는 의붓언니가 탄 마차로 날아가 왕자에게 사악한 거짓말에 속지 말라고 경고한다.

　의붓언니들은 왕자를 얻지 못한다. 아셴푸텔에게 용서를 구하지도 않으며 용서를 받지도 못한다. 오히려 아셴푸텔의 결혼식 날 신부 들러리로 꾸미고 몰래 결혼식장으로 들어가 신부가 될 책략을 꾸민다. 결혼식이 끝날 무렵, 비둘기들이 의붓언니들의 두 눈을 쪼아 멀게 한다.

　디즈니 만화 영화 〈신데렐라〉는 의붓언니들에게 드리젤라와 아나스타샤라는 이름을 주는데, 두 사람 모두 몸집이 크고 촌스럽게 생겼다. 두 사람 모두 코가 독특하게 생겼고 손과 발이 크다. 아나스타샤가 유리 구두를 신으려고 할 때는 볼품없이 큰 발가락 때문에 유리 구두가 발에서 미끄러져 멀리 날아가고, 바닥에 부딪혀 거의 깨질 뻔한다. 그에 반해 신데렐라의 발은 사람의 발가락은 우아하지도 않고 끔찍하기만 한 무엇이라도 되는 것처럼 발가락을 거의 보이지도 않게 그렸다.

2017년, 나는 작가들이 모인 콘퍼런스에서 공개 토론회에 참석한 적이 있다. 토론자들은―흑인 여성과 남성이었는데―모두 유명했고, 말도 아주 잘했다. 하지만 토론회가 진행되는 동안 내 시선을 대부분 끌어당긴 것은 여성 토론자가 신고 온 신발이었다. 그녀는 짙은 빨간색 리본이 달린 아름다운 웨지힐 샌들을 신고 있었다. 리본의 두 끈은 서로 교차하면서 종아리를 타고 무릎까지 올라간 뒤에 서로 만나 예쁘게 묶여 있었다. 정말 구름 위를 걸어도 될 것처럼 아름다운 신발이었다. 그런 신발을 신고 우아하게 걸을 수 있는 여성에게는 왠지 깨뜨릴 수 없는 힘이 있었다. 그런 여성에게서는 자신감이 공기 속으로 뿜어져 나와 어떤 식으로든 보호막이 되고 봉화가 되고 방패가 된다.

나는 절대로 그런 신발을 신을 수 없었다. 그렇다고 패배했다는 기분을 느낄 이유는 없었지만, 그런 느낌이 드는 건 어쩔 수 없었다.

여기 비밀이 하나 있다. 지금 나는 내가 걷는 방식이 마음에 들고, 군중 속에 뒤섞이는 사람이 되기보다는 독특한 방식으로 움직이는 사람이 되고 싶지만, 내가 이 세상에서 걷는 방식이 아름답다고 생각하는 사람이 있으리라는 생각은 하기 힘들다는 것이다.

나의 걷는 모습이 누군가로 하여금 내 손을 잡고 함께 거리를 걷고 싶은 소망을 품게 하리라는 상상은 하기 힘들다. 이 뒤뚱거리는 걸음걸이는 나의 것이지만, 누가 그런 내 옆에 온종일 머물고 싶어 할까? 우리는 모두 다른 몸을 가지고 있으며 우리가 이 세상에서 움직이는 방식은 모두 다를 수밖에 없다고 말하기는 쉽다. 그러나 현실에 존재하는 동화 같은 낭만적인 사랑을 보거나 잡지에서, 텔레비전 광고에서, 고속도로를 달리다가 광고판에서 미소 짓고 있는 아름다운 사람을 보는 등 주변을 보며 고양되는 이야기를 목격하는 일은 또 다른 일이다.

사고로 휠체어를 타고 결혼식장에 들어가야 하는 여자와 결혼하는 남자를 끊임없이 찬양하는 텔레비전 프로그램을 보고, 주변의 모든 사람이 계속해서 "저 남자는 정말로 고귀한 일을 했다."라고 말하는 소리를 들으면, "휠체어를 탄 여자와 결혼한 남자라니, 정말로 근사한 남자다."라고 말하는 소리를 계속 들으면 그런 사고방식을 내면화하지 않기란 쉽지 않다.

무대를 걸어 나오는 모델을 볼 때마다 열등감을 느끼지 않기란 쉽지 않다. 내가 이런 비장애 중심주의를 얼마나 오랫동안 먹고, 숨 쉬듯이 들이마셔 왔는지를 깨닫기란 쉽지 않다.

엄청난 특권을 누리는 장소에 존재하면서도 내가 이런 식으로 느끼고 있음을 깨닫기도 쉽지 않다. 나의 장애는 내 인생의 모든 측면에 영향을 미쳤지만 비교적 온화하게만 영향을 미쳤다. 나는 나의 장애인 친구들이 갈 수 없는 장소에 갈 수 있었다. 계단을 오를 때면 긴장이 됐지만 어쨌든 계단을 오를 수 있었다. 나의 소근육은 나를 배신할 때가 가끔 있었지만 비교적 믿을 만하다. 만성 통증으로 고생하고 있지만 참지 못할 정도는 아니다. 나는 춤을 출 수도 있고 달릴 수도 있다. 충분히 잠을 자고 일어난다면 하루를 거뜬하게 보낼 수 있다.

하지만 당신이 운동장에 서 있는 어린 여자아이이고 다른 아이들이 당신 머리가 짧으니 남자아이라고 생각하면서 당신을 보고 비웃을 때면, 당신의 동료들이 당신이 그들이 올바르다고 생각하는 방식으로 걷지 않기 때문에 추하다고 속삭일 때면, 다른 사람들과 다르게 생겼기 때문에 학교에서 놀림을 받을 때면, 이런 일들이 모두 충격으로 다가올 때면 아주 깊은 곳까지 흉터가 생긴다.

"정말로 그게 큰일이 아니라고 생각하세요?" 몇 년 전에 에세이를 출간하면서 내가 나의 장애를 다루는 부분에서 내 장애를 별일 아닌 것처럼 써내려고 했을 때 한 편집자가 내 원고에 이런 말을 적어 보냈다. "선생님에게는 신체장애가 있고 그로 인해 사회 불안 장애를 겪을 수도 있어요. 힘든 학창 시절을 보냈고요. 그런 일들은 결코 감내하기 쉬운 일이 아니에요."

편집자가 적은 글을 보고 나는 펑펑 울었다. 그보다 몇 년 전에도 나는 펑펑 울었다. 나의 장애에 관한 첫 에세이를 쓰려고 자료를 조사했을 때, 이 책에서 인용한 학교 폭력과 뇌성마비에 관한 연구들을 살펴보았을 때도 나는 정말 많이 울었다.

나는 다른 사람들처럼 걷고 싶지 않다. 나는 다른 사람들처럼 되고 싶지 않다.

하지만 가끔은 그것이 이 세상이 나에게 원하는 전부라는 느낌이 들 때가 있다.


여기서 잠시만 하이힐의 과학을 조금 살펴보고 가자. 일반적으로 걸을 때면 몸은 바닥과 거의 직각을 이룰 정도로 수직으로 서 있는다. 그런데 하이힐을 신으면 무게 중심이 바뀐다. 뒤쪽이 아치를 이루기 때문에 무게 중심이 위로 올라가는 것이다. 무게 중심이 바뀐 상태로 균형을 이루어야 하기 때문에 가슴과 엉덩이가 바깥쪽으로 나온다. 발꿈치부터 발가락으로 내려가는 구조가 안정을 이루려면 다리 아래쪽에 있는 특정 근육들은 계속 굽은 상태로 버텨야 한다. 무게 중심이 올라가고 근육이 굽은 상태는 발에 더 많은 힘을, 더 많은 부담을 가한다.

안정을 유지하려면 근육이 더 힘들게 일해야 하고, 더 단단해지고 강해져야 한다.

이것이 하이힐의 마법이다. 자연스럽게 걸을 때보다 하이힐을 신은 몸은 훨씬 힘들게 일해야 한다. 하이힐을 걷고 신는 사람을 볼 때 우리가 목격하는 것은 **노력**이다. 전혀 노력을 들이지 않고 있는 것처럼 보일 때도 말이다. 단아함과 우아함, 빠르고도 단호한 발걸음. 그 모든 것이 균형을 잡으려는 노력이며, 넘어지지 않으려는 노력이다.

순응하지 않고 세상을 살아가는 것이 훨씬 쉬울 때도 장애인들은 얼마나 많은 시간을 들여 이 세상을 살아가는 몸은 이래야 한다는 사회의 기대에 순응하려고 애쓰고 있을까? 얼마나 많은 시간을 들여 애초에 맞지도 않은 신발에 발을 집어넣으려고 애쓰고 있을까? 모든 사람이 하이힐을 신어야 하는 세상에서는 똑바로 걷기 위해 엄청난 노력을 기울이는 것이 정상적인 사회 기준에 부합한다. 많은 일이 그런 노력을 요구한다.

우리는 너무나도 많은 노력을, 필요 없는 노력을 들여야 한다.

토빈 시버스가 우리에게 상기하듯이 "장애는 언제나 사람이 살아가는 사회의 다른 문제를 상징하는 역할을 해 왔다."

장애를 상징으로 바꿔 온 이유는 장애를 사회의 짐, 불편한 결말이라는 **유용하지 않은** 것으로 사회화했기 때문이다. 그러나 장애를 이야기 속 은유로 본다면 비장애 세상은 동화의 결말을 알기에 장애도 행복한 결말에 이를 수 있다고 생각한다. 장애가 다른 무언가를 상징할 정도의 장애가 아니고, 일단 그 상징이 실현되면 장애는 없어질 수 있다.

시버스가 보여 준 것처럼 현대 예술은 르네 마그리트 같은 예술가들이 아름다움은 균형에 있다는 낡은 생각에 의문을 품으면서 시작됐다. 그와 상당히 비슷하게 동화에 관한—더 나아가서는 일반적인 이야기에 관한—현대식 이해는 블라디미르 프로프 같은 이론가들이 널리 퍼트린 '결핍-결핍-결핍 제거 패턴'에 의문을 품는 것으로 시작했다. 지금까지 살펴본 것처럼 동화에서 장애는 이상 세계와 균형으로 돌아가는 동력의 역할을 할 때가 많았다. 만약 장애인 화자가 자신에게 주어진 임무를 완수하고 그들이 해야 할 일을 모두 해낸 뒤에 필요한 교훈을 배운다면, 그들의 장애는 사라지고 그들은 다시 이 세상에서 비장애인으로서의 위치를 차지할 수 있게 된다. 그와 달리 장애인 악당은 영구적이고도 어느 정도는 보증된 장애라는 장소를 차지하게 된다. 이 악당들은 장애 때문에 비통하고 화가 날 뿐만 아니라 반대로 비통하고 화가 나기 때문에 장애를 겪게 된다. 악당은 어떻게 해도 이런 잔인한 순환의 늪에서 벗어날 수 없다.

그러나 장애를 이런 식으로 (최선일 경우에도 극복할 수 있는 심리적인 질병이라는 은유일 뿐이고 최악일 경우에는—비록 자격이 있을 경우에만 그렇지만—마법이나 영적 수단에 의해서만 바뀔 수 있는 형벌이나 심판이라고) 개념화하는 것은 이 세상에서 다른 몸을 차지하고 있다는 것이 어떤 의미인지를 실제로 살아가며 경험하는 일에 해를 끼친다. 장애는 웅대한 서사적 계획에 대한 응답으로 우리에게 나타나는 것이 아니라 우리가 공간 속에서 움직이고 그 공간을 차지하는 방법에 관한 본질 자체를 다시 상상하는 생생하고 복잡한 현실로서 존재한다. 장애는 사회를 형성하는 동시에 사회에 의해 형성되며, 이 세상에서 장애인으로 살아간다는 것이 뜻하는 실제적인 현실을 부정하는 것은 장애인의 성장 가능성을 부정하는 것이다.

**이것이 나의 몸이다.** 목발을 짚고 있는 아이는 그렇게 말할 것이다. 이 아이의 진정한 목표는 보행 보조 기구의 도움 없이 걸을 수 있는 몸으로 치유되는 것이 아니라

(물론 그것을 목표로 삼는 경우도 있기는 하겠지만) 그 몸으로 세상을 살아가는 것이 어떤 의미인지를 이해하는 것이 되어야 할 것이다. 그리고 세상은 다른 몸이 살아가는 데 필요한 적절한 공간과 적응할 방법을 만들어 주는 곳이 되어야 한다. 그런 세상에서라면 장애가 있는 몸도 나쁘지 않다. 장애는 당연히 고통과 고난을 수반하겠지만 행복과 즐거움도 수반할 것이다. 특히 장애 때문에 겪어야 하는 경험에서 행복과 즐거움을 느끼게 될 것이다. 장애인 무용수이자 활동가인 앨리스 셰퍼드Alice Sheppard는 #경사로희열#RampJoy이라는 해시태그를 붙이며 휠체어를 타고 경사로를 빠르게 달려 내려올 때 느끼는 자유와 방종을 표현했다. 비장애인이 그 느낌을 완벽하게 이해할 수 있을까? 그 거친 질주와 즐거운 감각을 비장애인이 느낄 수 있을까? 물론 비장애인도 그런 느낌을 조금은 이해할 수 있을지도 모른다. 그러나 이런 해방감을 완벽하게 느낄 수 있는 것이야말로 장애인이 살면서 경험하는 삶의 본질이다. 휠체어를 사용하는 사람으로서 살아가야 하는 평범한 일상은 이런 특정한 즐거움을 너무나도 특별한 즐거움으로 만든다. 해리엇 맥브라이드 존슨Harriet McBryde Johnson은 회고록 『젊어서 죽기에는 너무나도 늦은 Too Late to Die Young』에서 이렇게 말했다. "우리는 우리 방식대로 보고 들을 수 있으며, 리듬과 형태를 조합하고 우리

의자 안에서, 우리 의자와 함께 움직이며, 자기 몸으로 걷는 사람들은 할 수 없는 방식으로 미끄러지고 회전할 수 있다."

2018년, 작가 케일라 웨일리Kayla Whaley는 영양 공급관과 함께 살아야 하는 자신의 인생을 그린 에세이『영양 공급관Catapult』에서 "내 장의 안쪽을 들여다보고 장의 패턴과 기분을 깨닫는 법을 배우면서 전혀 예상하지 못했던 방식으로 친근감을 느꼈고 전적으로 기쁨을 느꼈다."라고 했다.

간단히 말해서 장애가 있는 몸이 살아가는 인생도 그만의 특별한 기쁨이 있다는 것이다. 장애인으로 살아간다는 것은 아이러니하게도 어떤 점에서는 비장애인은 접근할 수 없는 수준으로 우리가 우리 몸과 친밀해지게 된다는 뜻이다. 우리는 장애에도 불구하고 행복해져야 할 필요가 없다. 우리는 장애가 있기 때문에 행복해질 수 있다.

이와 같은 세상에서는 장애가 있는 몸은 영웅이 될 수 있다. 심지어 영웅임을 입증해 낼 임무를 완수할 필요도 없이 말이다.

장애인의 삶은 다양하고 풍성하다는 사실을 이해하는 것, 장애인의 삶은 고통과 행복으로 가득 차 있고, 고난의 연속이지만 밝음과 아름다움이 있을 수 있음을 이해하는 것은 정치적으로 방대하고 깊은 의미가 있다. 얼마 전에 미국 사회보장국에서 소셜 미디어에 대한 감시 감독을 강화하는 게 좋겠다는 의견을 냈을 때 벌어진 논쟁을 생각해 보자. 2019년 미국 사회보장국 회계 연도 예산 개요에는 거짓으로 장애인 보조금을 신청하는 사람을 막으려면 소셜 미디어 계정을 더욱 강력하게 감시해야 한다는 조항이 적혀 있었다. 이 조항이 실제로 실행된다면 인스타그램에 사진을 올리거나 트위터에서 활동가가 후원하는 홍보 활동에 참여하는 행위는 장애인 보조금을 지불받지 못하는 근거가 될 수 있다. 소셜 미디어에서 활발하게 활동하는 것은 장애인 보조금을 받지 않아도 될 만큼 건강하다는 증거라고 판단하기 때문이다. 수 세기 동안 우리가 들어 온 영웅과 악당 이야기들처럼 우리가 들어 온 장애에 관한 이야기들에서도 오래된 이분법이 작동한다. 이야기 속에서 장애는 완벽한 불능을 의미하거나 전혀 아무것도 아님을 의미한다.

사람은 착하거나 악하다. 그 사이의 어딘가에 존재하는 사람은 없다.

하지만 이런 이분법 너머에 있는 세상은 어떤 모습일까? 우리가 알아 왔던 전통적인 동화의 구조를 뛰어넘어 움직인다면 서구 세계는 어떤 모습을 띠게 될까?

이분법을 뛰어넘은 세상은 2019년 넷플릭스에서 방영

한 라이언 오코널<sup>Ryan O'Connell</sup>의 〈스페셜<sup>Special</sup>〉이 보여 주는 이야기들의 모습을 띠게 될 것이다. 〈스페셜〉의 주인공은 뇌성마비가 있는 게이 남자다. 자신도 뇌성마비가 있는 게이인 오코널은 〈스페셜〉을 제작한 이유를 분명하게 밝혔다.

2019년 4월에 『버라이어티<sup>Variety</sup>』와의 인터뷰에서 오코널은 "나를 피해자로 보는 시선은 원치 않습니다. 〈스페셜〉에서 그것을 밝히는 것이 나에게는 정말로 중요합니다. 나는 사람들이 우리를 동정받아야 하는 존재라거나 장갑을 끼고 만져야 하는 존재로 더는 느끼지 않기를 바랍니다."라고 했다.

이분법을 뛰어넘은 세상은 영국의 어린이 시리즈 〈페파 피그<sup>Peppa Pig</sup>〉에서 2019년 초부터 새롭게 등장하는 인물 맨디 마우스의 모습을 띠고 있을 것이다. 맨디 마우스는 휠체어를 타고 다닌다. 맨디 마우스는 휠체어를 사용하는 아이들에게 말을 하게 될 것이다. 그리고 휠체어를 타지 않지만 이제는 장애가 있는 몸도 이 세상에 있는 그저 다른 몸임을 알게 될 아이들에게도 말을 하게 될 것이다.

이분법을 뛰어넘은 세상은 2019년 5월에 처음 열린 국제 얼굴 평등 주간의 모습을 하고 있을 것이다. '나는 당신의 악당이 아니다' 캠페인과 〈밤의 장애〉의 앤드루 거자가 시작한 #장애인은뜨겁다#DisabledPeopleAreHot와 #너무하얀장애, #장애인이아는것들, #장애인과귀여움 같은 해시태그의 모습을 하고 있을 것이다.

캐나다에서 이분법을 뛰어넘은 세상은 세라 자마 같은 장애 운동 조직가, 도로시 엘렌 팔머Dorothy Ellen Palmer 같은 작가, 청각장애가 있는 애덤 포틀Adam Pottle 같은 작가, 다른 목소리를 위한 공간을 만들어 내려고 애쓰는 켈리 아이엘로 같은 사람들이 만들어 가는 세상의 모습을 하고 있을 것이다.

세상을 바꾸라고 요구하는 사람들의 집단적 목소리가 커지는, 장애 정의가 세워지는 세상의 모습을 하고 있을 것이다.

패티 번Patty Berne은 장애 정의를 기반으로 하는 퍼포먼스 프로젝트 '아픈 죄Sins Invalid'의 예술 감독이자 공동 창립자다. 이 프로젝트의 홈페이지에서는 번의 글「장애 정의: 초안Disability Justice - a working draft」을 읽을 수 있다. 이 글에서 번은 다음과 같이 썼다.

장애 정의라는 체계는 모든 몸이 독특하고 본질적이며, 모든 몸은 강하고 모든 몸에는 반드시 충족해야 할 욕구가 있음을 이해한다. 우리는 우리 몸의 복잡함에도 불구하고가 아니라 복잡하기 때문에 우리에게 힘이 있음을 안다. 우리는 모든 육체는 능력, 인종, 젠더, 성별, 계급, 국가, 제국주의에 묶여 있으며, 그런 제약들과 몸을 분리할 수 없음을 안다. 바로 이런 제약들 때문에 우리는 고군분투해야 한다. 우리는 삶과 조화를 이루지 못하는 지구 시스템 안에서 살아가고 있다. 이 움직임을 단번에 멈추게 할 장치는 없다. 이 기계 자체를 해체해야 한다.

이 세상에 존재하는 장애를 이해하는 방식으로 벽난로 앞에 앉아서 마법에 관한 이야기를 들었을 때로부터 많은 시간이 흘렀다. 이제는 의족과 의수를 차고 휠체어를 쓸 수 있으며, 안경으로 양쪽 시력을 2.0으로 교정할 수도 있다. 그런데도 여전히 장애를 극복해야 할 무언가로, 박멸해야 하고 제거해야 하는 무언가로 그리는 이야기와 서사가 너무나도 많다. 이런 이야기들은 장애인들이 세상에서 만나야 하는 어려움을 더욱 어렵게 만든다. 어렸을 때부터 장애가 있는 몸은 다른 사람과는 떨어져 있는 약한 타자라는 가르침을 받게 되면 제도와 문화라는 장벽을 이용해 이 **타자화**라는 개념을 고착화하려는 세상에 동참하게 된다. 자신도 모르는 사이에 장애를 더 많이 배척하게 되는 문화에 참여하는 것이다.

이야기의 경우에서 보았던 것처럼 이런 유형의 학습은 일찍 시작되며 여러 수준으로 작용한다. 장애인을 배척하는 가장 간단한 방법 가운데 하나는 언어를 사용하는 것이다. 장애와 장애가 갖는 특성을 약함과 열등함과 연결하려는 우리의 성향은 우리가 선택하는 은유와 우리가 사용하는 말에 영향을 미친다. 장애와 장애라는 조건은 우리가 사용하는 언어에 널리 스며들어 있는 장애인 표지와 기능어로 사용된다.

예측하기 힘든 사람을 놀리듯이 '**조현병 환자**schizo'라고 부른다. 정신 질환이 있는 사람에게 '**미친**mental, **제정신이 아닌**bonkers, **더럽게 미친**bat-shit crazy'이라는 표현을 쓴다. 실망스러운 것(또는 사람)은 '**절름발이**lame'라고 부른다.

사람들은 휠체어 안에 **갇혀** 있다. 그들은 질병과 싸우는 데 필요한 힘을 모을 수 없는 것처럼, 포기하는 것이 선택지인 것처럼 그 오랜 질병에 **굴복한다**. 어떤 문제에 무지한 사람들은 그 문제에 관해서는 **보지 못한다**. 자신들의 언어에 담긴 둔감함에 충분히 주목하지 않는 사람은 **음감을 구별하지 못하는** 사람이다. 우리가 사용하는 언어는 장애는 약함이라는 생각을 조금씩 강화하면서 장애인을 약한 사람으로, **모자란** 사람으로 만들어 간다.

그리고 군대식 은유가 존재한다. '암과의 **전쟁에서 패배했다**'라거나 '에이즈에 대항해 **길고도 힘든 전투를 벌인다**'와 같은 군대식 은유는 군인들이 매독에 걸리지 않게 하려고 활용한 방법으로 20세기 초에 특히 많이 사용했다. 질병을, 더 나아가 장애를 전쟁터에서 맞선 적군으로 규정할 수 있다면 질병(장애)을 근절하려고 사용하는 방법들도 선하고 옳다는 평가를 내릴 수밖에 없다. 만약에 우리가 암과 전쟁을 벌이고 있는 거라면 암을 일으키는 돌연변이를 박멸하는 유전자 치료법은 선을 위해 사용하는 힘으로 볼 수 있다. 그와 마찬가지로 '시력장애'를 치료하는 유전자 치료법, 다운 증후군을 근절하는 유전자 치료법, 똑바로 걷게 해 '자유'를 주는 의족은 선한 힘이 된다.

장애가 있는 몸은 나쁘다고 배우고, 이런 관점을 강화하는 언어를 사용한다면(심지어 특히 아무 의식 없이 다른 사람이 살아가는 실제 현실을 나타내는 언어를 자신의 인생이 어렵다는 것을 보여 주는 은유로 사용한다면), 아무리 좋은 의도라고 해도 장애인은 그들의 육체적 한계를 이길 수 있고 이겨야 한다는 생각을 강화하는 언어를 사용한다면, 장애를 배척하는 상황을 고착화하려는 사회에 참여하는 것이다.

'장애가 너를 규정하게 하지 마라'라는 상투적인 구호를 생각해 보자. 이 구호는 기껏해야 군대식 은유에 장식을 단 것에 지나지 않는다. '장애가 당신을 규정하게 내버려 두지 않는다'라는 말이 의미하는 것은 어떤 상황이든지 이겨 내야 한다는 뜻이다. 장애가 당신의 인생을 마구 다루지 못하게 장애를 거부하라는 뜻이다. 전투에서 승리해 다른 모든 사람이 그렇듯이 매일의 일상과 활동을 해내라는 뜻이다.

무언가가 우리를 규정한다고 말할 때 그런 말이 의미하는 것은 무엇일까? 나는 다른 사람들과는 다른 방식으로 작동하는 몸을 가지고 태어났다. 일생 나는 나의 몸이 다르다는 사실이 이끄는 대로 이 세상을 헤쳐 왔다. 하이힐은 신을 수 없고 계단은 싫었다. 매일 혼자서 살아야 한다는 사실을 걱정했고 샤워를 하다가 넘어질까 봐 두려웠다. 가끔은—사실 솔직하게 말하면 점점 더 자주—그저 거리에서 길을 걷다가도 균형을 잃고 넘어졌다. 나는 발이 아프고 다리가 아프다. 사진을 찍을 때면 항상 머리를 한쪽으로 기울인다. 이제는 거의 온종일 피곤하다.

하지만 나는 이 몸을 가지고 있고, 이 몸으로 배우고 익혔기에 지금의 내가 된 것이다. 나를 규정하는 것은 내 몸이다. 한 걸음 한 걸음 내디딜 때마다 이 세상에서 나의 육체적 현실이 규정되고 있는 방식을 깨닫는다.

하지만 누군가는 이렇게 말할지도 모르겠다. '그래서는 안 돼. 너는 장애가 있을 수도 있겠지만 네가 장애인 것은 아니야. 장애가 있는 사람이지, 장애인은 아닌 거야. 장애가 네 인생을 장악하게 내버려 두면 안 돼!'

다시 한번 말하지만, 그런 말들에는 어떤 의미가 있는 걸까? 어느 날 잠에서 깨어났더니 너무나도 피곤하고 편두통과 통증이 아주 심해서 다시 누워서 자기로 했다면, 그것이 장애가 나를 규정하게 만든 것일까? 밖으로 나가지 못하고 이 세상에서 생산적으로 활동하지 못한다면 장애가 나를 규정하는 것일까?

정말로 그렇다면, 내 몸을 남들이 모자란 몸이라고 규정하지 않게 하려면 얼마만큼의 생산성을 발휘해야 하는 걸까? 생산성이 너무 낮다고 할 때는 어느 정도로 생산성을 발휘했기에 그런 평가를 들어야 하는 걸까? 도대체 어디에 선을 그어야 할까? 일을 할 수 있는 사람? 직장에 계속 다닐 수 있는 사람? 이상하다거나 특이하다는 등의 다른 이름을 갖지 않고도 지속해서 친구와 가족과 교류할 수 있는 사람?

수전 손택은 질병을 이렇게 묘사했다. "암에 걸린 경험을 긍정하는 은유적 과시 요소는 아주 실질적인 결과를 낳는다. 사람들이 충분히 일찍 치료를 받지 못하게 하거나 좀 더 효과적인 치료를 받으려는 노력을 못 하게 한다."

그와 마찬가지로 사회가 장애에 관해 말하는 방식에 실재하는 은유적 과시 요소는 아주 실제적인 결과를 낳는다. 아주 심각한 광장 공포증이 있어 집 밖으로 나가지 못하는 사람에게 '아무개는 장애가 그를 규정하게 하지 않아!'라는 말을 하는 것은 의미를 갖는다. 다리를 절단해 1백 미터도 달리지 못하는 사람에게 사지를 절단하고도 올림픽 메달을 딴 사람 이야기를 하면서 '그 **사람은 장애가 자신을 규정하게 하지 않았어.**'라고 하는 말은 의미를 갖는다. 그런 말들은 어떤 장애인이 다른 장애인보다 능력 있는 몸을 가지고 있음을 입증하게 해 끊임없이 서로 경쟁하게 한다. 아무도 도달할 수 없는 환상을 위해 실제로 살아가야 하는 현실을 완벽하게 무시해 버리게 한다.

장애로 한 사람을 규정할 수 있다고 믿으면 사람들이 일반적으로 사회에서 살아가는 방식, 말하자면 사람들이 어떤 식으로 말하고, 사랑하고, 친구를 만들고, 생산적이 되어야 하는지에 관한 기대를 품게 된다. 그런 믿음은 사회에 기여하는 일원이 된다는 것이 무엇을 의미하는지에 관한 특별한 기대를 하게 한다. 그런 믿음 안에는 세상에 자신의 가치를 증명하기 위해서는 반드시 사회에 기여해야 한다는 기대가 담겨 있다. 멀리사 그레그$^{Melissa\ Gregg}$는 자신의 책 『역효과$^{Counterproductive}$』에서 "현대 일터에서는 근로자의 몸이 능력이 있는 한 생산성이 장려된다. 능력이 있었던 몸이 장애를 입으면 복지 제도는 살아 있는 노동을 재건하는 데 필요한 치료를 제공한다."라고 했다. 만약에 장애가 한 사람을 한 사람이 기여할 수 없는 방식으로 규정한다면 그 사람은 가치가 없는 사람이 되어 버린다. 직장에 기여하는 양이 적으면 적어도 일터의 다른 사람들처럼 일할 수 있을 만큼 '회복'하기 전까지는 다른 사람보다 가치가 적은 사람이 되어 버린다.

('적다'라는 이 은유는 문자 그대로의 의미도 담고 있다. 미국에서는 장애인이 비장애인 동료보다 생산성이 낮을 경우, 시간당 1달러 적게 임금을 줄 수 있다. 이 조항은 공정 노동 규준법에 명시되어 있으며 80년 동안 시행됐다.)

세라 자마는 "정의가 실현될 때까지는 아주 오랜 시간이 걸린다. 장애인을 위해 양보하는 것은 경제적 가치가 없기 때문에 사회 구조에 실제로 이득이 되지는 않는다. 말 그대로 사람들은 자신들의 생산 능력이 가치가 없음을 이해하도록 훈련하기 때문에 실제로 두려움은 결국 사람들을 사회에서 멀어지게 하는데, 그 때문에 사회 전체 구조가 와해될 수 있다."라고 했다.

시각장애인이고 자동차를 운전하지 못한다면 운전하지 않는 행위가 장애가 그 사람을 규정하게 내버려 두는 것일까? 우울증이 있는 사람은 그 우울증이 그 사람을 가치가 적은 사람으로 규정하게 내버려 두는 것일까? 장애인 올림픽 대회에 나가지 못하는 사람은 대회에 나가는 사람보다 본질적으로 가치가 낮은 것일까? 우리 가운데 누구라도 장애가 한 가지 일이나 그다음 일을 할 수 없도록 막는다면, 장애가 우리를 '규정'해 가치가 적은 존재로 만드는 것일까?

아니면 우리가 그저 표준과는 다르게 보이는 방식으로 살아가고 있는 것은 아닐까? 만약에 사람들을 있는 그대로의 존재로, 표준과는 다른 삶도 나머지 다른 삶만큼이나 가치가 있는 삶이라고 이해할 수 있게 훈련한다면 세상을 뒤흔드는 마법이 발휘될까?

마리나 워너는 "[동화라는] 장르는 이야기에서뿐 아니라 이 세상에서 말이 하는 일에 깊은 존경을 품고 있다."라고 했다. 우리가 매일 살아가는 세상에서 우리 자신이 사용하는 말이 갖는 힘을 인지하고 경의를 표하는 것이 장애 정의의 핵심이다. 수천 년 동안 우리가 우리 자신에게 들려준 동화들은 그저 단순한 이야기였던 적이 한 번도 없다. 동화의 언어 속에서, 동화가 초점을 맞춘 마법 속에서, 현대 동화가 요구하는 행복한 결말 속에서 동화는 행복하고 충만한 삶을 산다는 것의 의미에 관한 우리의 생각을 형성하고 알리는 데 기여한다. 그리고 (다른 사람들처럼 생긴 왕자와 공주인) 비장애인의 서사가 이야기의 틀 속으로 어떤 식으로 짜여 들어가는지를 우리가 이해하는 한 계속해서 행복과 장애에 관한 우리의 생각을 형성하고 알리는 데 기여할 것이다.

장애와 관련해 우리가 오랫동안 말해 왔던 동화를 해

체하는 일을 시작하려면, 잠자는 숲속의 공주가 사는 성에서 덤불 가시를 잘라 내려면, 아니, 성을 쌓은 돌을 하나씩 빼내 성을 남김없이 해체하려면 말이 이 세상에서 하는 일을 이해하고 고민해야 한다. 우리가 장애가 있는 몸은 가치가 적다는 식으로 이야기할 때마다, 걸을 수 없던 사람이 결국에는 걷게 되는 이야기를 받아들일 때마다, **예쁘기 때문**에 원하는 모든 것을 얻는 공주 이야기를 받아들일 때마다, 비장애인만의 행복한 결말을 받아들일 때마다 우리는 덤불 가시를 자라게 하는 것이다. 앞으로 나아가기 위해 우리를 가로막고 있는 가시를 잘라 내고 새로운 것이 자랄 수 있게 할 책임이 우리에게 있다. 적대적이지 않은 환경이 존재하는 세상과 동화를 상상해야 한다. 이 세상에서 다른 몸, 다른 방식으로 살아가고 있는 주인공이 자기 자신의 힘으로만이 아니라 공동체의 도움을 받아 장애를 극복했기 때문에 승리하는 세상을 상상해야 한다.

그래서 결국에는 완전히 다른 이야기를 위한 공간을 만들어야 한다.

# 맺음말

　이 책의 집필을 끝내던 날 HBO 방송국에서는 〈왕좌의 게임〉 마지막 편을 방영했다. 용의 여왕 대너리스 타가리엔은 연인인 존 스노의 손에 죽었고, 절대 군주의 시대는 조금 더 민주적인 왕정 시대로 변모했다. 영주들이 모인 대회의에서 투표로 브랜든 스타크(브랜)를 왕좌에 올렸고, 브랜을 이을 다음 군주도 투표로 뽑을 것이다.

　첫 번째 시즌부터 주요 등장인물이었던 브랜은 어렸을 때 창문 밖으로 내던져지면서 허리 아래쪽은 움직일 수 없는 장애를 입는다. 브랜은 북부로 도망치고 새처럼 높은 곳에서 지상을 보고 역사를 보고 역사에 관여할 수 있는 존재인 세 눈의 까마귀가 되는 등 다양한 모험을 한다. 장애 때문에 스스로는 움직일 수 없는 브랜은 처음에는 마차를 타고 다닌다. 그러나 후기 시즌에서는 주문 제작한 휠체어를 타고 다닌다. 브랜이 왕관을 쓰자 휠체어는 그의 왕좌가 되었다.

왕이 된 브랜의 공식 호칭은 망가진 브랜, 안달인과 최초인의 왕, 여섯 왕국의 군주이자 보호자다.

브랜이 왕이 된 것은 누구도 쉽게 예측하지 못했던 반전이었다. 대너리스 타가리옌이 킹스랜딩을 불태우리라는 생각을 하지 못했던 것과 마찬가지로 너무나 극적인 반전이어서 많은 시청자가 격렬하게 반발했는데, 특히 장애인 공동체들이 분노했다.

**망가진 브랜**Bran the Broken이라니. 왕이지만 그 이름에 분명히 인지할 수 있는 장애라는 한계를 지고 다녀야 하는 사람. 고향에서 멀리 떠나 많은 것을 견뎌내고 (〈왕좌의 게임〉 시리즈 내내 브랜은 가족과 친구들의 도움을 많이 받았음을 분명히 언급하고 넘어가야겠다) 많은 일을 해냈지만 결국에는 가장 큰 업적을 세운 바로 그 순간에 자기 몸에 내재한 결함에 관한 질문으로 돌아갈 수밖에 없는 사람이 브랜이다.

망가진 브랜이라는 별칭은 왜소증이 있는 티리온 라니스터가 지어 주었다는 사실을 말해 둘 필요가 있을 것 같다. 〈왕좌의 게임〉 마지막 편이 방영되고 몇 시간 동안 장애인 커뮤니티에서는 '망가진 브랜'이라는 호칭은 시리즈 초반에 티리온이 그는 '사생아, 절름발이, 그 밖의 다른 망가진 존재들'에게 호감이 있다고 했던 말을 다시 하게 하는 효과를 불러일으킨다는 주장을 둘러싼 토론이 활발하게 진행됐다. 리베카 코클리는 트위터에서 관련 내용을 언급하면서 망가진 브랜은 교차 공동체 연대감을 나타내는 예로 작동한다고 했다. 즉 한 장애인이 다른 장애인에게 말을 할 때는 두 사람 모두 망가졌다는 표식이 그들이 살아가고 있는 물리적 현실에 관해 어떤 말을 하고 있는지를 인지하고 있을 뿐 아니라 그런 표식이 그들의 현실을 뛰어넘어 망가진 사람이 부서진 여러 왕국을 하나로 엮는 사람이 되는 방식에 관해서도 자각하고 있다는 것이다.

개인적으로는 브랜이 왕좌에 올랐다는 사실이 기분 좋기도 했고 놀랍기도 했다. 망가진 브랜 서사의 문제점은 망가진 브랜의 서사를 장애가 있는 '슈퍼히어로' 서사와 같은 식으로 취급한다는 데 있다('오, 왕이 되다니! 망가진 사람이! 저 사람은 정말 멋지게 장애를 극복했어.'라고 하는 것이다). 비장애인 왕이나 여왕에게는 하지 않는 방식으로 장애인이 왕좌에 올랐다는 사실에 크게 감동해야 한다고 강요하는 것이다. 망가진 브랜의 서사에서 브랜이 성취한 일은 중요하지 않다. 결국 마지막까지, 그가 왕이 되었건 아니건 간에 브랜은 여전히 휠체어를 탄 사람으로 규정되는 것이다.

하지만 시리즈 내내 장애인이었고 판타지 서사에서 마법 같은 치료법을 만나 비장애인이 되지 않는 장애인 남자가 결국에는 권력을 얻게 되었다는 서사가 내 마음에 들지 않았다고 말한다면, 그건 거짓말이다. 나는 왕국의 기반 시설이 어쩔 수 없이 브랜에게 맞춰 세워지리라는 사실을 사랑했다. 유명한 철로 만든 왕좌는 용이 파괴해 버렸고, 휠체어가 사실상 브랜의 왕좌가 되었으니 그의 주위에 모인 사람들은 휠체어가 움직일 수 있는 공간을 분명히 마련할 것이다. 물론 〈왕좌의 게임〉에서 브랜의 장애를 취급하는 방법도 그가 왕좌에 오르는 방법도 완벽하지는 않았다. 마지막 편에 나온 "킹스랜딩은 정말로 접근할 수 없다"라는 대사는 장애인 공동체에서 엄청난 반응을 불러일으켰다. 그러나 장애인이 그런 대단한 권력을 거머쥐었다는 사실, 더구나 그런 엄청난 일이 굉장한 인기를 얻고 있는 텔레비전 시리즈가 만들어 내는 환상적인 동화의 세계에서 일어났다는 사실은 나에게는 너무나도 중요하게 느껴진다.

사실 우리가 말하는 장애 이야기 속에, 그리고 우리가 살아가는 장애의 삶에 완벽함은 없다. 완벽함이 없음을 정확하게 포착하는 것만이 우리 이야기를 정확하게 할 수 있는 가장 중요한 요소다. 장애인과 장애인의 삶은 전통적인 동화가 요구하는 행복한 결말에 이를 수 없지만 우리가 얻을 수 있고 마땅히 얻어야 하는 행복한 결말은 동화의 결말보다 훨씬 좋다. 장애인과 장애인의 삶이 이르게 될 행복한 결말은 개인이 그리는 호와 공동체의 지원이 함께 있어야 할 아주 복잡한 이야기로, 변해야 하는 개인은 사회가 변하고 개선될 수 있도록 사회와 정면으로 맞서야 한다. 그들은 다양한 수준의 긍정 상태에서 시작하기 때문에 모두 동일하게 행복한 결말을 맞을 수는 없다. 항상 해야 할 일이 더 많다. 전통적인 행복한 결말은 장애인이 해내는 일들을 언제나 하찮게 만들어버린다.

결점은 있지만 〈왕좌의 게임〉 같은 엄청나게 인기 있는 텔레비전 드라마와 이야기에서 이런 방식으로 장애를 보여 주는 것은 의미가 있다. 그런 이야기가 장애와 장애인을 책임지는 새로운 세상을 만들어 가는 것을 보는 것이야말로 나에게는 모든 것을 의미했다. 그리고 그런 이야기가 우리 현대 서구 사회에서 한때는 동화에게 주었던 강한 문화적 영향력을 발휘하는 힘으로 작동한다는 사실이 나에게는 전적으로 적합해 보인다. 우리는 한때 우리가 알았고 사랑했던 동화의 영역을 뛰어넘어 성장했을 테지만 동화의 구조와 힘은 여전히 우리가 지금의 우리로 존재하게 하는 데 강한 영향력을 행사하고 있다. 동화는 우리에게 무언가를 믿는다는 것이 무엇을 의미하는지, 이야기의 즐거움과 힘을 이용해 서로 다른 공동체를 통합하고 우리를 하나로 만든다는 것이 어떤 소중한 의미를 갖는지를 가르쳐 준다.

〈왕좌의 게임〉이 끝나고 몇 주가 지났을 때 알리 스트로커<sup>Ali Stroker</sup>가 휠체어 사용자로서는 처음으로 토니상 시상식에서 2019년에 공연한 리바이벌 뮤지컬 〈오클라호마〉로 뮤지컬 부문 최우수 여우 조연상을 받았다. (토니상 시상식은 라디오 시티 뮤직홀에서 열렸다. 그곳은 다양한 공연 무대를 만든 경험이 있어 휠체어를 사용하는 여배우를 위해 경사로 정도는 충분히 만들 수 있었을 텐데도) 시상식 무대에는 휠체어가 올라갈 수 있는 경사로가 없었기에 알리는 무대 뒤에서 이름이 호명될 때까지 기다렸다가 상을 받으려고 무대로 나가야 했다.

나중에 〈오클라호마〉가 최우수 리바이벌 뮤지컬상을 받았을 때도 휠체어가 올라갈 수 있는 경사로가 없었기에 알리는 오클라호마 팀 가운데 유일하게 시상식 무대에 오르지 못한 사람이 되었다.

이야기 속에서 사회가 장애인을 보지 않는 것에 익숙해진다면 실제 현실에서도 사회는 장애인을 보지 않는 것에 익숙해질 것이다. 사회가 현실 세계에서 장애인을 보지 않는 데 익숙해진다면 사회는 장애인이 자신들이 목소리를 내는 세상에 **참여하는** 것이 극도로 어려운 세상을 계속해서 만들어 갈 테고, 결국 문제는 해결되지 않고 계속 지속될 것이다. 이 세상은 상을 받을 사람에게 경사로가 필요한 경우가 거의 없기 때문에 휠체어 경사로를 만들 필요가 없다. 하지만 능력에 상관없이 누구나 무엇이든지 이룰 수 있음을 당연하게 생각하고, 그에 맞는 무대와 환경을 구축해 나가는 게 좋지 않을까?

이제는 우리가 다른 이야기를 할 때가 되었다.

이제는 다른 세상을 만들 때가 되었다.

세상을 항해하는 법을 배우고 장애가 있는 몸이 직접 세상을 돌아다닐 수 있도록 세상을 가르치는 장애인에 관한 이야기를 들려주기를. 힘과 약함에 관한 이야기를, 분투를 그러나 엄청난 기쁨의 이야기를 나에게 들려주기를 소망한다.

우리 삶은 이런 감정들로 엮여 있다. 우리 이야기는 모두 가치가 있다.

그레이스 페일리Grace Paley는 단편 소설 「아버지와 나눈 대화A Conversation with my Father」에서 우리가 세상 속에서 살아가는 방식에 관해 이렇게 말했다. "[줄거리는] 내가 언제나 경멸하는 두 점 사이를 가르는 절대 선線이다. 내가 그 선을 경멸하는 이유는 문학적인 데 있는 것이 아니라 모든 희망을 가져가 버린다는 데 있다. 실제로 존재하는 사람이건 문학이 창조한 사람이건 간에 누구나 열린 운명이 있는 인생을 살 자격이 있다." 수 세기 동안 사회는 장애 서사를 이런 '절대 선'처럼 취급했다. 불행한 결말을 향해 가는 특별한 여정으로 취급했다. 장애는 비장애와 반대이며 더 적은 것이며 다른 것이다. 그런 렌즈를 통해 본 **장애**는 장애가 없는 몸의 현재 상태를 지워 버리고 전통적으로 사회가 건강과 안녕과 관계 지었던 행복을 무너뜨려 버린다. 그런 의미에서는 장애야말로 희망을 앗아가는 존재가 된다.

하지만 진실은 장애가 있는 삶도, 장애 서사도 희망으로 가득 찰 수 있다는 것이다(실제로 희망으로 가득 차 있다). 장애인은 고통과 즐거움이 가득 찬 삶을 살며 그 누구보다도 분투한다. '인생의 열린 운명'이라는 렌즈로 문학을 본다는 것은 이야기의 결말이 끝이 아닌 **시작**임을 이해한다는 것이다. 이야기의 끝에서 관중은 주인공과 함께하는 여행을 끝내고 그들이 계속 세상을 살아 나갈 수 있게 해 준다. 그와 거의 마찬가지로 장애 서사의 '끝'이 반드시 능력이 있는 몸으로의 복구나 비장애인의 삶에서 동떨어져 절망의 나락으로 떨어지는 것일 필요는 없음을 이해해야 한다. 비장애인과 똑같이 즐거움과 좌절, 슬픔과 분노 같은 삶의 복잡한 현실을 만드는 모든 요소가 존재하는 영역을 향해 나아가는 장애인의 서사와 삶도 그대로 계속될 가치가 있음을 이해해야 한다. 우리는 다른 사람들만큼이나 '열린 운명이 존재하는 삶'을 살아갈 자격이 있고 우리가 장애에 관해 말하는 이야기들도 정확히 똑같은 자격이 있다.

이야기는 아이들에게 깊은 영향을 미치고, 인정하든 그렇지 않든 간에 이 아이들이 자라서 된 어른에게도 깊은 영향을 미친다. 장애가 있는 주인공이 나오지 않거나 장애가 다양한 걸림돌이나 실패와 연결되는 동화와 이야기를 듣고 자란 장애아는 현실 세계에서는 감춰져 있거나 가려져 있는 장애를 보는 데 익숙한 어른으로 자란다. 그런 어른은 의식을 하건 하지 않건 간에 장애인의 삶을, 더는 계속되지 않는 멈춰 버린 여정이라고 생각하게 된다. 그런 세상에서는 책이나 영화에 긍정적인 장애인 주인공이나 등장인물이 없다는 사실에 의문을 제기하지도, 그런 사실을 고려하지도 않게 된다. 그저 장애가 있는 주인공이나 등장인물이 없는 것이 삶의 진실이 되고 만다. 우리가 알고 있는 서방 세계의 많은 동화에서 그런 것처럼 장애를 **등장인물의 결함**으로 다루는 이야기에 노출되었기에 생긴 무의식적인 편견도 그와 마찬가지로 진실이 되어 버린다. 장애는 우리가 이야기를 이해하기 시작하는 바로 그 순간부터 걸림돌로 작용하는 부정적인 것이 되어 버린다.

나의 장애는 세 살 때부터 내 인생의 사실이었다. 나는 아주 오랜 시간을 그 사실을 무시하면서 보냈다. 발을 절지 않는 것처럼, 다른 장애도 없는 것처럼 행동했다. 내가 읽은 이야기에서도 내가 본 영화에서도 나와 같은 모습을 보지 못했기에 선택한 삶의 방식이었다. 에리얼이 걷게 되었을 때 그녀의 발걸음은 우아했고, 결국 모든 일이 좋게 흘러갔다. 휠체어를 탄 어린 소년과 소녀, 발레 교실에서 춤추려고 노력하는 다리 저는 소녀에 관한 이야기와 동화는 어디에 있을까? 그런 이야기와 동화는 존재하지 않는다. 행복한 결말은 오직 비장애인에게만 온다. 그래서 나 자신의 삶에서도 행복한 결말이 있기를 간절히 바랐기에 정말로 행복한 결말을 맞은 것처럼 행동해야 했다.

그러나 병원에서 첫걸음을 뗀 나의 동화는 언제나 행복한 결말과는 분리된 길을 걸어왔다. 병원을 나와 나는 다른 삶 속으로 걸어 들어갔고, 대부분을 비장애인과 같은 방식으로 이 세상을 살아왔다. 하지만 어렸을 때부터 휠체어를 타거나 목발을 짚고 다니는 작은 소녀들을, 그리고 공주들을 동화 속에서 보았다면 내 삶이 어떻게 되었을지가 너무나도 궁금하다. 그런 환경 속에서 자랐다면 나는 장애가 있는 여성으로서의 나 자신을 어떻게 보게 됐을까? 장애를 그저 삶의 한 요소로 기념하고 격려하는 이야기를 읽었다면 내 십 대 시절은 어떻게 흘러갔을까?

나는 좀 더 목소리를 높였어야 했는지도 모르겠다. 나는 확실히 내가 시작하려는 이야기들에 장애를 조금 더 많이 넣기 시작했고, 이런 차이들을 기념해야 할 이유들로 보기 시작했으며, 이런 차이들을 정상으로 보려고 하고 있다.

우리가 인정하건 인정하지 않건 간에 우리가 어렸을 때 우리 자신에게 들려준 이야기들은 우리가 만나는 세상을 형성한다. 동화와 우화는 한 번도 그저 이야기였던 적이 없다. 동화와 우화는 중요한 것들을 이해하는 발판이다. 공정과 위계질서, 행동 양식, 행복한 결말을 누릴 수 있는 자격이 있는 사람과 자격이 없는 사람을 알려 준다. 애초에 무언가를 얻을 자격이 있다는 것이 무슨 뜻일까? 상상의 세계에서, 그리고 실제 세계에서 행복한 결말을 맞는다는 것은 어떤 의미일까? 작가로서 나는 그 모든 것이 나에게 어떤 식으로 공정과 평등이라는 개념을 형성해 주었는지를 이제야 이해하기 시작했다. 장애인 여성으로서 나는 이야기가 다른 말을 한다 해도 나 자신이 스스로 복잡하고 행복한 결말에 도달했다고 주장하는 것에 내재한 힘을 이제야 깨닫고 있다.

우리는 이야기를 할 때 이 세상의 불공정을 판단하는 방식으로 행복한 결말을 찾는다. 불의를 평가하고 잔혹함을 평가하고, 매 순간 우리를 지치게 하는 엄청난 힘들을 평가하는 방식으로 행복한 결말을 찾는다. 그러나 행복한 결말의 형태는 수많은 모습을 하고 있다. 어떤 결말은 낭만적인 사랑으로 이루어져 있을 것이다. 어떤 행복한 결말은—나 자신의 결말은—자아라는 원천源泉에서 만들어 내는 사랑으로, 내가 살면서 만나는 것들은 행복으로 가는 길에 극복해야 할 것이 아니라 내 삶의 기쁨을 만들어 내는 뼈대임을 알게 되는 깨달음으로 이루어져 있을 것이다. 나는 다른 사람들과 같은 방식으로 세상을 살아갈 수는 없다. 하지만 그 때문에 고난이 따라오더라도 나는 내가 살아가는 방식이 자랑스러우며 내가 말하는 이야기들이 내가 발견한 즐거움을 다른 사람들도 발견할 수 있게 도와주는 방식을 보고 싶다.

옛날, 먼 옛날에 검은 머리 작은 소녀가 병원으로 걸어들어갔고 그 소녀가 세상을 보고 경험하게 될 방식을 규정할 여정을 시작했다. 그 여정은 그 소녀가 어렸을 때 경험하기를 소망했던 행복한 이야기는 되지 못했다. 심지어 어른이 된 지금도 그 이야기는 일부 상처가 될 수 있고, 가끔은 거울에 비치는 걷는 모습을 보면서 어린 시절에 들었던 잔혹했던 목소리들을 떠올릴 때도 있다.

하지만 이것이 내가 말하는 동화다. 이것이 나의 복잡하고 행복한 결말이다. 나의 복잡하고 행복한 인생이다. 나의 동화를 세상이 흔히 그렇듯이 극복해야 할 고난으로 보는 것은 나와 나의 공동체를 해치는 일이다. 장애는 내가 물리쳐야 할 악당이 아니라 나와 함께 살아가야 할 동반자다. 나는 이제 그런 사실을 보여 주는 이야기를 써 나갈 것이다. 이제부터 우리가 말하는 이야기들은 어떤 식으로든 이런 진실이 반영될 수 있는 공간을 만들어 내야 한다.

휠체어를 탄 공주 이야기가 있기를. 마법 때문이 아니라 다른 사람의 차이를 인식하고 자신의 바깥을 봄으로써 세상을 다르게 바라볼 수 있기에 사악한 마법사를 물리친 남자의 이야기가 들려오기를. 장애가 세상을 다른 방식으로 바라보는 삶의 형태임을 알려 주고, 그런 관점 덕분에 세상이 성장할 수 있다는 인식을 심어 줄 수 있는 이야기를 해 줄 수 있기를.

장애인이 승리할 뿐 아니라 세상을 바꾸는 동화를 들려주기를. 왜냐하면 장애인은 끊임없이 그런 일들을 해 왔고, 그들이 설 자리가 없는 세상에서 끊임없이 다른 이야기들을 들려주었기 때문이다. 장애가 있는 몸이 우리 이야기의 앞이나 중심에 있는 공간에서 우리는 무엇을 성취할 수 있을까?

지금 이야기를 할 때, 그 이야기들을 이용해 세상에 의
문을 제기할 때, 나는 숲으로 가는 다른 길을 걸어 인생을
살아가야 했던 30년 전 그 소녀를 생각한다. 그 소녀의
이야기는 그 소녀가 상상했던 것과는 전혀 다른 길로 가
게 되었지만 그 때문에 더 어려운, 훨씬 어려운 행복을 얻
을 수 있는 이야기가 되었다. 이제 나는 동화를 읽을 때마
다 이 사실을 생각한다.

　나는 바다로 뛰어들어야 하는 결말을 원하지는 않지만
모든 어려움이 사라지고 모든 것이 **완벽해지는** 결말도
원하지 않는다. 그 누구도 그런 결말을 원할 수는 없다.
내가 원하는 이야기는 왕자가—사실은 그 누구라도—목
소리를 잃은 여자와 소통하는 방법을 찾는 이야기다. 우
리가 서로 이해하고 서로의 손을 잡으며 함께 인생의 열
린 운명에 맞서는 이야기를 원한다.

　내 생각에는 그런 이야기야말로 말해져야 할 가치가
있는 동화다.

# 감사의 글

변함없는 믿음과 격려를 보내 주는 나의 에이전트 서맨사 헤이우드에게는 언제나 감사합니다. 근사하고 멋진 교정 작업을 해 준 앨러나 윌콕스, 멜라니 리틀, 이 책과 작가에게 아름다운 집을 제공해 준 코치 하우스 북스의 리키 리마, 제임스 린지, 크리스탈 시크마, 그리고 모든 편집부 직원들에게 감사의 말을 전합니다.

이 책을 집필하는 동안 자신들의 이야기와 인생을 나누어 준 장애인 공동체 여러분 모두에게 깊은 감사의 말을 전합니다. 티누 아바요미 폴, 나탈리 아보트, 켈리 아이엘로, 매들린 바티스타, 리베카 코클리, 아이르네 콜트허스트, 안드레 도트리, 로라 도워트, 도미닉 에번스, 지나 인 홀 게일리, 앤드루 거자, 세라 자마, 에럴 커, 베서니 킬

렌, 조니나 커튼, 그레이스 라포인트, 카라 리보위츠, 페니 로커, 도미닉 파리시엔, 애덤 포틀, 엘사 슈네슨 헨리, 리베카 손, 에밀리 어쿼트, 제롬 밴레이우언, 앨리슨 월리스, 데이비드 윌리엄슨, 모두 고맙습니다. 당신들이 나에게 말해 주었고 희망을 주었던 것처럼 이 책이 당신들에게도 의미 있는 말을 해 주기를 희망합니다.

장애 정의를 세우는 일은 길고도 험한 길입니다. 나는 오랫동안 장애 정의를 위해 싸워 온 영민한 작가들과 여러 사람이 닦아 준 길을 따라 걸어가는 특권을 누리고 있습니다. 그중에서도 특히 이마니 바버린(#HashtagQueen), 브로닌 버그, 패티 번, 케아 마리아 브라운, 해밀턴, 미아 밍구스, 마이크 올리버, 도로시 엘렌 팔머, 레아 락슈미 피에프즈나 사마라신하, 빌리사 톰프슨, 에이스 틸턴 래트클리프, 앨리스 웡, 스텔라 영에게 감사합니다. 당신들의 치열함과 사랑에 많은 사람이 감동했고 나는 영원히 감사할 겁니다.

자리에 앉아 동화와 잔혹한 세상에 관한 이야기를 들려준 세라 헨스트라, 뛰어난 조언과 추천을 해 준 위니펙 대학교의 폴린 그린힐, 『해리 포터』 시리즈에서 찾을 수 있는 비장애 중심주의에 관해 멋진 의견을 들려준 티 거베자, 모두 감사합니다.

8장 「괴물과 경이로움」을 쓸 때 중요한 도움을 주었고 독립 작품으로 「릿헙LitHub」에 처음 보금자리를 틀 수 있도록 도와준 가넷 코도건, 조니 다이아몬드에게 진심을 담아 감사의 인사를 전합니다.

　원고를 꼼꼼하게 읽어 주고 내가 할 수 있는 만큼 최대한 열린 마음으로 세심하게 글을 써 나갈 수 있게 도와준 셰이 얼리치에게 감사합니다.

　이 책을 완성할 수 있도록 재정 지원을 해 준 온타리오 예술 협의회와 캐나다 예술 협의회에 정말 고맙다는 말씀을 전합니다. 이 책을 집필할 수 있는 공간과 평온함을 제공해 준 온타리오 헤리티지 트러스트, 도리스 매카시 작가 레지던스 프로그램에도 감사합니다.

　여성 작가들을 양성하고 여성 작가들이 계속해서 글을 쓸 수 있게 도와주는 헤지브룩의 모든 분들과 제스 밥콕, 해롤린 보비스, 에이미 포니어, 비토 진가렐리에게 감사합니다.

　글을 쓰는 일이 절대로 혼자서 하는 일이 아님을 알게 해 준 친구들, 칼리 베이커, 트레버 콜, 손 크랜베리, 제시카 데산타, 리즈 하머, 야이메 크라코브시키, 젠 수크퐁 리, 애덤 포틀, 벤 로룩, 어맨다 레아우메, 자엘 리처드슨, 피터 스노, 세라 타거트, 앤드루 윌모트, 모두 고맙습니다.

　특별한 마녀 집회는 집필 아이디어를 구체화할 때 나와 함께 헤지브룩에 있어 준 동료들입니다. 피얄리 바타

카리아, 베로 곤살레스, 미라 야콥, 애슐리 M. 존스, 리사 니콜리다키스, 야캬이라 살바티에라에게 감사의 말을 전합니다. 우리의 우정은 마법이었고, 이 세상이 우리를 함께하게 해 준 것에 언제나 감사할 겁니다.

나의 가족, 레이먼드 레덕과 데브라 레덕, 알렉스 레덕, 에이미 레덕, 앨리슨, 애덤, 아레야나, 아델린 디필리포. 언제나 나를 믿어 줘서 고마워.

마지막으로 이 원고를 찢지 않는 것이 좋겠다고 생각해 준 파멸의 개, 시트카에게 고맙다고 말하고 싶습니다. 시트카, 정말 고마워!

# 주

「인어 공주가 당신에게 경고하느니, 당신이 이미 잊혔다
고 The Little Mermaid Warns You, You May Have Already Become Forgotten」
를 제명에 발췌 인용할 수 있게 해 준 지나인 홀 게일리
에게 감사한다(원 시는 『페어리 매거진 *Faerie Magazine*』이었
던 『인챈티드 리빙 매거진 *Enchanted Living Magazine*』에 실렸다).
또한 에세이 「시는 음악 이후의 나의 대안이었다 Poetry Was
My Back-Up Plan, After Music」를 발췌 인용하도록 허락해 준 패
트릭 프리즌에게 감사한다(원 에세이는 「위닝 리뷰 Winning
Review」에 실렸다).

8장 「괴물과 경이로움」은 원래 2019년 4월 26일자
「릿헙」에 「괴물과 경이로움: 슈퍼히어로 우주에서 장애
인으로 살아가기 Monster or Marvel: The Disabled Life in a Superhero

Universe」라는 제목으로 실은 글이다.

이 책에 실은 제목 없는 회고록은 원래 2013년 9월 3일 자 「럼퍼스Rumpus」에 실은 에세이 「두 번째 예술 형태The Second Art From」에서 발췌한 것이다.

특별한 언급이 없는 한 이 책에 실은 용어 정의는 메리엄-웹스터 온라인 사전에서 발췌했다.

특별한 언급이 없는 한 언어의 역사적 정의는 온라인 어원학 사전(www.etymonline.com)에서 인용했다.

특별한 언급이 없는 한 이 책에서 언급한 그림 형제의 『그림 동화』 발췌문은 『그림 형제의 오리지널 그림 동화: 완벽한 초판본The Original Folk and Fairy Tales of The Brothers Grimm: The Complete First Edition』에서 발췌했다. 1812년과 1815년에 간행한 『그림 동화』의 첫 번째 영어 번역서로, 잭 자이프스가 번역했고 2014년에 출간했다.

본문에서 언급한 『그림 동화』 후기 판은 2003년에 출간한 『그림 형제의 동화 완전판: 완전히 새로운 3판The Complete Fairy Tales of the Brothers Grimm, All-New Third Edition』에서 발췌했다. 영어판은 그림 형제가 살아 있을 때 출간한 마지막 『그림 동화』이자 제7판인 1857년 출간본을 잭 자이프스가 번역한 것이다.

# 참고 문헌

Andersen, Hans Christian. 'The Cripple.' In *Hans Christian Andersen Fairy Tales and Stories*, translated by H. P. Paull. Denmark: 1872. http://hca.gilead.org.il/inkling/cripple.html

Andersen, Hans Christian. 'The Emperor's New Suit.' In *Hans Christian Andersen Fairy Tales and Stories*, translated by H. P. Paull. Denmark: 1872. http://hca.gilead.org.il/emperor.html

Andersen, Hans Christian. 'The Little Mermaid.' In *Hans Christian Andersen Fairy Tales and Stories*, translated by H. P. Paull. Denmark: 1872. http://hca.gilead.org.il/li_merma.html

Andersen, Hans Christian. 'The Ugly Duckling.' In *Hans Christian Andersen Fairy Tales and Stories*, translated by H. P. Paull. Denmark: 1872. http://hca.gilead.org.il/ugly_duc.html

Andersen, Hans Christian. *Hans Christian Andersen Fairy Tales and Stories*. Translated by H. P. Paull. Denmark: 1872. http://hca.gilead.org.il/

Anderson, Kenneth et al. Cinderella. DVD. Directed by Clyde Geronimi, Hamilton Luske, and Wilfred Jackson. Manhattan: RKO Pictures, 1950.

Arabian Nights, The. Translated by Husain Haddawy. New York: W.W. Norton & Company, 1990.

Basile, Giambattiasta. 'Sun, Moon, And Talia.' In Multilingual Folk Database. February 14, 2019. http://www.mftd.org/index.php?action=story&id=3364

Barbarin, Imani. 'All My Life, People Have Told Me I'm 'An Inspiration.' Here's Why It's So Harmful. Bustle, April 5, 2019. https://www.bustle.com/p/all-my-life-people-have-told-me-im-inspiration-heres-why-itsso-harmful-17004612

Barbot de Villeneuve, Gabrielle-Suzanne. 'Beauty and the Beast.' In *Junior Great Books: Series 4*, Book One. Chicago: The Great Books Foundation, 2011. http://humanitiesresource.com/ancient/articles/Beauty_and_Beast-Final.pdf

The Bible, New Standard Version (left-handed remark)

Berne, Patty. 'Disability Justice – a Working Draft by Patty Berne.' Sins Invalid, June 9,

2015. http://sinsinvalid.org/blog/disability-justice-aworking-draft-by-patty-berne

Boden, Anna, Ryan Fleck, and Geneva Robertson-Dworet. Captain Marvel. DVD. Directed by Anna Boden and Ryan Fleck. Burbank: Buena Vista Pictures, 2019.

Bottigheimer, Ruth. *Fairy Godfather: Straparola, Venice, and the Fairy Tale Tradition.* Philadelphia: University of Pennsylvania Press, 2002.

Bourke, Angela. *The Burning of Bridget Cleary.* London: Pimlico, 1999.

Campbell, Joseph. *The Hero With a Thousand Faces.* Novato: New World Library, 2008.

Carter, Angela. 'The Bloody Chamber.' In *The Bloody Chamber And Other Stories.* New York: Penguin Books, 2015.

Changing Faces UK. 'I Am Not Your Villain.' November 16, 2018. https://www. changingfaces.org.uk/i-am-not-your-villain-campaignlaunches-today-in-the-telegraph

Christensen, Jen and Leyla Santiago. 'Despite rhetoric, illness threat from migrants is minimal, experts say.' CNN, November 2, 2018. https://www.cnn.com/2018/11/02/ health/migrant-caravan-illness/index.html

Clements, Ron and John Musker. The Little Mermaid. vhs Tape. Directed by Ron Clements and John Musker. Burbank: Buena Vista Pictures, 1989.

Crafton, Donald. *Before Mickey: The Animated Film 1898–1928.* Chicago: University of Chicago Press, 1993.

Dangerfield, Katie. 'N.S. teen with cerebral palsy pressured to lie in creek, walked on by classmate.' Global News, November 9, 2018. https://globalnews.ca/news/4647329/ bullying-video-ns-teen-cerebral-palsy/

DePalma, Anthony. 'Father's Killing of Canadian Girl: Mercy or Murder?' New York Times, December 1, 1997. https://www.nytimes.com/1997/12/01/world/father-s-killing-of-canadian-girl-mercy-or-murder.html

De Beaumont, Jeanne-Marie. 'Beauty and the Beast'. *The Young Misses Magazine* (French Title: Magasin des enfans, ou dialogues entre une sage gouvernante et plusieure de ses eleves) Containing Dialogues between a Governess and Several Young Ladies of Quality Her Scholars, 4th ed., v1. London: C.Nourse, 1783), pp. 45-67. January 20, 2019. https://books.google.ca/books?id=f7ABAAAAQAAJ&printsec=titlepage&red ir_esc=y#v=onepage&q&f=false

De Villeneuve, Gabrielle-Suzanne Barbot, 'Beauty and the Beast'. *Four and Twenty Fairy Tales,* trans. J. R. Planche. London: G. Routledge and Co, 1858.

Dolmage, Jay Timothy. *Disability Rhetoric.* Syracuse: Syracuse University Press, 2014.

Dorwart, Laura. 'What the World Gets Wrong About My Quadriplegic Husband and Me.' Catapult, December 6, 2017. https://catapult.co/stories/what-the-world-gets-wrong-about-my-quadriplegic-husband-and-me

Editors of Encyclopædia Britannica, The. 'Ancients and Moderns.' Encyclopædia Britannica, January 29, 2015. https://www.britannica.com/art/Ancients-and-Moderns

Ellington, Tameka N. 'The Origin of Anansi the Spider.' Paper presented at the International Textile and Apparel Association 2016 Conference: Blending Cultures, Vancouver, BC, September 2016. https://lib.dr.iastate.edu/cgi/viewcontent. cgi?article=1806&context=itaa_proceedings

Elliott, Ted, Terry Rossio, Joe Stillman, and Roger S. H. Schulman. Shrek. DVD. Directed by Andrew Adamson and Vicky Jenson. Universal City: Dreamworks Pictures, 2001.

Frainey, Brendan, Beverly Tann, Susan Berger, Melanie Rak, and Deborah Gaebler-Spira. 'Bullying in Children and Adolescents with Cerebral Palsy and Other Physical Disabilities.' American Academy for Cerebral Palsy and Developmental Medicine. Accessed January 5, 2019. https://www.aacpdm.org/UserFiles/file/SP14-Frainey.pdf

Friesen, Patrick. 'Poetry was my Back-Up Plan, After Music.' *The Winnipeg Review*, March 22, 2013.

Game of Thrones. Seasons 1-8. Created by David Benioff and D. B. Weiss. Aired April 17, 2011, on HBO. DVD.

Gilbert, Sophie. 'The Dark Morality of Fairy-Tale Animal Brides.' *The Atlantic*, March 31, 2017. https://www.theatlantic.com/entertainment/archive/2017/03/marrying-a-monster-the-romantic-anxieties-of-fairytales/521319/

Gregg, Melissa. *Counterproductive: Time Management in the Knowledge Economy.* Durham: Duke University Press, 2018.

Grimm, Jacob, and Wilhelm Grimm. *Briefwechsel zwischen Jacob und Wilhelm Grimm aus Der Jugendzeit.* [Correspondence Between Jacob and Wilhelm Grimm from Their Youth]. 2nd ed. Edited by Herman Grimm and Gustav Hinrichs. Weimar: Hermann Bohlaus Nachfolger, 1963.

Grimm, Jacob, and Wilhelm Grimm. 'Aschenputtel.' In *The Original Folk and Fairy Tales of the Brothers Grimm: The Complete First Edition.* Translated by Jack Zipes, 69-77. Princeton: Princeton University Press, 2014.

Grimm, Jacob, and Wilhelm Grimm. 'Hans My Hedgehog.' In *The Original Folk and Fairy Tales of the Brothers Grimm: The Complete First Edition.* Translated by Jack Zipes, 354-359. Princeton: Princeton University Press, 2014.

Grimm, Jacob, and Wilhelm Grimm. 'Old Sultan.' In *The Complete Fairy Tales of the Brothers Grimm All-New Third Edition.* Translated by Jack Zipes, 166-168. New York: Bantam, 2003. [From the 7th and final edition of the original German publication.]

Grimm, Jacob, and Wilhelm Grimm. 'Rapunzel.' In *The Complete Fairy Tales of the Brothers Grimm All-New Third Edition.* Translated by Jack Zipes. [Page numbers?] New York: Bantam Books, 2003. [From the 7th and final edition of the original German publication.]

Grimm, Jacob and Wilhelm Grimm. 'Rapunzel.' In *The Original Folk and Fairy Tales of the Brothers Grimm: The Complete First Edition.* Translated by Jack Zipes, 37-39. Princeton: Princeton University Press, 2014.

Grimm, Jacob and Wilhelm Grimm. 'Simple Hans.' In *The Original Folk and Fairy Tales of the Brothers Grimm: The Complete First Edition.* Translated by Jack Zipes, 178-181. Princeton: Princeton University Press, 2014.

Grimm, Jacob and Grimm, Wilhelm. 'Snow White.' In *The Original Folk and Fairy Tales of the Brothers Grimm: The Complete First Edition.* Translated by Jack Zipes, 170-178. Princeton: Princeton University Press, 2014.

Grimm, Jacob and Wilhelm Grimm. 'The Two Travellers.' In *The Complete Fairy Tales of the Brothers Grimm All-New Third Edition.* Translated by Jack Zipes, 353-360. New York: Bantam, 2003. [From the 7th and final edition of the original German publication.]

Gurza, Andrew. 'I Told My Mom I Hire Sex Workers And Her Response Changed Our Relationship.' HuffPost, April 3, 2019. https://www.huffpost.com/entry/disability-sex-workers_n_5ca21581e4b00ba6328062d8

Gurza, Andrew. 'Sex, Pleasure, and Disability.' Girl Boner Radio. Podcast audio, May 4, 2019. https://podcasts.apple.com/us/podcast/sex-pleasure-and-disability/id814715884?i=1000437211012

Habermeyer, Ryan. 'William Osler, Medicine, and Fairy Tales.' Fugitive Leaves (blog). The Historical Medical Library of The College of Physicians of Philadelphia, January 9, 2019. http://histmed.collegeofphysicians.org/osler-medicine-fairy-tales/

Hayes, Chris. 'The idea that the moral universe inherently bends towards justice is inspiring. It's also wrong.' Think: Opinion, Analysis, Essays (blog). NBC News

Digital, March 24, 2018. https://www.nbcnews.com/think/opinion/idea-moral-universe-inherently-bends-towards-justice-inspiring-it-s-ncna859661

Hiskey, Daven. 'Sleeping Beauty is Based on a Story Where a Married King Finds a Girl Asleep and Can't Wake Her, So Rapes Her Instead'. Todayifoundout.com. October 29, 2012. http://www.todayifoundout.com/index.php/2012/10/sleeping-beauty-is-based-on-a-story-where-a-married-king-finds-a-girl-asleep-and-cant-wake-her-so-rapes-her-instead/

Hudec, Mariah. 'Changelings and Sexual Coercion: Trauma and the Nature of Fairy Belief and Spirit-guide Relationships in Early Modern Scotland.' Master's Thesis, University of Edinburgh, 2014. https://www.academia.edu/10033810/Changelings_and_Sexual_Coercion_Trauma_and_the_Nature_of_Fairy_Belief_and_Spirit-guide_Relationships_in_Early_Modern_Scotland

Humphreys, Robin. Consult notes, March 1987.

Jane, J. S., T. F. Oltmanns, S. C. South, and E. Turkheimer. 'Gender bias in diagnostic criteria for personality disorders: an item response theory analysis.' Abstract. *Journal of Abnormal Psychology* 116, no. 1 (February 2007): 166-75. https://www.ncbi.nlm.nih.gov/pubmed/17324027

Johnson, Erica. 'Bell's 'Let's Talk' campaign rings hollow for employees suffering panic attacks, vomiting and anxiety.' CBC News, November 25, 2017. https://www.cbc.ca/news/health/bell-employees-stressed-by-sales-targets-1.4418876

Kamenetsky, Christa. 'The German Folklore Revival in the Eighteenth Century: Herder's Theory of Naturpoesie.' *The Journal of Popular Culture* 6, no. 4 (Spring 1973): 836-848. https://onlinelibrary.wiley.com/doi/abs/10.1111/j.0022-3840.1973.00836.x

Kay, Molly. ''Peppa Pig' Introducing Mandy Mouse Is a Major Moment for Disability Representation.' *Teen Vogue*, May 30, 2019. https://www.teenvogue.com/story/peppa-pig-mandy-mouse-disability-representation

Kim, Sarah. 'Ali Stroker's Tony Award Was Only Broadway's First Step To Disability Inclusivity' Forbes.com. Jone 13, 2019. https://www.forbes.com/sites/sarahkim/2019/06/13/ali-stroker-tony-award/#763b504c7a73

Klein, Betsy, and Kevin Liptak. 'Trump ramps up rhetoric: Dems want 'illegal immigrants' to 'infest our country.'' CNN, June 19, 2018. https://www.cnn.com/2018/06/19/politics/trump-illegal-immigrants-infest/index.html

Kofoid, Jessica. 'Walking in High Heels: The Physics Behind the Physique.' Illumin: *A Review of Engineering in Everyday Life* 2, no. 8 (September 2007). https://illumin.usc.edu/walking-in-high-heels-the-physics-behind-the-physique/

Konstan, David. 'Beauty, Love and Art: The Legacy of Ancient Greece.' *ΣΧΟΛΗ: Ancient Philosophy and the Classical Tradition* 7, no. 2 (June 2013): 325-337. https://pdfs.semanticscholar.org/3c4f/87a83df2fb1bf9b670fbf3232b950a985cdd.pdf

Ladau, Emily. 'Why Person-First Language Doesn't Always Put the Person First.' Think Inclusive, July 20, 2015. https://www.thinkinclusive.us/why-person-first-language-doesnt-always-put-the-person-first/

Lapointe, Grace. 'Ambulatory: How the Little Mermaid Shaped My Self- Image with Cerebral Palsy.' Monstering, March 28, 2018. http://www.monsteringmag.com/blog/2018/3/28/ambulatory-how-the-little-mermaid-shaped-my-self-image-with-cerebral-palsy

Leprince du Beaumont, Jeanne-Marie. 'Beauty and the Beast.' *The Young Misses Magazine*, Containing Dialogues between a Governess and Several Young Ladies of Quality Her Scholars 4th ed., no. 1 (1783), 45-67. Accessed January 2, 2019, on Folklore and Mythology Electronic Texts. https://www.pitt.edu/~dash/beauty.html

Liddle, Sian. 'Despite appearances, not all people with scarred faces are movie villains.'

The Conversation Canada, October 19, 2017. http://theconversation.com/despite-appearances-not-all-people-with-scarred-faces-aremovie-villains-84732

Lindahl, Carl. 'Jacks: The Name, The Tales, The American Traditions.' In *Jack In Two Worlds*, edited by William Bernard McCarthy, pp. xiii-xxxiv.Chapel Hill: University of North Carolina Press, 1994. http://www.folkstreams.net/film-context.php?id=258

Lombroso, Cesare. 'Left-Handedness and Left-Sidedness.' *The North American Review* 177, no. 562 (September 1903): 440-444. Accessed February 18, 2019, on JSTOR. https://www.jstor.org/stable/25119452?origin=JSTOR-pdf

Lowe, Johannes. 'British Film Institute says it will no longer fund films which star villains with facial scarring'. The Telegraph. November 27, 2018. https://www.telegraph.co.uk/news/2018/11/27/british-film-institutesays-will-no-longer-fund-films-star-villains/

Lyons, Kate. "Here is a story! Story it is': how fairytales are told in other tongues.' The Guardian, April 19, 2019. https://www.theguardian.com/books/2019/apr/19/here-is-a-story-story-it-is-how-fairytales-are-toldin-other-tongues

Markus, Christopher, and Stephen McFeely. Captain America: The First Avenger. Streaming Video. Directed by Joe Johnston. Hollywood: Paramount Pictures, 2011.

Merriam-Webster Online Dictionary, s.v. 'ableism', accessed January 14, 2019, https://www.merriam-webster.com/dictionary/ableism

McCarthy, Michael J. F. Five Years in Ireland, 1895-1900. Dublin: Hodges, Figgis & Co., Ltd., 1901. Accessed February 6, 2019, on Library Ireland. https://www.libraryireland.com/articles/Burning-Bridget-Cleary/index.php

Min, Sarah. 'Social Security may use your Facebook and Instagram photos to nix disability claims.' CBS News, March 21, 2019. https://www.cbsnews.com/news/social-security-disability-benefits-your-facebookinstagram-posts-could-affect-your-social-security-disability-claim/

Mitchell, David T., and Sharon L. Snyder. *Narrative Prosthesis: Disability and the Dependencies of Discourse*. Ann Arbor: University of Michigan Press, 2001.

Munsch, Robert. *The Paper Bag Princess*. Illustrated by Michael Martchenko. Toronto: Annick Press, 1980.

O'Farrell, Maggie. *I Am, I Am, I Am: Seventeen Brushes With Death*. Toronto: Knopf Canada, 2018.

Once Upon a Time. Seasons 1-3. Created by Edward Kitsis and Adam Horowitz. Aired October 23, 2011, on ABC. Streaming Video.

Oliver, Michael, and Bob Sapey. *Social Work with Disabled People*. 3rd ed. Basingstoke: Palgrave Macmillan, 2006.

Oring, Elliott, and Steven Swann Jones. 'On the Meanings of Mother Goose.' *Western Folklore* 46, no. 2 (April 1987): 106-114. Accessed June 27, 2019, on JSTOR. https://www.jstor.org/stable/1499928

Owens, Janine. 'Exploring the critiques of the social model of disability: the transformative possibility of Arendt's notion of power.' *Sociology of Health & Illness* 37, no. 3 (March 2015): 385-403. https://onlinelibrary.wiley.com/doi/full/10.1111/1467-9566.12199

Perez Cuervo, Maria J. 'The Bizarre Death of Bridget Cleary, the Irish 'Fairy Wife'.' Mental Floss, April 17, 2018. http://mentalfloss.com/article/539793/bizarre-death-bridget-cleary-irish-fairy-wife

Perrault, Charles. 'Cinderella; or, The Little Glass Slipper.' In *The Blue Fairy Book*, edited by Andrew Lang, 64-71. London: Longmans, Green, and Co., ca. 1889. Accessed February 17, 2019, on Folklore and Mythology Electronic Texts. https://www.pitt.edu/~dash/perrault06.html

Perrault, Charles. 'Ricky of the Tuft.' In *Old-Time Stories told by Master Charles Perrault*, translated by A. E. Johnson. New York: Dodd Mead and Company, 1921. Accessed February 8, 2019, on Folklore and Mythology Electronic Texts. https://www.pitt.edu/~dash/perrault07.html

Perrault, Charles. 'Sleeping Beauty.' In *Old-Time Stories told by Master Charles Perrault*, translated by A. E. Johnson. New York: Dodd Mead and Company, 1921. Accessed December 8, 2018, on Folklore and Mythology Electronic Texts. https://www.pitt.edu/~dash/perrault01.html

Perrault, Charles. *Old-Time Stories told by Master Charles Perrault*. Translated by A. E. Johnson. New York: Dodd Mead and Company, 1921. Accessed February 14, 2019, on Folklore and Mythology Electronic Texts. https://www.pitt.edu/~dash/perrault.html

Phillips, Brian. 'Once and Future Queen.' In *Impossible Owls: Essays*. New York: Farrar, Straus and Giroux, 2018.

Piepzna-Samarasinha, Leah Lakshmi. *Care Work: Dreaming Disability Justice*. Vancouver: Arsenal Pulp Press, 2018.

Pring, John. 'Action on Hearing Loss defends holding comedy fundraiser in inaccessible venue.' Disability News Service, May 9, 2019. https://www.disabilitynewsservice.com/action-on-hearing-loss-defends-holding-comedy-fundraiser-in-inaccessible-venue/

Propp, Vladimir. *Morphology of the Folktale*. 2nd ed. Translated by Laurence Scott. Austin: University of Texas Press, 1968.

Propp, Vladimir. *Theory and History of Folklore*. Translated by Ariadna Y. Martin and Richard P. Martin. Edited by Anatoly Liberman. Minneapolis: University of Minnesota Press, 1984.

Radin, Paul, ed. 'How Spider Obtained the Sky-God's Stories.' In *African Folktales*, 25-27. New York: Schocken Books, 1983.

Röhrich, Lutz. *Folktales and Reality*. Translated by Peter Tokofsky. Bloomington: Indiana University Press, 1991.

Romain, Lindsey. 'How Game of Thrones Failed Daenerys Targaryen.' Nerdist, May 14, 2019. https://nerdist.com/article/game-of-thronesfailed-daenerys-targaryen/

Roth, Melissa. *The Left Stuff: How the Left-Handed Have Survived and Thrived in a Right-Handed World*. Lanham: M. Evans and Company, 2009.

Schmiesing, Ann. *Disability, Deformity, and Disease in the Grimms' Fairy Tales*. Detroit: Wayne State University Press, 2014.

Siebers, Tobin. *Disability Aesthetics*. Ann Arbor: University of Michigan Press, 2010.

Siebers, Tobin. *Disability Theory*. Ann Arbor: University of Michigan Press, 2008.

smith, s.e, and Matthew Cortland. 'A Trump Proposal Could Make Selfies Dangerous for Disabled People.' TalkPoverty.org (blog). Center for American Progress, March 28, 2019. https://talkpoverty.org/2019/03/28/trump-selfies-dangerous-disabled-people/

Sontag, Susan. *Illness as Metaphor and AIDS and Its Metaphors*. New York: Picador, 2001.

Snow, Blake. 'The Science of High Heels: How Physics Keeps Women from Falling Down.' Fox News, last updated June 22, 2015. https://www.foxnews.com/science/the-science-of-high-heels-how-physicskeeps-women-from-falling-down

Squire, Michael. *The Art of the Body: Antiquity and Its Legacy*. Oxford: Oxford University Press, 2011.

Stark, Jill. 'Anxiety, depression and the 'fairy tale filter.'' Big Ideas, ABC Radio National. Podcast audio, August 8, 2018. https://www.abc.net.au/radionational/programs/bigideas/anxiety,-depression,-and-the-happinessmyth/10204250

Priestley, Mark. 'Fundamental Principles of Disability: Being a summary of the discussion held on 22nd November, 1975 and containing commentaries from each organization [The Union of the Physically Impaired Against Segregation and The Disability Alliance].' In consultation with Vic Finkelstein and Ken Davis. Disability Resource Centre, October 1997. http://www.disability.co.uk/sites/default/files/resources/fundamental%20principles.pdf

Thompson, Janet. 'The Folklore Tradition of Jack Tales.' 2004. http://ccb.lis.illinois.edu/Projects/storytelling/jsthomps/tales.htm. The Internet Archive: Wayback Machine. Last updated April 10, 2014. https://web.archive.org/web/20140410004237/http://ccb.lis.illinois.edu/Projects/storytelling/jsthomps/tales.htm

Thorne, Will. "Special's' Ryan O'Connell Talks Centering a TV Series on a Character with Cerebral Palsy.' Variety, April 5, 2019. https://variety.com/2019/tv/features/ryan-oconnell-special-disabilityrepresentation-interview-1203175586/

Tilton Ratcliff, Ace. 'As a Disabled Writer, I Know My Stories are Worth Telling.' Catapult, February 14, 2019. https://catapult.co/stories/fahrenheit-451-ray-bradbury-disability-writing-block-ace-tilton-ratcliff

Urquhart, Emily. *Beyond the Pale: Folklore, Family, and the Mystery of Our Hidden Genes.* Toronto: Harper Perennial, 2016.

Warner, Marina. *Once Upon A Time: A Short History of Fairy Tale.* Oxford: Oxford University Press, 2014.

Wikipedia. 'Disney Princess.' Last updated July 10, 2019, 01:37 (UTC). https://en.wikipedia.org/w/index.php?title=Disney_Princess&oldid=905584945

Wikipedia. 'Sense8.' Last updated July 8, 2019, 09:56 (UTC). https://en.wikipedia.org/w/index.php?title=Sense8&oldid=905313397

Willis McCullough, David. 'The Fairy Defense,' reviews of The Burning of Bridget Cleary: A True Story, by Angela Bourke, and The Cooper's Wife is Missing: The Trials of Bridget Cleary, by Joan Hoff and Marian Yeates. The New York Times, October 8, 2000. https://www.nytimes.com/2000/10/08/books/the-fairy-defense.html

World Health Organization. 'Disabilities: Definition.' Accessed January 4, 2019. www.who.int/topics/disabilities/en/

Wong, Alice. 'Unbroken and Unbowed: Revisiting Disability Representation on 'Game of Thrones.'" Bitch, May 29, 2019. https://www.bitchmedia.org/article/game-of-thrones-disability-roundtable

Woolverton, Linda. Maleficent. DVD. Directed by Robert Stromberg. Burbank: Walt Disney Studios Motion Pictures, 2014.

Wynn, Debbi. 'A beauty beyond skin deep.' CNN, April 17, 2013. https://www.cnn.com/2013/04/14/health/loker-profile/index.html

Zipes, Jack. *Breaking the Magic Spell: Radical Theories of Folk & Fairy Tales.* Revised ed. edition. Lexington, University Press of Kentucky, 2002.

Zipes, Jack. *The Irresistible Fairy Tale: The Cultural and Social History of a Genre.* Princeton: Princeton University Press, 2013.

Zipes, Jack. *When Dreams Came True: Classical Fairy Tales and Their Tradition.* 2nd ed. New York: Routledge, 2007.